pūkaki

te hokinga mai o te auahitūroa

pūkaki

te hokinga mai o te auahitūroa

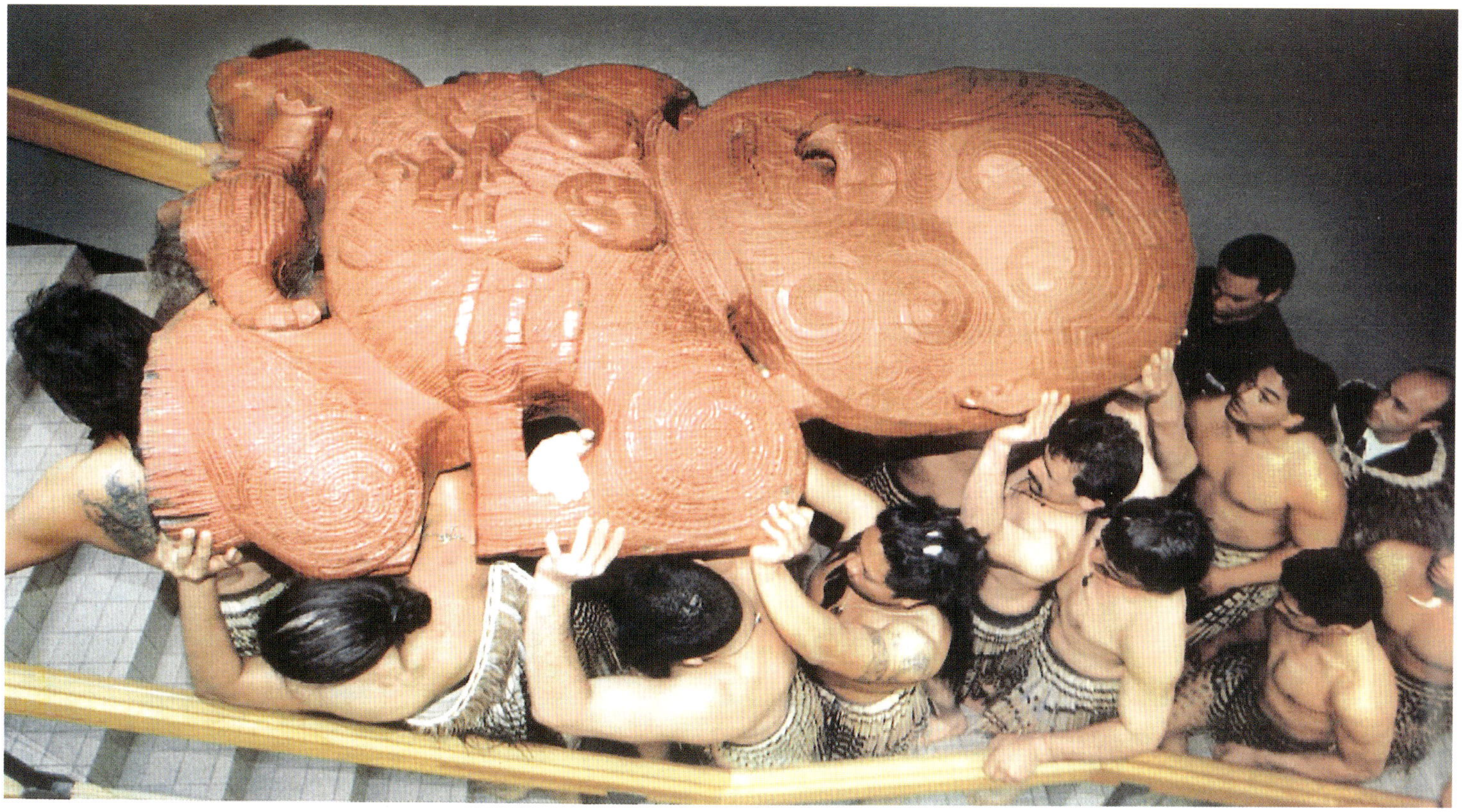

paul tapsell

whakamāoritanga nā scotty te manahau morrison

I tāia e Oratia Books, Oratia Media Ltd, 783 West Coast Road, Oratia, Tāmaki-makaurau 0604, Aotearoa (www.oratia.co.nz).

Manatā © 2000, 2017 Pukaki Trust me Paul Tapsell
Whakamāoritanga © 2017 Scotty Te Manahau Morrison
Manatā ki tēnei putanga © 2017 Oratia Media

Ko te whakahau a te kaituhi, kia kaua e rawekehia te uho o ngā kōrero nei.

Kei raro tēnei pukapuka i te here manatārua. Kāore e whakaaetia kia tāruahia ētahi kōrero o tēnei pukapuka ki te rorohiko, ki tētahi atu momo mihini rānei. Hei tauira, kāore e taea te whakaahua, te hopu, te pupuru rānei ki tētahi mihini rokiroki kōrero. Kotahi anake te kaupapa e whakaaetia ai te tāruatanga, ko ngā mahi arotake i te pukapuka. Mō ētahi atu kaupapa, me āta tuhi mai te tangata ki te kaitā ki te whakatakoto i tana tono. Tērā tonu pea ka whiua ā-ture te hunga takahi i tēnei tikanga.

E mihi ana te hunga whakaputa i tēnei pukapuka ki te Taumata Mātauranga o Ngāti Whakaue i tuku pūtea mai.
Ko ngā hua ā-pūtea ka puta i tēnei pukapuka, tae atu ki ngā oha, ngā koha me ngā tāpaetanga e pā ana ki a Pūkaki, ka haere ki te Uepū o Hāmuera Taipōrutu Mitchell. Ko te matua o tēnei Uepū, he āwhina i tētahi uri nō Ngāti Whakaue ki te whai i tana tohu i te Whare Wānanga o Oxford, Ūropi.

ISBN 978-0-947506-25-4
He mea whakaputa tuatahi e Reed Books (NZ) 2000
I tāia tuaruatia i te tau 2017

Kaiwhakahaere pukapuka: Peter Dowling
Kaitirotiro kōrero: Ross Calman
Kaitātai: Cheryl Smith

I tāngia ki Haina

he maimai aroha

Hāmuera Taipōrutu Mitchell

27 Whiringa-ā-rangi 1912 – 2 Hereturikōkā 1994

Ngā kura pūmahara ki Ōuru
te pungatara, ngā mokopuna
he pūmahara wēnei ka nunumi ki tua pae
kāpō ā mata i a tā whakaahua tiripapā
roimata māturuturu pāpāringa

Nei te pō te karangahia
Ko Hou anake ka whakautu, he pōhangahanga
rūtaki ana, tangi auē ana ngā hau
o Rangiātea
ki waho i taku koroua whare

Mateinu ana tōku wairua ki te tāwara waitī
o ngā hihi o Tamanui-i-te-rā
tēnei te whiti iho nei ki Kaiweka
ki te reo orowaru hoki e iere mai ana
i ngā tukinga moana i Ōkūrei –
auē – he manako te kōura

Mea rawa ake, ka whakawairua mai ia
ko te hā o Taputapuātea e kōhimuhimu mai ana:
'Hoki atu ki te kāinga'
mokowhiti ana ko ngā pūmanawa e waru, tītoretore ana ānō he mata
matihere ana te mātai āroharoha a whatu ki tāku pōtiki matahīapo

Āe, whakahokia au ki te kāinga

He kupu nā te kaiwhakamāori

Kei aku manu whititua, tēnā koutou katoa.

Ka rere āwhiowhio nei ngā iho matua o pūmahara ki te rā i tūpono atu ai au ki taku tuakana, ki a Ahorangi Pāora Tapsell, i Te Puna Reo o Manawanui i Te Atatū i tētahi ata māeke. Māua māua i te whakataka i wā māua tamariki ki taua whare whakaahuru nohinohi, mea ake ka whakatūria au e ia, 'Ei, Te Manahau, kua roa nei au e whakaaro ana ki te whakaputa i taku pukapuka mō tō tāua tupuna whakahirahira, mō Pūkaki, ki te reo Māori. Pēhea rā ki a koe kia riro māu e whakamāori? Kāore he pūtea i tēnei wā, engari, hei te wā koroī pea ka kitea he pūtea hei huruhuru mō te kaupapa. Pēhea ō whakaaro?'

Tere tonu taku whakaae atu ki tāna tono. Tuatahi, ko au tētahi e whakapapa taotahi atu ana ki a Pūkaki, he hōnore, he tānga manawa mōku ki te whakamāori i ngā kōrero mōna! Tuarua, me pēhea hoki e karo ai i te karanga wairua a taku tupuna a Pūkaki? Tuatoru, ki te whakamāori au i ngā kōrero mōna, ka mōhio au ki ngā kōrero mōna. Tuawhā, nā te tuakana te tono, me mātua whakatutuki e te taina, ka tika!

I taua pō tonu raka, ka tīmata au ki te whakamāori i te pukapuka! Tōna rima ki te ono tau, kātahi ka tutuki te kaupapa! Nā te harangotengote me te pokapoka o te mahi i te kaupapa nei, nā te kaha hoki o ngā āinga o te wā ki te whakatītaha i te kaiwhakamāori ki wāhi kē, ki kaupapa kē, ki aha kē rānei, ki aha kē rānei, nā te whakatau hoki a te kaituhi kia kaua e rere tārewa, i ono tau ai te roa o te haepapa nei.

Kia ahatia, kua oti, kua puta hei rauemi, hei taonga mā te hunga e ngākaunui ana ki te reo, otirā, ki tēnei tupuna nui taioreore o Ngāti Whakaue, otirā, o te motu. Kāore e kore ka rere te pātai, āe rānei ko te mita o Te Arawa, ko te mita o Ngāti Whakaue tēnei e kitea nei i roto i tēneki putanga reo Māori nei o te pukapuka mō Pūkaki? Māku e mea atu, kei te whakamāoritanga nei wētahi tohu me wētahi tauira o te mita o Te Arawa, o Ngāti Whakaue tonu, hāunga anō raka te 'kai' me te 'hai'. I whirinaki au ki ngā mōhiotanga o te hunga i tipu ake i te mātotorutanga o ngā manawa whenua reo o Ōhinemutu kia uru ai ki te pukapuka nei ētahi kupu, kīanga rānei o te iwi o Whakaue, otirā, o te waka o Te Arawa.

Ko Rāwiri Waru raua ko Ko Pīhopa Kīngi wētahi i kōrero atu nei au, kia mōhio ai au mēnā he reo Whakaue te 'wētahi', te 'wō tātou', te 'pēneki' me te 'tēneki' … ka pēhea rānei te 'pēnaka/pēraka' me te 'tēnaka/tēraka?' (Ko tā rāua kī mai, kāore rāua i rongo i tērā momo kōrero, i a rāua e tipu ake ana i roto o Ōhinemutu, ko te pēneki/tēneki anake). Ko tēhea te mea tika ki a Ngāti Whakaue, ko te 'tupuna' ko te 'tipuna' rānei? Koinei ngā momo pātai ki a rāua, ā, mohoa noa nei, e kōrengarenga tonu ana te puna o mihi ki a rāua i te kaha o te āwhina mai. Kei te whakamāoritanga nei hoki ētahi kīanga i tangohia mai ai i ngā tuhinga tawhito a Te Rangikāheke, a Irirangi Tiakiawa, a Kepa Ēhau, a wai ake, a wai ake, kia Whakaue ake ai, kia Te Arawa ake ai te whakamāoritanga nei, pēneki i te 'nā koa nāia …' mō te 'nāwai rā …'.

Hei whakatepe, inā te whakatau kōrero a Tā Tīmoti Kāretū: 'Ko te reo kia tika, ko te reo kia rere, ko te reo kia Māori!' I ngana ki te hāpai i te mana o tērā kōrero i roto i tēneki whakamāoritanga, me te aha, ko wai kē atu i a Tā Tīmoti hei mātanga reo, hei kanohi hōmiromiro mō te whakamāoritanga nei. Ka tukuna he wāhanga, ka tirohia e ia, ka whakahokia mai, kounga ake ana!! Ko te māreikura reo hoki o Ngāti Whakaue, a Te Haumihiata Mason tētahi atu i wetewete i te whakamāoritanga nei kia eke panuku, kia eke Tangaroa! Kei aku tohunga reo o taumuri, o moroki nei, tēnā kōrua!

Nō reira e te iwi, nei rā tēneki rauemi te tukua atu nei ki a koutou! Ko te wawata taumata rau ia, kia toitū tonu tō tātou reo, kia toitū tonu hoki te mana o tō tātou wheinga, o Pūkaki, haere ake nei!

Nāku i te aroha nui,

Te Manahau

whakaūpokotanga

Rārangi whakaahua		9
Mihi		11
He kupu nā te kaituhi		12
Whakataki: taonga		13
I	Pōtiki	17
II	Te pūtake	22
III	Parawai	28
IV	Utu	34
V	Ōhinemutu	39
VI	Atua	46
VII	Kūwaha	55
VIII	Tiki	68
IX	Te whakawhiwhinga	78
X	Kaumingomingotanga	86
XI	Pākikitanga	92
XII	Taonga tawhito	98
XIII	Toi	104
XIV	Tuahangata	117
XV	Koromatua	125
XVI	Tuhinga roa	128
XVII	Rongo ā-marae	136
XVIII	Auahitūroa	140
IXX	Anamata	155
XX	Pūkaki – te wāhanga hōu	160

tāpiritanga

1	Ko ngā whakairo nō te pā o Pukeroa e ora tonu ana ki Aotearoa nei, 2000	172
2	Ko te Whakaaetanga Tāone o Rotorua, Ōhinemutu, 25 Whiringa-ā-rangi 1880	173
3	Ko ngā whakairo nō Rotorua i whakawhiwhia atu nei ki Te Pūtahi me Te Whare Pupuri Taonga e Kaiwhakawā T.B. Gillies rāua ko Kaiwhakawā F.D. Fenton i te tau 1877	176
4	Pūrongo hauora mō Pūkaki me te rautaki tautīaki, 1994	177

Rārangi kupu	179
Rārangi pukapuka	182
Rārangi a ingoa	185
Kōrero whakamutunga	188

ko ngā manu kōrero

Wīhapi Te Amohau Winiata	37, 129
Honohono Morrison	47
Pīhopa Kīngi	48
Hiko o te Rangi Hōhepa	50
Roger Neich	61
Kiharoa Akuhata	65
Irirangi Kairo Tiakiawa	81
Pirihira Fenwick	94
Kuru o te Marama Waaka	109, 132
Lily Te Amohau	110
Rui Te Amohau Hāronga	114
Manuhuia Bennett	122
Huhana (Bubbles) Mihinui	131
Tā Michael Hardie Boys	149

ko ngā whakaahua

Hāmuera Taipōrutu Mitchell	5
He koroua e hongi ana i a Pūkaki	13
Aotea 1 – John Bevan Ford	14
Te Papa-i-ōuru marae	17
Hāmuera Taipōrutu Mitchell	19
Maketū	22
Mahere ā-iwi o Te Arawa rohe	25
Te pito whakateraki o Rotorua	26
Waikimihia – te puna kaukau a Hinemoa	28
Te tirohanga atu ki Mokoia	28
Parawai – te kōawa ki Ngongotahā	29
Maraekura – Maketū	30
Tāwhara-kurupeti – ngā Māra Kāwanatanga	32
Rotokākahi me Motutawa	34
Pukepoto mohoa – Waikuta	35
Wīhapi Te Amohau Winiata	37
Ōhinemutu – John Guise Mitford	40
Te Puia pā – Whakarewarewa	41
Te Puta-a-Tongarā	43
Ōruawhata – te wai pōhutu a Malfroy	44
Tohu whakamaumahara ki a Makawe	46
Honohono Morrison	47
Pīhopa Kīngi	48
Hiko o te Rangi Hōhepa	50
Poupou nō te whare Tamatekapua tuatahi	53
Hine-i-Tūrama	54
Phillip Tapsell rāua ko tana tamāhine, a Kataraina	54
Tohi Te Ururangi	54
Pā Niu Tīreni – Cuthbert Clarke	55
Pūkaki – Kāpene T.J. Grant	57
Mahere o ngā rārangi tūwatawata me ngā kūwaha, 1836	58
Kohinemutu Rotorua – Cuthbert Clarke	59
Ko Huka – Kāpene T.J. Grant	60
Te pao whakairo a Te Taupua	61
Tiki – Kāpene T.J. Grant	62
Kūwaha Maketū	62
Te Umanui	63
He Haka . . . – George French Angas	64
Kiharoa Akuhata rāua ko Eruera Te Uremutu	65
Te Wehi o Te Rangi – Kāpene T.J. Grant	67
Pou whakarae tupuna – Pukeroa – Kāpene T.J. Grant	67
Pānui-o-Marama rāua ko Pūkaki – Kāpene T.J. Grant	69
Mōrehu whakairo nō Ōhinemutu	70
Huka – George French Angas	71
Kohinemutu Rotorua – Cuthbert Clarke	71
Te Pah o Oinamutu i te moana o Rotorua	71
Whare Māori, Ōhinemutu – Pā John Kinder	72
Te Angaanga – Cuthbert Clarke	73
Tiki	73
Hua	74
Tamatekapua	75
Kei roto i a Tamatekapua	76
Toenga o te pā o Ōhinemutu – Edward Payton	76
Pou whakarae tupuna i te pā o Te Pukeroa	77
Rotohiko Haupapa	78
Hāmuera Pango	79
Kaiwhakawā Francis Dart Fenton	79
Kāpene Gilbert Mair	80
Irirangi Kairo Tiakiawa	81
Hāmuera Taipōrutu Mitchell	84
Whakaahua karu manu o Te Pukeroa – Ōhinemutu	85
Te Whare Pupuri Taonga o Tāmaki, Huarahi o Princes	86
Kaiwhakawā Thomas Bannatyne Gillies	89
Thomas Frederick Cheeseman	89
Kōrupe i riro i a Fenton mā Gillies	91
Pūkaki	92
Pūkaki – Josiah Martin	93
Le Grand Bouddha – Paul Gauguin	93
Pūkaki, Te Ngae–Tikitere	94

Pūkaki i Te Whare Pupuri Taonga o Tāmaki, Huarahi o Princes	95
Tiki – Athol McCredie	97
Pūkaki – James MacDonald	98
Whakairo i Te Whare Pupuri Taonga o Tāmaki	99
Pūkaki i tō Rangitihi taha, Huarahi o Princes	100
Pūkaki i Te Whare Pupuri Taonga o Tāmaki	102
Pūkaki – Athol McCredie	105
Karakia huakirangi mō *Te Māori*, New York	106
Te Tira o Waiariki, Whakarewarewa	107
Karakia huakirangi mō *Te Māori*, St Louis	108
Kuru o te Marama Waaka	109
Lily Te Amohau	110
Kunikuni Wharehuia me ngā kaumātua, St Louis	111
Haka i St Louis	112
Pūkaki i San Francisco – Carol O'Biso	113
Te pōwhiri a ngā kaumātua i *Te Māori* ki Tāmaki	113
Bonnie, Wīhapi me Rui – ngā taipakeke Te Amohau	114
Pūkaki i Te Whare Toi o Tāmaki i te wā o *Te Māori*	115
Pūkaki – Brian Brake	116
Pūkaki i Te Whare Pupuri Taonga o Tāmaki	119
Te waitohu a Yelros Chemicals	120
Pūkaki – 20 hēneti whakamaumahara 1990	120
Minita Amorangi Manuhuia Bennett	122
Te pōwhiri a Te Arawa i ana taonga ki te kāinga, 1993	126
Irirangi Tiakiawa rāua ko tana irāmutu	127
Pāteriki Te Rei	128
Wīhapi Te Amohau Winiata	129
Wīhapi Te Amohau Winiata	130
Huhana (Bubbles) Mihinui	131
Kuru o te Marama Waaka	132
Kuru o te Marama Waaka	134
Te tukutanga o *Ngā Taunaha a Īhenga*	137
Ngāti Whātua me Te Arawa e hongi ana	137
Wīhapi Winiata rāua ko te Kahika, a Grahame Hall	138
Pūkaki e tatari ana kia whakahokia ki te kāinga	141
Pūkaki me te kaiātete	142
Pūkaki e utaina ana ki runga taraka	142
Ngāti Whakaue–Te Arawa e pōwhiri ana i a Pūkaki	143
Ko te paetapu e whanga ana ki a Pūkaki	143
Ko te wero ki a Ngāti Whātua i Te Papa-i-ōuru	143
Kei te kāinga a Pūkaki	144
Pūkaki kei Te Papa-i-ōuru	146
Ngā koeke o Ngāti Whakaue–Te Arawa	146
Pōwhiri ki te Karauna	147
Ko te whakaeke a te Kāwana Tianara ki Te Papa-i-ōuru	148
Ko te waitohu a Ngāti Whakaue	148
Ko te waitohu a te Karauna	148
Tā Michael Hardie Boys	149
Te whakawhiwhinga o Pūkaki ki te motu	150
Pūkaki e arahina ana ki roto o Rotorua	151
Pūkaki e amo tītokohia ana e Ngāti Whakaue	152
Wētini Mītai rāua ko Mauriora Kīngi	153
Pūkaki e mōhikitia ana ki tōna atamira hōu	153
Pūkaki – Te Kaunihera ā-Rohe o Rotorua, 2000	154
Pūkaki	156
Kaituhi	159
Pūkaki – Te Kaunihera ā-Rohe o Rotorua	161
Te hēneti whakamahara $10 me tētahi waka huia	162
Putanga tuatahi o *Pūkaki*	163
He pikitia o te pā o Te Pukeroa	165
Te nekehanga o Pūkaki, Hereturikōkā 2011	167
Te nekehanga o Pūkaki, Hereturikōkā 2011	168
Ko te kaituhi me Pūkaki, Hereturikōkā 2011	169
Pūkaki kei te Whare Pupuri Taonga o Rotorua	170
Pou whakarae – Pukeroa – Ōhinemutu	172
Hui Kooti Whenua Māori ki Tamatekapua	173
Ngā koeke ki mua i a Tamatekapua	175
Taipitopito kōrupe	176
Whakaahua tiaki taonga	177
Whakaahua tiaki taonga	178
Kaituhi	188
Ngā Taunaha a Īhenga	188

MIHI

Ko te mihi tuatahi, mātāmua hoki, ka tukuna ki ōku kaumātua, ko te nuinga kua nunumi ki tua o pae huakau. Mā rātou tēneki pukapuka, nā rātou hoki i matakite ake. I whānau mai te whakaaro mō tēneki pukapuka i te ariā kia noho hei tānga manawa mō ngā mokopuna i roto i ngā momo whāwhātanga o ō rātou nā ao – arā, ka kitea atu te pukapuka nei ki te whata o te kura, o te whare pukapuka, o te kāinga rānei – ka koropupū ake te mana o ō rātou tūpuna ki roto i a rātou hei whakahīhītanga mā rātou i roto i ō rātou āhua noho ki tēnei ao tauwhitiwhiti.

Ko tōku matainaina anō rā hoki kia tukuna he mihi nui taioreore ki te whānau o Hāmuera Taipōrutu Mitchell, otirā, ki a Kiri rātou ko ngā whāea nei a Matemoe, a Frances, mō rātou i āwhina mai i a au ki te whakaoti i tēneki pukapuka a koro – e mihi nui atu ana ki a koutou i te kaha o te ārahi mai, i te kaha o te tautoko mai, i te kaha o te akiaki mai. Waihoki te mihi ki a Whaea Bubbles, tēnā koe e kui i tō aroha, i ō tohutohu, tēnā koe. Ki tōku iwi, Ngāti Whakaue, tae atu ki ngā tarahiti o Te Māori, tēnā koutou i tautoko mai nei i a au, ahakoa te roa o te ara i takahia, ahakoa ngā piki me ngā heke i pāhikahika ai te taunga o te wae i wētahi wā. Ki tō tātou ariki, ki a Wīhapi Te Amohau Winiata me tōna whānau, nei te mihi maioha i te pito o te whatumanawa ki a koutou, i te ārahi ā-wairua mai i roto i wēnei tau maha, he ārahitanga kāore i paku ngāueue, i paku mimiti iho, ahakoa te matenga rāwakiwaki o Hiko. E, Hiko o te Rangi, takoto mai. Takoto mai rā e te tohunga ahurewa, takoto i te wahangūtanga o te tangata, i te okiokinga pūmau mō tātou katoa. I mōhiotia koe e te katoa, nā te māramatanga, nā te tohungatanga, te aroha hoki i roto i a koe, ā, i whakataki koe i ngā ritenga tika ki ahau, nōku e noho ana i taku noho tauira. Nā reira, e kore koe e wareware. E koro, moe mai, moe mai, moe mai rā i roto i ngā ringaringa o te ariki . . .

Nōku te whakamānawa ki te mihi motuhake atu ki te Taumata Mātauranga o Ngāti Whakaue mō te tautoko ā-pūtea i tēneki kaupapa. Ki a Hamish MacDonald, tēnā koe i tō whakapau wā mai, whakapau kaha mai ki te whakaputa me te whakarārangi i ngā whakaahua. E mihi aroha ana ki Te Waka Toi i tā koutou koha pūtea mai, ki te *Hērora o Niu Tīreni* hoki i tuku mai nei i ngā whakaahua mō te uhi o te pukapuka, tae atu ki ngā whārangi matua tuatahi. Tuia atu, ko ngā kaimahi ringa raupā o Reed Publishing, he mihi motuhake hoki tēneki ki a koutou, i tauawhi mai nei i te wawata o ōku taipakeke.

Nei hoki te mihi ki ngā tarahiti huhua o Te Arawa, ki Te Tarahiti Raupatu Whenua o Waikato, Te Tarahiti Manaaki Taonga o Te Māori, otirā, ki ngā ratonga me ngā rōpū katoa kua tautoko ā-pūtea mai nei i a au i roto i aku whāinga mātauranga. E mihi motuhake ana ki Te Pokapū Rangahau Iwi Huhua o Te Whare Wānanga o Ahitereiria

ki Canberra, i taunaki mai nei i a au i te wā e whakaotioti haere ana au i taku tuhinga roa i te tau 1999. Ki aku kaiārahi tuhinga i ngā Whare Wānanga o Tāmaki me Oxford, tēnei te mihi nui ki a koutou. Inā hoki te tini o ngā tāngata me ngā momo pūtahi kua āwhina mai nei i a au, tae atu ki ngā ringa toi me ngā kaimahi whare pupuri taonga puta noa i te motu. E kare mā, anei rā te mihi tino nui ki a koutou katoa. Hei whakatepe ake, ki taku whānau, ki ngā kaumātua o te whānau Tāpihana, te tini o ōku whanaunga me ōku hoa, matua rā ki taku wahine rangatira ki a Merata me tōna whānau, me pēhea e ea ai i te kupu ngā mihi ingoingo o te ngākau ki a koutou i manawanui mai, i tautoko mai, i whakahau mai i a au i wēnei tau e rima nei. Kia ora koutou katoa!

he kupu nā te kaituhi

Kei ngā kōputunga kōrero tūmatanui (arā, kei ngā kōputunga kōrero o Te Kooti Whenua Māori, o ngā whare pupuri taonga, o te kāwanatanga, o ngā whare karakia, o ngā whare pukapuka, me ngā whare wānanga) te roanga atu o ngā whakarāpopototanga whakapapa kei roto i tēneki pukapuka. Mai rā anō i te waenganui o te rautau tekau mā iwa kua takoto mārire ki reira. Ka taea hoki te mātirotiro mā roto atu i ngā whakaputanga hōu o te wā (hei tauira: Grace 1959, Kelly 1949, *Journal of the Polynesian Society*, Simmons 1976, Stafford 1967, 1994, 1996), mā te whakapā atu rānei ki ngā tohunga whakapapa o Ngāti Whakaue. Ko ngā takiaho whakapapa kei ngā whārangi e whai ake nei, ehara i te whānuitanga katoa o te whakapapa, ā, i wētahi wā hoki, kāore i te āta whakatakoto mai i te rārangi tuakana, te katoa o ngā ingoa o ngā tāina, tuāhine, tuākana rānei, te katoa o te ingoa, ngā ingoa karanga anō hoki. Ka mutu, ko tēnei mea te whakapapa, i wētahi wā, ka rerekē tā tēnā hapū taki, i tā tēnā, i tā tēnā. Nō reira, ehara i te mea e mana ake ana ngā whakapapa kei roto i tēneki pukapuka i te mana o ngā whakapapa kei wētahi atu wāhi e takoto ana. Ko te tino take i whakaurua ai wēnei whakapapa nei, ahakoa te whakarāpopototanga ake, kia mārama ai te kaipānui ki te horopaki o te wā, ki te āhua o ngā tāngata me te āhua o te mahi i mahia i te ao o Pūkaki, mai rā anō i te ūnga mai o ōna tūpuna ki Maketū, tatū iho ki te pakanga o Te Mātaipuku i te tau 1836, tōna tekau mā ono whakatipuranga i muri mai. Mai i te tau 1836, ka whai te pukapuka i te takotoranga o ngā tau, kia māmā ai te whai haere i te hītoritanga o ngā kōrero, kia pai ai hoki te tāwharau i te tapu o ngā whakapapa o ngā uri mohoa o Ngāti Whakaue. Mēnā rā he amuamu, whakapā mai ki Te kaituhi, mā te Tarahiti o Te Papa-i-ōuru Marae, Ōhinemutu, Rotorua.

whakataki taonga

E mōhiotia ana a Pūkaki hei taonga tino rangatira rawa atu. Engari tuatahi, i mua i te ruku atu ki ngā kōrero mō Pūkaki, he aha koia pū tēneki mea te taonga? Ko te taonga, he taputapu, he rauemi, he mea rānei e tohu ana i te tuakiri tupuna o tētahi rōpū Māori (whānau, hapū, iwi) ki ō rātou whenua me wā rātou rawa. Ko wētahi taonga e kitea ana e te karu, pēnei i te hei pounamu, i te puna waiariki, i te whare whakairo rānei, ko wētahi anō kāore e kitea ana e te karu, pēnei i te mātauranga raranga, te mātauranga taki whakapapa, te taki whakataukī poto rānei. I ngā taonga e heke iho ana i roto i ngā whakatipuranga, ka piki haere te uara i te pikinga o te taupori uri o te iwi. He mana tō ngā taonga katoa, ko wētahi e mana nui ake ana i wētahi, he tapu tō ngā taonga katoa, tapu ake wētahi i wētahi, ā, he whakapapa kōrero hoki. Ko te nui o te mana o te tupuna, koia anō te nui o te mana o ngā taonga e whai pānga ana ki taua tupuna. Kei te tāwharautia wēnei taonga ki ngā tikanga tapu me ngā karakia hei whakaū i te rongomaiwhititanga o roto kia tika ai tā te tangata hāpai, tā te tangata kauanuanu. Ko wētahi taonga e whakakaureratia ake ana hei pā whakawairua mō wētahi tūpuna, he pānga nō te āhua, he pānga rānei nō te whakapapa o te taonga ki te tupuna. Ko tēneki wairua e kōrerohia nei, ka pā ki ngā uri hei ihi, hei wehi, hei wana. Nō reira, ko tēnei mea te taonga, he hanga e mokowhiti ana i te tomoau o te wā, ka tūhono i ngā whakatipuranga, ka whakatūtaki i ngā uri ki ō rātou tūpuna, kanohi ki te kanohi. Tuia ki tēnā, he muka tapu e rangitāmiro ana i a tātou ki te ao tāukiuki, otirā, e ārahi ana i ō tātou whakaaro kia tika ai tā tātou whakamāori, whakamārama hoki i taua ao o neherā. Kei te āwhina i ngā uri ki te kimi i te māramatanga e pā ana ki ngā hononga whakapapa huhua e kurumatarīrehu nei i te mata o tēneki whenua tūpuna, tēneki e noho ā-iwi tonu nei tātou i wēnei rā. He āhuatanga tēneki e tino kitea ana i roto i ngā tangihanga, i te wā e taki karakia ana, e taki kupu pōhangahanga ana ngā kaumātua ki runga i te tūpāpaku kia hoki wairua mai anō ai ngā tūpuna i Hawaiki ki te kohi i te kura karioi o te wā, me te whakahoki i a ia ki te kāinga tūturu. (Kia ruku ki te rētōtanga o ngā kōrero mō te taonga, tirohia a Tapsell 1997.)

He koroua e hongi ana i a Pūkaki, 2 Whiringa-ā-nuku 1997. (*Hērora o Aotearoa* – NZH)

pūkaki — te hokinga mai o te auahitūroa

Aotea I – John Bevan Ford. (Nā te ringa toi tonu i koha mai)

E rite ana te makenutanga o te whakapapa o tētahi taonga i roto i te whānuitanga o te wā me te rokiroki tawhito o te ao Māori, ki te makenutanga o te aho kotahi i te tāhora nui o te korowai. Me he tūī e rere ana te aho, arā, he wā e kitea ai, he wā anō ka ngaro ki waenga i ērā atu aho, tōai atu, tōai mai, ā, waihoki rā te taonga e heke iho nei i tēnā whakapaparanga ki tēnā whakapaparanga i roto i te tomoau o te wā, mohoa noa. Pērā anō hoki i te korowai kua oti nei te whatu, e rua ngā taha o te taonga – ko tētahi taha, kei te kitea e ngāi tūmatanui, ko tērā atu, tē kitea. Ko te taha e kitea ana, me kī, ko te taha whakawaho, e rite ana ki te tūī kua tauhōkai ki te kōmata o tōna rere, ko ōna parirau kua roha mō te wā poto kia kitea ai te ātaahua rirerire, arā, ka tū te taonga ki tōna atamira ki mua i te aroaro o te marea, ka whakaae ia kia hono anō ngā uri ki ō rātou tūpuna i raro i ngā tikanga o tua whakarere, kātahi ka ngaro anō i te tirohanga kanohi. He takiaho hikahika matua tō tēnā taonga, tō tēnā taonga e whakahonohono ana i te rangi ki te whenua, i te ira atua ki te ira tangata, i ngā tūpuna ki ngā uri, i tēnā whakatipuranga ki tēnā, me te mea nei ko te rere kurutohitohi a te tūī. Ko tā te pūkōrero i runga i te marae, he makenu i wēnei kōrero me wēnei takiaho, kātahi ka rarangahia ngā tūpuna katoa o roto kia oti ai i a ia he korowai whakapapa te whatu e tānekaha ai i a ia te whanaungatanga tāngata ki runga i te mata o te whenua. Ki te hurihia te korowai nei, ka kitea ngā aho e tūhono tonu ana i te tangata i te wā o te kore kite, o te uaua, o te ngaro. Pērā anō hoki i te manu tūī e ruku nei ki waenganui i ngā ao kapua kia ngaro noa i te tirohanga mō te wā poto, ka ngaro hoki ngā taonga i wētahi wā pōtehetehe, ka āta whakahōuhia ake i roto i ngā taiwhanga tapu tē kitea e te tūmatanui.

Ahakoa te pai o te tūī hei tauira huahuatau māku mō te whakapapa o ngā taonga noho pūmau ki te ūkaipō, ko te auahitūroa te tauira huahuatau tika mō ngā taonga kua rere atu ki tāwāhi tonu atu i ō rātou ūkaipō ake, kua kohaina atu rānei ki iwi kē. Ko ngā taonga uara nui anake, whai hononga motuhake ki te whenua, whai mana motuhake ki te hapū nā rātou taketake ake, koia wērā ko ngā momo taonga mokomokorea ka kohaina atu ki iwi kē. Ko te nui o te uara o te taonga, koia anō ko te nui o te mana ka tau ki te kaiwhiwhi i taua taonga, ā, kei runga hoki i te taonga te here o te utu. Ko tēneki momo tuku i wēnei taonga uara nui, ānō nei e rite ana ki te tuku i tētahi mea ki tua o te tāepaepatanga me te ānaunautanga, otirā, ki tua o pae mahara, ā, i ētahi wā ka ngaro i te wai o pūmahara mō te hia whakatipuranga.

Kāore te oranga tonutanga o wēnei taonga i paku māharahatia, nā te mea, i mārama kehokeho ngā kaiwhiwhi ki ngā haepapatanga mō te hunga tiaki. I mārama rātou, kua āta mahia he karakia mana nui hei tāwharau, hei whakakiriuka hoki i te mauri me te tapu o te taonga, kia pai tonu ai te oranga tinana, te oranga wairua hoki o te taonga nei ahakoa te tawhiti ōna i te ūkaipō. Mea ake, ka tūpono kitea anō te taonga, ko te wairua uekaha o ngā mātua tūpuna kei roto kia hihiri tonu ai, kia korou tonu ai. Nāwai rā, ka hoki anō ki te ūkaipō o te hunga nā rātou taketake ake, rū ana te whenua, hikohiko ana te rangi.

E hia whakatipuranga pea i whānau mai, i ora, i mate i te wā e ngaro atu ana wēnei momo taonga, kāore hoki rātou i mōhio, i wāhi kē atu o te ao wā rātou taonga kāmehameha e noho ana. Mea ake, ka tau anō te taonga ki ō rātou aroaro, i te nuinga o te wā nā tētahi take nui, ā, ka renarena anō te taukaea o te matemate ā-one ki ngā tūpuna, nā rātou nei te taonga i te tuatahi. I konei, ka piki te mana o te iwi i whakaae atu nei kia hoki te taonga i a rātou ki ōna uri, manohi anō ka tau te haepapa ki runga i ngā uri ake o te taonga kia rite i a rātou tēneki tūporetanga, tēneki māhakitanga. I konei, ka toko ake te whakaaro, ehara tēneki taonga i te rauemi noa nei i tukuna iho ai e ngā mātua tūpuna, engari kē ia, he whakakanohitanga o ngā tūpuna, inā koa rā, mēnā kua hia whakatipuranga e ngaro ana.

He taonga pēneki a Pūkaki. I mua i tana wehenga atu i te ūkaipō, ānō nei e rite ana ki te tūī e tauhōkai haere nei i ngā hau o tau tini, e hāro haere nei i ngā tihi rākau o te ao tangata, whakatipuranga atu, whakatipuranga mai, e raranga nei i te whenua ki ngā rangi – he wā ka kitea, he wā tē kitea. Tērā te wā i tukuna atu rā ia e ōna uri kia rere ki tua o te tāepaepatanga o te rangi i mōhio ai rātou i roto i te māhoi a te whatu. Mō neke atu i te kotahi rautau, ka noho tekoteko noa a Pūkaki i rō whare pupuri taonga, engari, nā te whakarewatanga o te whakakitenga toi o *Te Māori* i āmiomio rā i Amerika me Aotearoa i te tau 1984 ki te tau 1987, ka rewa anō a Pūkaki ki te kōmata o te rangi me he auahitūroa, ana, ka rongonui ia puta noa i te ao – te tino tauira o te whakairo Māori. Hoki rawa ake ia ki Aotearoa, e hoa mā, kua atua kē – ka noho hei tohu o te whenua ahurea rua – ka rite tonu te tāruaruatanga o tōna āhua i roto i tēneki whenua hei mata o te Māoritanga, me te aha, nā wai i rongonui, kātahi ka rongonui kē atu. Engari, ko wai kē a Pūkaki? Nō hea mai ia? Kua tae atu ia ki hea? Nā te aha i hoki mai anō ai ki te ūkaipō?

Ko tā tēneki pukapuka, he hōpara haere i te oranga, ngā wheako me ngā tauwhirowhirotanga o Pūkaki – mai i te noho ira tangata ki te noho whakairo tupuna, mai i te noho hei pākikitanga mā te marea i rō whare pupuri taonga ki te noho hei tohu o te motu – ā, mā ōna uri o Ngāti Whakaue, o Te Arawa ngā kōrero mōna e taki. Ko te ihoiho o wēnei kōrero mō Pūkaki, ko ngā kura mahara o ngā kaumātua, ā, ko te iho matua, ko te puna mātauranga o tērā uru tapu nui o Ngāti Whakaue, o Hāmuera Taipōrutu Mitchell. Ka tīmata tēneki pukapuka ki te pūtaketanga mai o te iwi o Pūkaki, e hia whakatipuranga ki muri, ā, ka whakatepea ki tōna hokinga mai ki Rotorua i te 2 o Whiringa-ā-nuku 1997. Nō reira, kua tau te puehu ki tōna marae, kua tae ki te wā e kōkirihia ai ngā kōrero whakamīharo mō Pūkaki ki tua i ngā karahiwi e ponitaka ana i te rohe o Rotorua hei pānuitanga mā te katoa o Aotearoa. Ko te tūmanako ia, kia poho kererū te motu ki ngā kōrero mōna, otirā, kia ngākau mōwai rokiroki ōna uri, ahakoa kei hea rātou i te ao nei e noho ana, kia maumahara tonu ai rātou, ko te ūkaipō o Pūkaki, koia anō te ūkaipō o rātou katoa.

I
PŌTIKI

E tino maumahara ana au ki te rā i te tau 1991 i tūtaki tuatahi atu ai au ki a Hāmuera Taipōrutu Mitchell, arā, nō muri tonu mai i te tīmatanga o taku mahi hei kaitiaki taonga i Te Whare Pupuri Taonga o Rotorua. Mōhio tonu au, i a ia te mātauranga e pai ake ai taku tiaki i ngā taonga a taku iwi. Nā reira, ko māua ko taiatea tērā i whakawhiti atu rā i te marae o Te Papa-i-ōuru ki te whare o Hamu i tētahi ata māeke o te ngahuru.

Ko aku mōhiotanga ki a ia i mua i tēneki, nō roto noa iho i ngā hui a te iwi, me taku pōhēhē ko tōna mōhio noa mai ki a au, he kotahi o roto i te tini o ngā

Te Papa-i-Ōuru, Ōhinemutu, ko Whakatūria (mauī rawa), ko Tamatekapua (mauī), me te Whare/Wharau o Hāmuera (katau).

mokopuna o Ngāti Whakaue e tipu ake ana i waho o Ōhinemutu. Pōhēhē au ka kohetengia au mō te whakapōrearea i tāna mahi i waho i tōna whare, koirā tana rongonui i waenganui i ngā rangatahi.

I taku taenga atu ki tōna kāinga, ka kite au i a Hamu e tuohu iho ana ki te ngaki māra, he kamupūtu tawhito, he tarau poto, he hāte ringa poto me te pōtae takakau ōna kākahu. I te āta penapena ia i wētahi puaka me taku mōhio iho ko ngā puaka tonu i matapoporetia nuitia ai e taku kuia i a ia e ora ana. 'Tēnā koe e koro – ka pai te tū a wēnā puaka tāria nā ki roto i te māra a taku kuia!' taku pararē atu. Āta koia, ka whana tonu au i a au anō mō taua kōrero heahea āku. Kāore e kore ka kohukohutia au e tēneki koro! Heoi, ka mutu tāna ngaki, ka ara ake te māhunga me tētahi o ana karepa rongonui e pōhēhē ai koe he ātete. Engari, ka taka te mōhio ko au noa iho, ka whakatarariki mai, 'E kī, nō reira, ina ngaro wēnei puaka, mōhio tonu au me haere au ki hea rapu ai, nē?' Ohorere katoa au i taua paremata wairua pai āna ki taku kōrero pōhauhau tuatahi rā, nā wai, ka kata māua. Kātahi au ka hoatu i te kamokamo nāku i hoko i te mākete i mua ki a ia, kei huri ōna piropiro.

Ka whakahau mai ia kia noho tahi māua ki raro i ngā hihi mahana o te rā, otirā, ki runga pouaka nēra e kapi ana i te pēke i mua i tōna whare i hangaia nei ki te rino. Mīharo katoa ia i ngā kōrero mō taku mōhio ki te puaka tāria. Kōrero atu au mō taku kuia, ka mumura mai ōna whatu, 'Ah, nō reira, ko Kouma tō koroua, ko Enid tō kuia?' Koirā tonu te wā i renarena ai te aho whanaungatanga tuatahi i waenganui i a māua, ā, nāwai rā, ānō nei he tamaiti kē au nāna. He rōrātanga ka kohete mai ia, he rōrātanga anō, ka kōrero mai ia mō te whai kupu a tana kuia ki tōna kaiako i a ia e tamariki ana. I whakamātautauria au, engari, ko tāku i pērā mai ai ia, he tino kite nōna i a ia anō i roto i a au. Te āhua nei, he rawe ki a ia aku toronga i a ia, me te aha, i whakapau kaha au ki te toro i a ia i aku wā tina, i muri rānei i te mahi, mēnā rānei i tūpono au ki tētahi mea e tino hāngai pū ana ki tō tātou iwi. Ko te koha mai a tēneki koro ki a au mō tēneki whakapaunga kaha ōku, he kōrero tene me te mea nei he taipitopito paraurehe noa iho, me tana harikoa hoki ki te whakamātautau i taku maumahara ki aua kōrero i te toronga ka whai mai. Mēnā kua wareware, taukuri e!

I roto i ngā tau e whā i toro ai au i a Hamu, ka huri ana 'kōrero taipitopito' hei wānanga hōhonu mō ngā tau o nehe. Nāna i mōhio ai au ki te hononga motuhake e rangitāmiro ana i ngā taonga o Ngāti Whakaue ki ōna uri, ki ōna tūpuna me tōna whenua. Ko te iho matua o tēneki mōhiotanga, ko te whakapapa. Koia te tino pūtake e mārama ai te tangata ki ngā paearu mātauranga huhua o ia taonga. Koia hoki te mātauranga i whakamahia ai e au hei tiaki i ngā taonga o te whare pupuri taonga, ā, i tino whakawātea mai a Hamu i a ia anō ki te āwhina i a au i ngā wā i tino pīrangitia ai ia. Engari, kāore ia mō te kōrero hōhonu mō Pūkaki. He take tērā i pōuri ai ia, nō reira, kāore au i tohe atu. I tētahi o aku toronga whakamutunga i a koro i Ōhinemutu, e wairua taumaha kē ana ia. He rā toroeke hoki nō te marama o Hakihuritua i Rotorua, kua kirihaunga hoki te whakaaro o koro ki te mahi māra. Kua raruraru anō ōna waewae, nā reira, ka noho au ki te mirimiri kia rere tokitoki anō ai te toto, ki te whawhewhawhe hoki mō te Kaunihera ā-Rohe me ngā reiti ki Ōhinemutu mei kore ka harikoa ake ia. Te nuinga o te wā, ki te kōrero koe mō te utu ā-tau ki runga whenua Māori ka natu tōna toto, engari i tēneki rā, kāore i paku aha, i te menemene noa iho. Ka oti te mirimiri, ka toko ake a koro i tana tūru me te rongo tonu i te mamae, kātahi ka tiki pukapuka tawhito i te whata i runga i tana moenga. Te āhua nei, i mua kē i taku taenga atu ki a ia i tēneki rā, kua tau kē tōna whakaaro, koinei tonu te rā e kōrero mai ai ia i ōna mōhiotanga katoa mō Pūkaki. Ka āta poipoi ia i te pukapuka whakapapa pango, tawhito hoki nā Hāmuera Pango, tohunga ahurewa o Ngāti Whakaue o te rautau tekau mā iwa, i tuku iho ki a ia. Ka noho iho anō a Hamu ki tōku taha, ka āta wherawhera i ngā whārangi, tae atu ki ngā whārangi o ngā takiaho whakapapa o Ōhinemutu. Ka whakamahia te whakapapa i hoatu e tōna koroua, hei taki ake i tana kōrero mō Pūkaki:

> *Ko ngā kōrero e whai ake nei he kura huna e pā ana ki tōu koroua, ki a Pūkaki. Kua heke mai wēnei kōrero ki a au, mai i ngā koroua, kuia o Ngāti Whakaue, pērā i a Hāmuera Pango, Rotohiko Haupapa, Eruera, Kiharoa, Ririu, Whakarato, me tō kuia tonu, me Ngātai. He waimarie nōku i pakeke mai au ki Ōhinemutu nei i te wā e kōrerotia hōhonutia ana te tupuna nei nā, a Pūkaki, e ngā koroua. Ko te mātauranga kai a au, nā ngā pakeke. Nō te matenga o ōku pāpā, o Tai Mitchell rāua ko Kepa Ēhau, ka riro māku anake hei pupuri i te mātauranga e noho taonga kāmehameha mai nei a Pūkaki ki a mātou o Ōhinemutu. Ko te nuinga o te mātauranga i whakaakona mai e aku pakeke ki a au, i whakatakotoria atu anō hoki e rātou i roto i ngā tono whenua ki Te Kooti Whenua Māori i tērā atu rautau. Kei roto i ngā kohinga kōrero o taua wā, ngā tāpae kōrero a ngā rangatira o tua whakarere, pērā i a Kōkiri, Tūpara, Tokoihi, Piri, Te Taupua, Poihipi, Retireti, Te Paemoe me Hāmuera Pango, ā, he mea whakatakoto ā rātou kōrero hei tautoko, hei whakahē rānei i ngā tono a Ngāti Pūkaki mō wētahi tūtanga whenua. Kei roto i wēnei kōrero a rātou mō tēnā whenua, mō tēnā whenua, he maramara mātauranga mō Pūkaki. Engari, e kore rawa koe e kite puka hītori kotahi mō Pūkaki i waenganui i tō tāua iwi, nā te mea, i te taenga mai o te pūkenga tuhituhi ki a Ngāti Whakaue, kua ngaro kē a Pūkaki te taonga. Nō reira e tama, ko ngā kōrero āna mōna anō kua mahue mai ki muri, ā, kua tae ki te wā me tuku atu i wēnei kura huna ki a koe . . . '*

Hāmuera Taipōrutu Mitchell. (Te Niupepa o Rotorua)

Ka hia kē hāora te koro e kōrero mai ana ki a au, tata pō noa te ao. Pau katoa i te koro nei āna kōrero katoa mō Pūkaki te whāki mai. Te otinga ake, ka noho wahangū au mō te rua mēneti, kātahi ka mātika ake i taku tūru me te pātai atu ki a Hamu mēnā rānei he kapu tī anō māna, engari, ka kaha kē mai tana whakahau kia hoki wawe atu au ki te kāinga kei noho ahau hei hākaritanga mā taku hoa wahine nō Ngāpuhi. Ka kata māua, kātahi au ka whakakā i te rama ki te kohikohi i aku taputapu. Tūrūruhi ana te kanohi o Koro i a ia e mātakitaki mai ana i aku nekehanga katoa. Tata tonu au te wehe atu, ka puta mai i a ia āna kupu kōrero whakamutunga mō Pūkaki ki a au.

'Kia maumahara koe Paul, kia mutu tō whakahoki mai i a Pūkaki ki te kāinga, whakatūria a ia ki te taupaepae o te whare o te Kaunihera ā-Rohe. Kia whetē tonu atu ia ki te hunga utu reiti, kia maumahara ai rātou, nā wai a Rotorua i koha ki a rātou i te tuatahi!'

Hoki rawa au ki te whare wānanga ki te tuhi i te hītori mō Pūkaki, ka tae mai te rongo kōrero kua mate a Hamu. Kātahi au ka whakamōhiotia ki te kōrero nei, arā, e rua rā i mua i tōna matenga, i hoatu kōwhiringa ngā tākuta ki a ia, tapahia ōna waewae e rua kia ora ai, me mate rānei i roto i te rua tekau mā whā hāora. I aroha nui a Hamu ki ōna waewae me tana whakaaro ake, e waru tekau tau ōna waewae e kawe ana i a ia, kāore e tika ana kia whakarerea atu e ia ināianei. Ka rongo a Hamu i ngā tohutohu a ngā tākuta, kātahi ia ka kī atu ki tōna whānau, mehemea koia mō te mate, ka mate ia me ōna waewae e rua e piri tonu ana ki tōna tinana.

Taku rongotanga ake mō tōna hurumututanga, ka kotahi hāwerewere atu au ki Ōhinemutu. Pango ana te marae i te makiu tūkeka. Tū atu, tū mai, kapi katoa ana te whare tupuna o Tamatekapua i te reo o ngā kaumātua e poroporoākī atu ana ki te tōtara taioreore kua hinga. I a rātou e kōrero ana, ka whakamau atu taku titiro ki a Hamu kei ngā rekereke o te poupou tuatoru, arā, o Hurungaterangi e takoto ana. Kua kōtore whererei te iwi i te kaha ohorere o tōna hingatanga. I a ia e ora ana, kāore āna whakatau, tōna mana rānei i paku werohia. I noho iho rā ia i raro i te ātārangi o te whare rūnanga tino whai mana o Ōhinemutu, arā, o Tamatekapua, mō te katoa o tōna oranga. Koia te pōtiki matapopore a ngā koeke o Ngāti Whakaue, ā, i roto i ngā tau, nā rātou ia i whāngai ki te mātauranga tino tapu o te iwi hei poipoi māna. Ka taka te wā, ka tū a Hamu hei rangatira motuhake o te iwi, ā, ka mōhiotia whānuitia hei hōkiki mātauranga, hei kaumātua tino whai mana hoki, huri noa i Te Arawa. Kei roto i tō mātou pā, ka kīia ia, ko te 'Pirimia', ā, ina kōrero ia i tētahi hui i Te Papa-i-ōuru, ka noho te hunga whakarongo ki te kapu o tōna ringa, nā tana matatau, tana whiu paki, tana atamai me tana āhei ki te whakahua i te kōrero tika i te wā tika. I a au e tuhi ana i tēneki pukapuka, i te rongo tonu au i te reo o koro, māhū me te āio pīpī i tētahi mēneti, mēneti ake anō, he ngengeri wairua pai hei whakatairanga ake i ngā wāhanga hōhonu o tāna kōrero ki te hunga whakarongo.

I te wā e tukuna atu ana ngā poroporoākī whakamutunga i te tangihanga o Hāmuera, ka āwhiowhio haere ōku mahara ki mea wāhi, ki mea kōrero, ki mea horopaki, ki a mea tangata, ā, nāwai, nāwai, ka tau iho anō ki te ūkaipō o pūmahara i rere āwhiowhio atu ai. E! Kua mate taku iho pūmanawa, engari, kua waiho mai e ia he kura mahara hei pupuri māku, he māramatanga tūturu hoki e pā ana ki ngā kōrero rokiroki mō Ngāti Whakaue . . . me Pūkaki. I uaua te tāpore i ngā kare ā-roto i taku tūnga ake i te taha o taku iwi ki te waiata i tana tino waiata, i a 'Kāore te aroha'. Kua tae mai he wā hōu: kua tae mai hoki te wā e tukua atu ai tō mātou matua kēkē matapopore ki ngā tūpuna kia riro mā rātou ia e ārahi ki Hawaiki. I te mutunga o te pō poroporoākī, i unuhia ōku hū, i tūturi ki te whāriki i reira rā a Hamu e takoto ana. Ka titiro au ki a ia mō te wā whakamutunga, ka whakatakotoria atu he koha nā Pūkaki ki tōna poho, hei whakahoki ngātahi atu māna ki Hawaiki. Ka rongo au i te ao tawhito e tau mai ana ki runga i ōku pokohiwi, ka tuohu iho ki te hongi i taku tohunga hei poroporoākī whakamutunga māku ki a ia. Ko te kawenga nui i whakarerea iho ai e ōna tūpuna ki a ia, kua tau mai ki a au. Mōhio tonu au me aha.

Nō te rā i muri iho i te nehunga o Hamu, ka tokitoki te rere o ngā kōrero a Ngāti Whakaue mō Pūkaki, i te mata o taku pene. Te otinga ake, ka whānau mai he whakapaparanga kōrero hōu mō te ao tūroa o tō tātou tupuna rongonui, arā, o Pūkaki.

II
te pūtake

Kei te maumaharatia a Pūkaki e tō tātou iwi, e Ngāti Whakaue, hei tupuna ariki nui i roto o Rotorua. Nā tētahi taumau i waenganui i a tātou me tērā o ngā iwi noho tata, me Ngāti Pikiao, ka whānau mai a Pūkaki ki te ao.

E pūtake mai ana te whakapapa o Pūkaki i a Tamatekapua, te rangatira rongonui o runga i te waka o Te Arawa, i wehe mai rā i Taputapuātea (Rangiātea–Hawaiki) neke atu i te rua tekau whakatipuranga ki muri. Nō muri mai i te putanga i Te Waha-o-Te-Parata (te korokoro o te taniwha nui o Parata e noho mai rā i te wāhi tino hōhonu o Te Moana-nui-a-Kiwa), ka tapaina e ngā uri o Atuamatua te ingoa 'Te Arawa' mō tō rātou waka. Whakakukū rawa mai a Te Arawa ki Maketū, ka kaupāpari atu ō tātou tūpuna ki ngā rohe tahatai o

Maketū, te wāhi o nehe i ū mai ai te waka o Te Arawa.

te pūtake

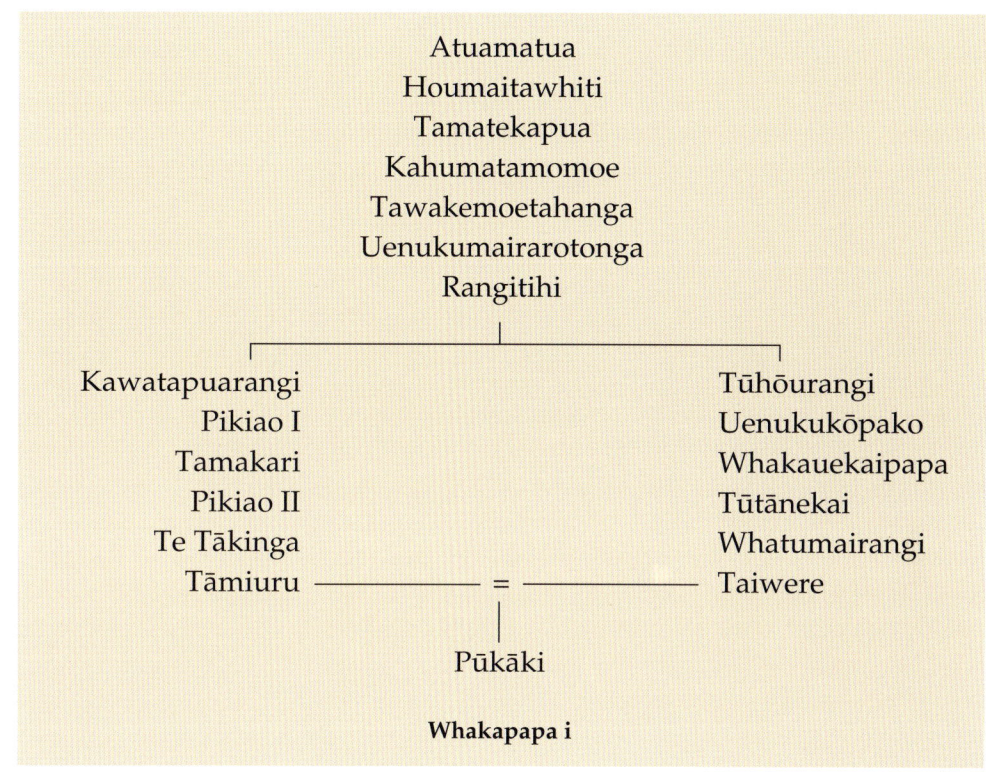

Whakapapa i

Te Moana-nui-a-Toi, noho ai.[1] Nāwai rā, ka horapa, ka totoro haere anō, ā, e whā whakatipuranga i muri iho, i te wā i a Rangitihi, ka neke whakateroto mā te awa o te Kaituna, ki ngā rohe ngāwhā o Te Waiariki–Rotorua.

Nō te taenga mai ki ngā rohe moana, ka kite ake a Te Arawa i tētahi atu iwi, i a Ngāti Tū-o-Rotorua, arā, i ngā uri o Ika, e noho ahi kā ana. Taro kau iho, ka ara ake te marangai, ā, ka hono tahi ō tātou tūpuna i takea mai i te ūpoko whakahirahira o Rangitihi, i raro i te mana ngārahu o Uenukukōpako rāua ko Rangiteaorere ki te pana i a Ngāti Tū-o-Rotorua. Nō muri iho i tērā, ka noho mārire ngā hikahika matua o te tupuna raka o Rangitihi – ngā pūmanawa e waru – huri noa i te rohe o ngā roto. Ka taka ngā tau, ka pūrero ake i a rātou ngā iwi matua e toru: Ngāti Pikiao, Tūhōurangi me Ngā Uri o Uenukukōpako. Ka hipa wētahi tau, ka māhorahora haere te ingoa o te iwi o Ngāti Whakaue i tō Ngā Uri o Uenukukōpako ingoa, hei whakamaharatanga ki te tama a Uenukukōpako, ki a Whakauekaipapa.

1. Tirohia tā Don Stafford, *Te Arawa*, me tā Enid Tapsell, *Historic Maketu*, mō ngā taipitopito āmiki e pā ana ki te taenga mai o Te Arawa me ngā taunahatanga ki roto ki Te Waiariki.

pūkaki — te hokinga mai o te auahitūroa

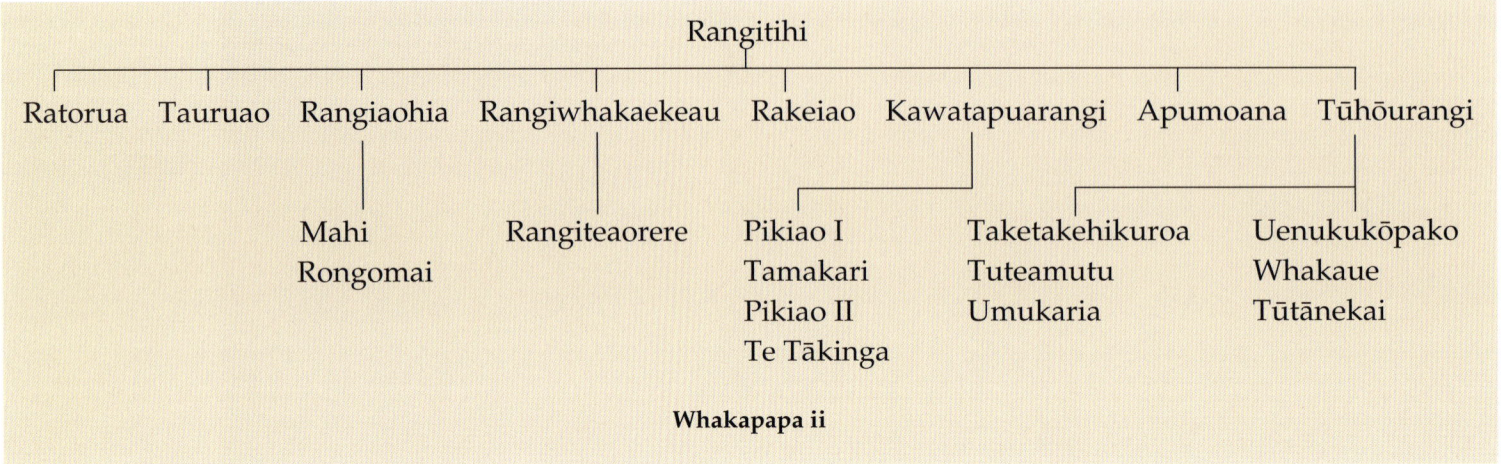

Whakapapa ii

I aua wā, i te pito rāwhiti o te moana o Rotoiti a Ngāti Pikiao e noho ana, tae atu ki ngā moana o Rotoehu me Rotomā; i te pito whakarunga o te awa o Te Kaituna, te pito hauāuru o te moana o Rotoiti me te katoa o te taha rāwhiti o Rotorua tae atu ki Ōhinemutu a Tūhōurangi e noho ana, ā, ko tātou nei o Ngāti Whakaue, nō tātou te moutere o Mokoia me ngā rohe taha moana i te hauāuru o Rotorua.

E rua whakatipuranga i muri iho, ka tipu te taukumekume me te harawene e pā ana ki ngā rawa, nāwai rā, ka pakanga wēnei iwi eweewe e toru ki a rātou anō. Nā te patunga o Tamakurī o Ngāti Whakaue e Tūhōurangi i tīmata tūturu ai wēnei pakanga. Ko te pāpara o Tamakurī, ko Tūtānekai, te kaitiaki rongonui i a Murirangaranga, te pūtōrino tipua i whakaminamina nei i a Hinemoa ki Mokoia. Nā Tūtānekai tana whanaunga o Ngāti Pikiao, a Te Tākinga, i akiaki ki te whakaeke i a Tūhōurangi hei rānaki i te kero o tana tama. Ka oti i a ia, ā, mohoa noa nei, ko te ingoa o taua pakanga, ko Pārua. Heoi, kāore a Tūhōurangi mō te noho pārurenga noa iho, ka taupaepae atu ki a Ngāti Pikiao, ā, tokotoru ngā tama a Te Tākinga i mate ki Kōtarahue. Nō muri iho, ahakoa pakanga atu, pakanga mai te mahi mō te hia tau i te rohe o Rotoiti–Rotorua, ka mau tonu ngā pātanga ā-rohe o wēnei iwi.

Engari, ka rerekē ake te noho a wēnei iwi, i te kōhurutanga o te tama ora whakamutunga a Tūtānekai, arā, o Te Whatumairangi. Kua mate hirinaki kē a Tūtānekai i taua wā, engari, i te ora tonu tana wahine a Hinemoa, ā, i Mokoia tonu a ia e noho ana. Tino pōuri rawa atu ia i te matenga o tana tama whakamutunga. Koia te kauaemua o Wāhiao, te rangatira o Tūhōurangi i Ōhinemutu, engari, he kāinga anō hoki tōna i Te Uenga pā, tata ki Mourea. Nā Wāhiao kē i mate ai a Te

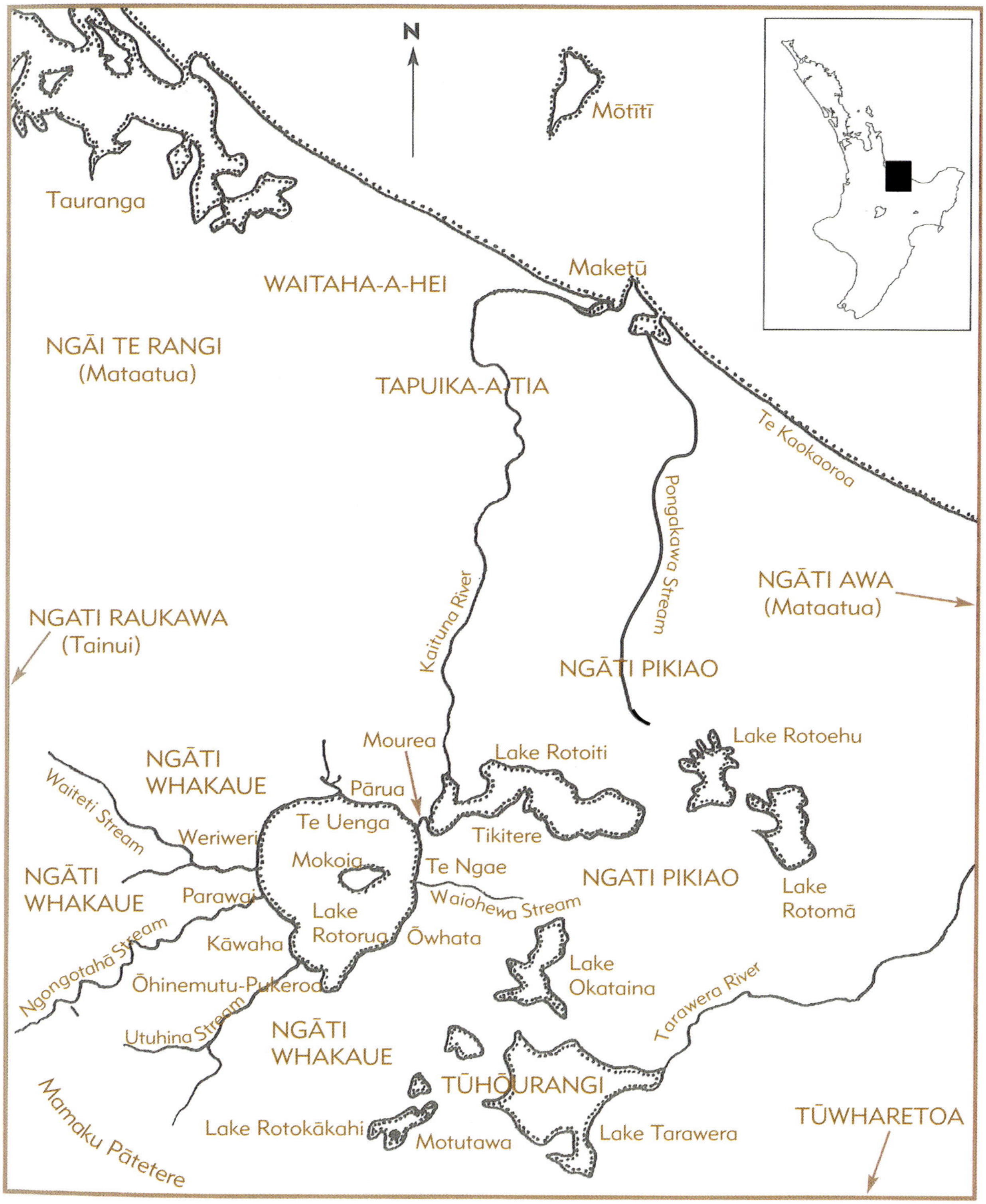

te pūtake

Mahere ā-iwi o Te Arawa rohe.

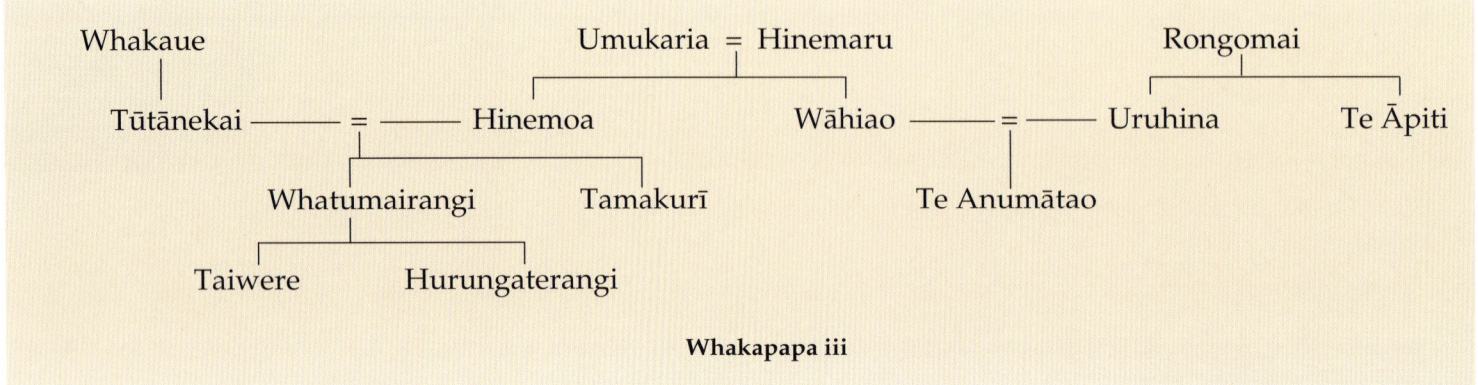

Whakapapa iii

Te pito whakateraki o Rotorua. Mai i te mauī (ahu atu i te taha moana), ko: Te Uenga, Pārua me Mourea (waenganui). (HM)

Whatumairangi. Tērā te whakapae a Wāhiao, he moe tāhae nā Te Whatumairangi i tana wahine, i a Uruhina. Heoi, nā te noho irāmutu a Te Whatumairangi ki a ia, kāore ia mō te mau patu atu, nō reira, ka āta whakaritea e ia te tungāne o tana wahine, a Te Āpiti o Ngāti Rongomai, ki te mahi i te mahi nei māna, arā, te patu i a Te Whatumairangi.

Ka taka te mōhio ki a Hinemoa, nā tana tungāne kē te matenga o tana tama i whakarite, ka tino pukuriri rawa atu ia, ka kimi utu. Te otinga ake, nā Hinemoa tātou o Ngāti Whakaue i āwhina ki te patu i a Wāhiao. He mea whakatutuki tēneki i roto i te pakanga o Te Uenga i patua ai a Wāhiao e te mokopuna a Hinemoa, e Hurungaterangi hei utu mō te matenga o tana pāpara, o Te Whatumairangi. Nō muri tonu mai i tēneki, ka whakaekea rawatia a Tūhōurangi i Mourea, e Te Tākinga o Ngāti Pikiao, ā, ka panaia atu rātou i te rohe o Rotoiti–Kaituna ki Tarawera rā anō. Kātahi ka moe te tamāhine a Te Tākinga, a Tāmiuru, i tētahi atu o ngā tama a Te Whatumairangi, i a Taiwere, hei whakanui i te panatanga atu o Tūhōurangi i Mourea. Kotahi anake te tamaiti i puta i tēnei hononga, ko tō tātou koromatua, a Pūkaki. Nā tōna whānautanga mai, ka pūmau te noho kotahi a ngā moana o Rotorua me Rotoiti, i raro i te mana kotahi o Ngāti Whakaue me Ngāti Pikiao.

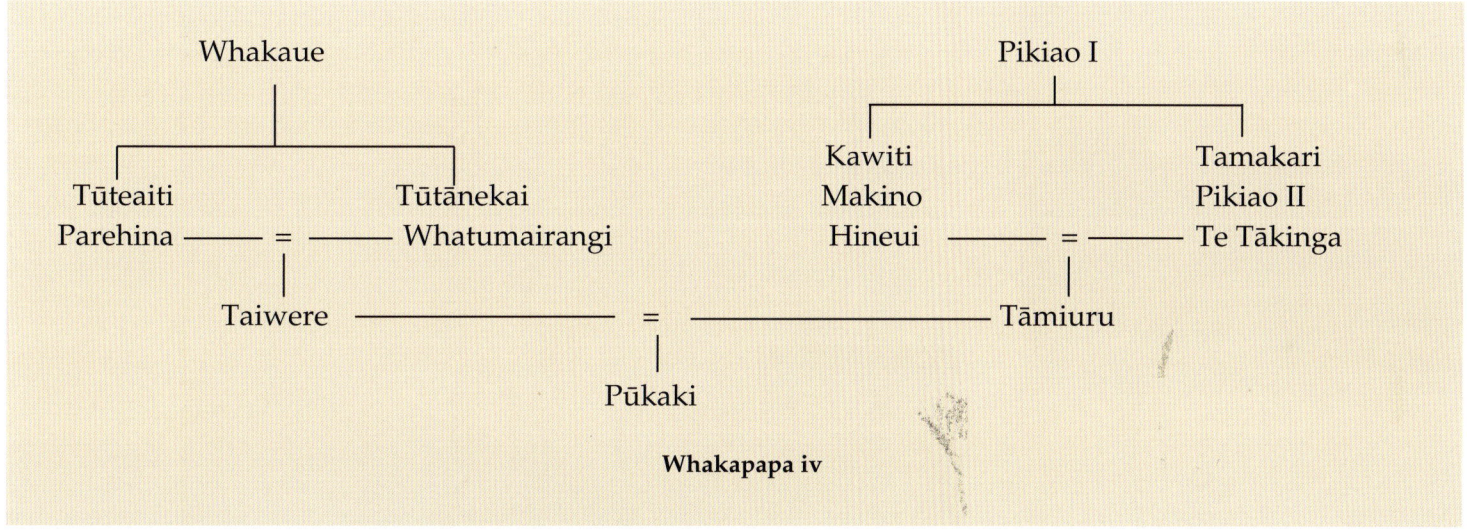

Whakapapa iv

III
Parawai

I whānau mai a Pūkaki ki te pā o Tūtānekai, ki Kaiweka, i te taha tonga o te moutere o Mokoia, i runga ake i te puna kaukau a Hinemoa, i a Waikimihia. Nō muri mai, ka haria e Taiwere tōna whānau ki te uru o te moana o Rotorua kia noho tahi ki te kōkara o Taiwere, ki a Parehina, i Te Ākau. I te pūau o te awa o Ngongotahā ki te moana o Rotorua tēneki pā e tū ana i ngā wā o mua. I a Pūkaki e pūhou ana, ka whakatūria e Taiwere te pā o Parawai, ko Ōuekeha tētahi ingoa anō ōna, hei punanga tuawhenua mō Ngāti Whakaue. Kitea tonutia ana ngā toenga o taua pā e whakakaurera ana i te hapori o Ngongotahā i wēnei rā.

Te tirohanga atu ki Mokoia i Ōwhata (te nohoanga o Hinemoa), kei te katau, tata ana ki te wai, te pā o Kaiweka. (Peter Janssen)

Nō te rautau tekau mā iwa, he whakaahua ā-kōataata nei o Waikimihia – te puna kaukau a Hinemoa – i te pūtake o te pā o Kaiweka i Mokoia. (Te Whare Taonga o Rotorua – RM)

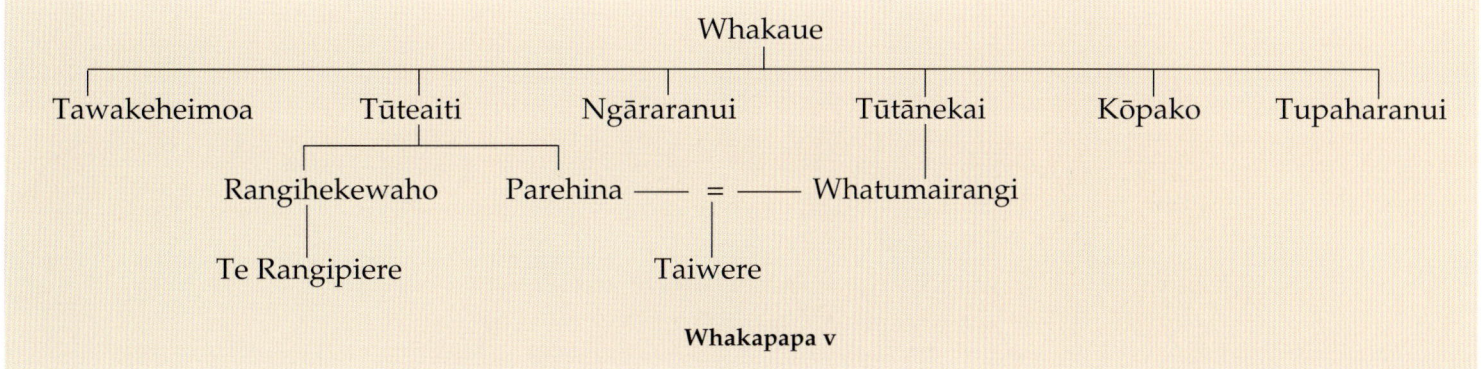

Whakapapa v

I te wā i a Taiwere, nō te tama mātāmua tuarua a Whakaue, nō Tūteaiti, rāua ko tana tama, a Rangihekewaho, te mana ki ngā whenua katoa o te rohe nei. I te wā i a Whakaue, ka panaia a Ngāti Tua Rotorua i te rohe, kātahi ka peia rawatia ki roto rawa i te ngahere o Pātetere (i te karahiwi o Mamaku). Heoi, i mua i te pakeketanga mai o Pūkaki, ka mate tōna pāpara, a Taiwere, i Maketū, i te pakanga o Te Kāwa-kai-tangi-papa (Te Kāwa, koia te wāhi tangi o te hunga kua pani). I tēneki wā hoki, kua tae mai ngā uri o Mataatua, arā, o Rangihouhiri – a Ngāi Te Rangi – mā te takutai ki te kokoraho i a Maketū, te wāhi i ū mai ai te waka o Te Arawa. Ka tino pukuriri a Te Arawa ki tēneki mahi, ā, ka rere petapeta atu te tokomaha o ngā uri o ngā hapū o Rangitihi i ngā roto ki te tūhono atu ki ō rātou matamatahuānga ki tai, ki te pakanga ki te hoariri, auare ake! Ka mate a Taiwere. Ka ngana ōna tāina, a Moekaha rāua ko Hapeterarau, ki te rānaki i te matenga o tō rāua tuakana, āhaha, ka mate tauā hoki ko rāua. Kātahi te kauaemua o rātou katoa, a Ariari-te-rangi, ka takatū ake ki te ngaki i te matenga o ōna tāina tokotoru. Nāna tētahi ope tauā māia i ārahi, ana, ka whakawhiti rātou i te koniu o te awa o Kaituna i Maraekura. I mua i te pakanga, ka puta i a ia he whakatauākī e kōrerotia tonutia ana i te rā nei:

Pito whakatetonga o te pā o Parawai (te kāinga o mua o Pūkaki). Kei raro iho ko Te Awa-hoenga-waka-o-Pūkaki – te awa o Ngongotahā. (HM)

Ko Taiwere
Ko Moekaha
Ko Hapeterarau
Ko Te Oreore
Ko Te Pātete

Nā tēneki pakanga nui i pūmau ai te mana o Ariari-te-rangi, engari, ko te mea aroha kē, i mate hoki ia i te mura o te ahi. Taro rawa te wā, ka riro mā te tuakana o Pūkaki, arā, mā Te Rorooterangi, te tatau pounamu e hora ki a Ngāi Te Rangi, ā, ka mana anō te mana o Te Arawa ki Maketū.

Ka rongo a Tāmiuru kī te matenga o Taiwere, ka hoki atu ia ki tōna rahinga o Ngāti Pikiao i Rotoehu. Engari anō a Pūkaki, ka noho tonu ia ki te pā o Parawai, ki raro i te manaakitanga matapū a tana kuia, a Parehina. I taua wā raka, i te tipu haere te riri i waenganui i a Ngāti Whakaue me Tūhōurangi o Ōhinemutu. Ahakoa kotahi ahunga kua pahure i te matenga o Wāhiao, i te kimi utu tonu a Tūhōurangi. I a Pūkaki e māitiiti ana, ka whai take a Tūhōurangi ki te whakaea i taua utu, arā, e ai ki ngā kōrero, i puta he kupu hahani i te waha o tō tātou pou rangatira, o Te Rorooterangi, mō te rangatira whai mana o Tūwharetoa, mō Tamamutu, i a ia i Rotorua. Kua āhua roa a Tūhōurangi e whakawhena whanaungatanga ana ki a Tamamutu, ana, ka nanakia tā rātou āwhina i a

Ko te papa tātahi o Maraekura (waenganui) i Maketū. I konei ka mate a Ariari-te-rangi. (Quentin Tapsell)

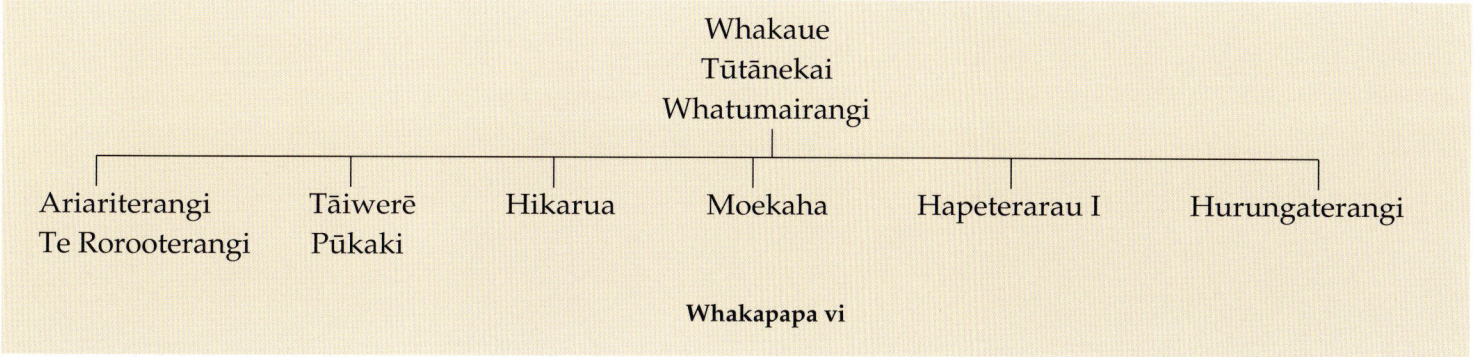

Whakapapa vi

Tūwharetoa me Ngāti Raukawa ki te pehipehi i a Ngāti Pikiao me ngāi tātou tonu. Nā konā, ka rere atu a Ngāti Whakaue whānui, me Pūkaki tonu, ki Mokoia kia ora ai. Kātahi a Tamamutu me ōna hoa tautoko o Tūhōurangi ka parekura haere i te takiwā hei paremata mō te mana ōna i takahia. I Mokoia tātou e tai whakaea ana, ana, ka hono ki ngā karangatanga hapū o Uenukukōpako kia pai ai tā tātou pana i te whakaariki i uta. Te otinga ake, ka toko ake ko te hinganga nui o tō tātou iwi i roto i te pakanga o Tāwhara-kurupeti, i tū mai rā ki te wāhi o Rotorua e karangahia nei i wēnei rā, ko ngā Māra Kāwanatanga. I taua rā raka, nā Te Rorooterangi tō tātou ope tauā tokoiti i ārahi ki te mura o te ahi, otirā, ki mua i te aroaro o te ope tokopae, i raro i te wehi o te whakatauākī rongonui rā:

Ruia taitea, ruia taitea
Kia toitū ko taikākā, ko au anake

Ko Tūnohopū te tama kotahi anake a Ariariterangi kia puta ā-ihu i taua kakari. I mate ōna tuākana a Te Rorooterangi rāua ko Kōtoremōmona, me tōna taina, me Te Kata. Nō muri mai, ka riro mā tōna tuakana, arā, mā Rautao te mere a Te Rorooterangi, a Kaitangata, e tiaki. Koia tonu rā te taonga rongonui nā Ngāi Te Rangi i koha ki Te Rorooterangi hei tatau pounamu, kia mutu ai te riri ki roto o Maketū.

Nā, ko Rautao, Tūnohopū me Pūkaki anake ō tātou rangatira i te ora tonu i muri mai i a Tāwhara-kurupeti. I whai utu rātou mō te parekuratanga o tātou i Tāwhara-kurupeti, i Te Awaawaroa, arā, he take pehipehi i whakahaerehia e rātou i reira. Nāwai rā, ka panaia a Tūwharetoa ki waho atu o Rotorua, tae rawa atu ki tō rātou kāinga ki Taupō. Ka hīnana ngā kape o Tamamutu i tēnā, ka whakatū pehipehi anō ia ki roto o Rotorua, ā, ka mate i a ia ngā tama a Tūnohopū, a Kauitāhoe rāua ko Tiki, i Raupōroa, tata ana ki Waikite. Tuia ki tēnā ka mauheretia e ia te tama pōtiki a Tūnohopū, a Taioperua. Ka pahure ngā rā ruarua noa nei, ana, ka tomo tōnihi atu nei a Tūnohopū ko tōna kotahi anake

pūkaki — te hokinga mai o te auahitūroa

Ko ngā Māra Kāwanatanga i wēnei rā nei – te wāhi i tū ai te riri o Tāwharakurupeti. I konei ka mate a Te Roro-o-terangi, ōna taina a Kōtoremōmona rāua ko Te Kata, me te tini o Ngāti Whakaue. (HM)

ki te pā o Tamamutu i Taupō, he kore hiahia hoki nōna kia maringi anō he toto. Nā te mīharo o Tamamutu ki tōna māia me tōna tuakiri manawa kai tūtae, ka whakahokia a Taioperua, otirā, ka hora hoki te tatau pounamu wawata rau.

Nō muri mai, ka tipu te māharahara i waenganui i a Tūhōurangi – i Ōhinemutu tonu rātou e noho ana – i te mea, kua pau te whai wāhi mai, te whai whakaaro mai hoki o ō rātou uku nō Tūwharetoa me Ngāti Raukawa ki te takiwā o Rotorua. Hei whakatau i te riri e koropupū haere ana, ka tuku a Te Anumātao, tō rātou rangatira, i tana tamāhine, i a Ngāpuia, hei wahine mā Pūkaki kia tau ai te rangimārie, ana, ka whakaae a Ngāti Whakaue. Nā tērā hononga ka horapa te rangimārie auroa ki te takiwā whānui katoa, ā, ka wātea

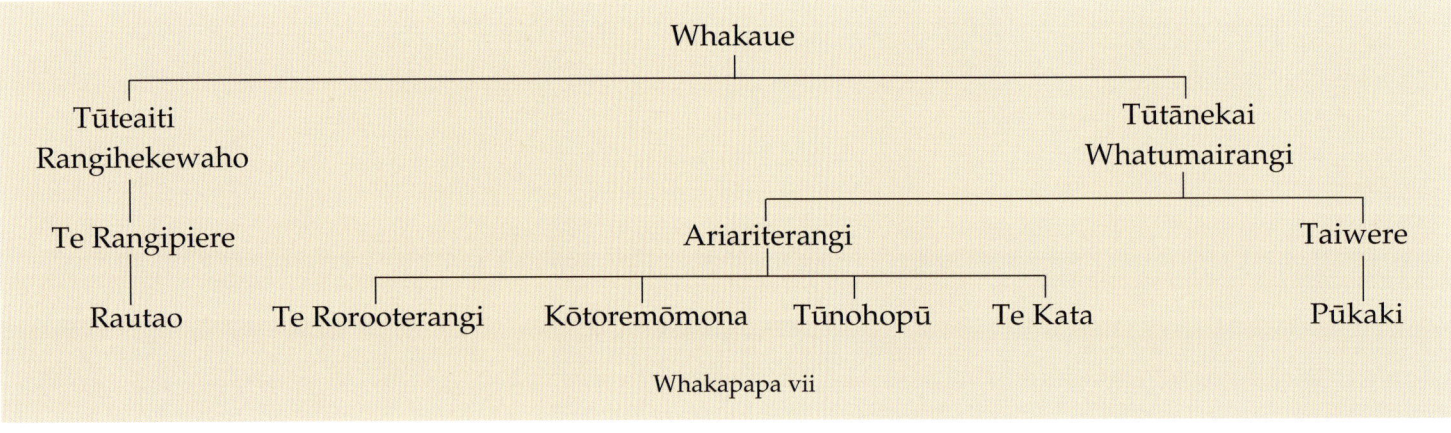

Whakapapa vii

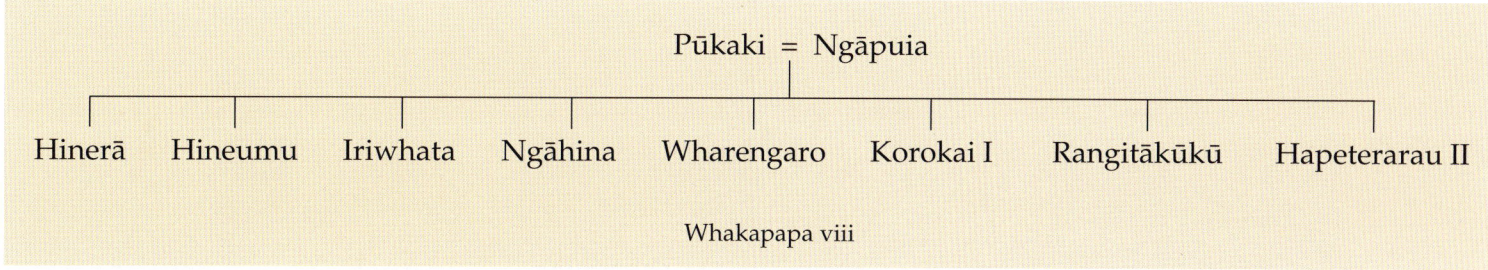

Whakapapa viii

anō tātou ki te whakarere i te āhurutanga o Mokoia kia noho pārekareka anō ai tātou ki uta. Ko ngā uri o Hurungaterangi i hoki anō ki te taha tonga mā whiti o te roto noho ai, ā, ko ngā whānau whānui o Rautao, Tūnohopū me Rangi-i-waho (tama a Te Kata) i hoki anō ki ngā pā huhua, i waenganui i Te Koutou me Weriweri i te taha tonga mā uru o te roto. Ko ngā whānau o Te Rorooterangi anake i noho tonu ki Mokoia. I haere a Pūkaki rāua ko tana wahine, a Ngāpuia, ki te pā o tōna pāpara, arā, ki Parawai, i reira ka whānau mai ai ā rāua tamariki tokowaru, ko ngā mātāmua e toru he wāhine.

    He mea taumau ngā tamāhine katoa a Pūkaki, ki tēnā rangatira, ki tēnā rangatira o Te Arawa, ā, ko āna tama i noho tonu ki Parawai ki te tautoko i tō rātou pāpara kia pūmau tonu ai tō tātou mana ki te rohe. Nā konā ka tū a Parawai hei pā matua o te rohe whānui. Ko te ingoa o te whare o Pūkaki, ko Kawa-a-kai-tangi, ā, ko te ingoa o tōna pātaka, ko Awaawakino. E tata ana ki Parawai ko te urupā o Pūkaki, ko Te Mataihi te ingoa. Kei reira ngā kōiwi o te tini o Ngāti Whakaue e takoto ana, nō Parehina tonu wētahi. I a Pūkaki i Parawai, ka panoni, ka pāpuni hoki a ia i te awa o Ngongotahā kia uru mai ai ngā waka ki roto, ā, ū rawa mai ki waho o Parawai pā. I wēnei rā, ka kīia tērā wāhanga tōtika o te awa ki raro iho i a Parawai, ko Te Awa-hoenga-waka-o-Pūkaki, ā, i reira tētahi rākau matai e tū ana i ngā wā o mua, ko tōna ingoa ko Te Pou-o-Pūkaki.

IV
utu

Kua pakeke kē te nuinga o ngā tamariki a Pūkaki i te wā i hua ake ai ngā kakari hōu i waenganui i a Ngāti Whakaue me Tūhōurangi. Nā te matenga o Mahuika, mokopuna tāne a Wāhiao, i tutū anō ai te puehu. Ko Mahuika te tuakana pōrangi o Tūohonoa nō Tarawera, ā, e ai ki ngā kōrero, i mākututia ia e Pānui-o-Marama, nōna e noho manuhiri mai ana ki a tātou ki Pukepoto pā i Waikuta. I tīkina atu e Tūohonoa taua mākutu rā hei take māna e patua ai e ia he ope ruarua noa nei nō Ngāti Whakaue i Paeroa, i a rātou e hoki mai ana i Taupō. Hei whakaea i te patunga o rātou, ka mauheretia, ka patua e tātou te

He whakaahua nō te mutunga o te rautau tekau mā iwa, o te moutere o Motutawa kei waenga i te roto o Rotokākahi – pā maire o mua o Tūhōurangi. (RM)

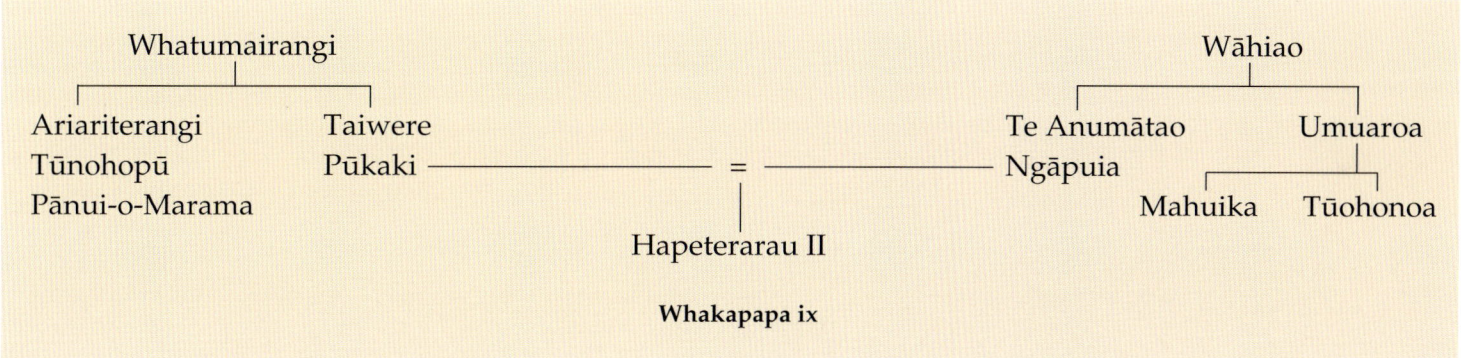

Whakapapa ix

matua kēkē o Tūohonoa, arā, a Te Anumātao nō Ōhinemutu. Ko Pūkaki tonu tētahi i kai i ngā kikokiko o Te Anumātao hei utu mō te whai wāhi o Wāhiao ki te kōhurutanga o tōna koeke, arā, o Te Whatumairangi. Rongo kau ana a Ngāpuia mō te kai a Pūkaki i te kiko o tōna pāpara, ka maninohea, ka pōuri kerekere, nāwai, nāwai, whakarerea atu rā e ia a Pūkaki. Ka hoki ia me tā rāua ko Pūkaki pōtiki, me Hapeterarau, ki ōna karangatanga uri o Tūhōurangi–Ngāti Wāhiao ki Ōhinemutu, ka whākina e ia te mahi i mahia. Nā te kaha o te pukuriri, ka kapohia e rātou a Hapeterarau, te tamaiti i haere hei hoa mō tōna kōkara, ka patua, ka kainga hei utu. Nō muri tonu mai, nā te mataku kei whakaekea

Pukepoto mohoa – he urupā i wēnei rā nei mō ngā uri o Tūnohopū. (HM)

rātou, ka tere te oma atu ki te pā kaha o Tūhōurangi ki Tarawera, ana, waiho atu ana e rātou te mana whenua o Ōhinemutu ki ngā uri o Tama-ihu-toroa, arā, ki a Ngāti Tama (Tama-ihu-toroa) me Ngāti Taoi (Taoitekura). I aruarumia e tātou a Ngāti Wāhiao, engari, ka hinga i a rātou ki Rotomahana, i te huringa me te patunga o Wahakakara e Tūohonoa. Nō muri mai, ka tū he kakari ki Te Wairoa, ana, ka mate a Tamawai, rākau kawa nō Ngāti Whakaue.

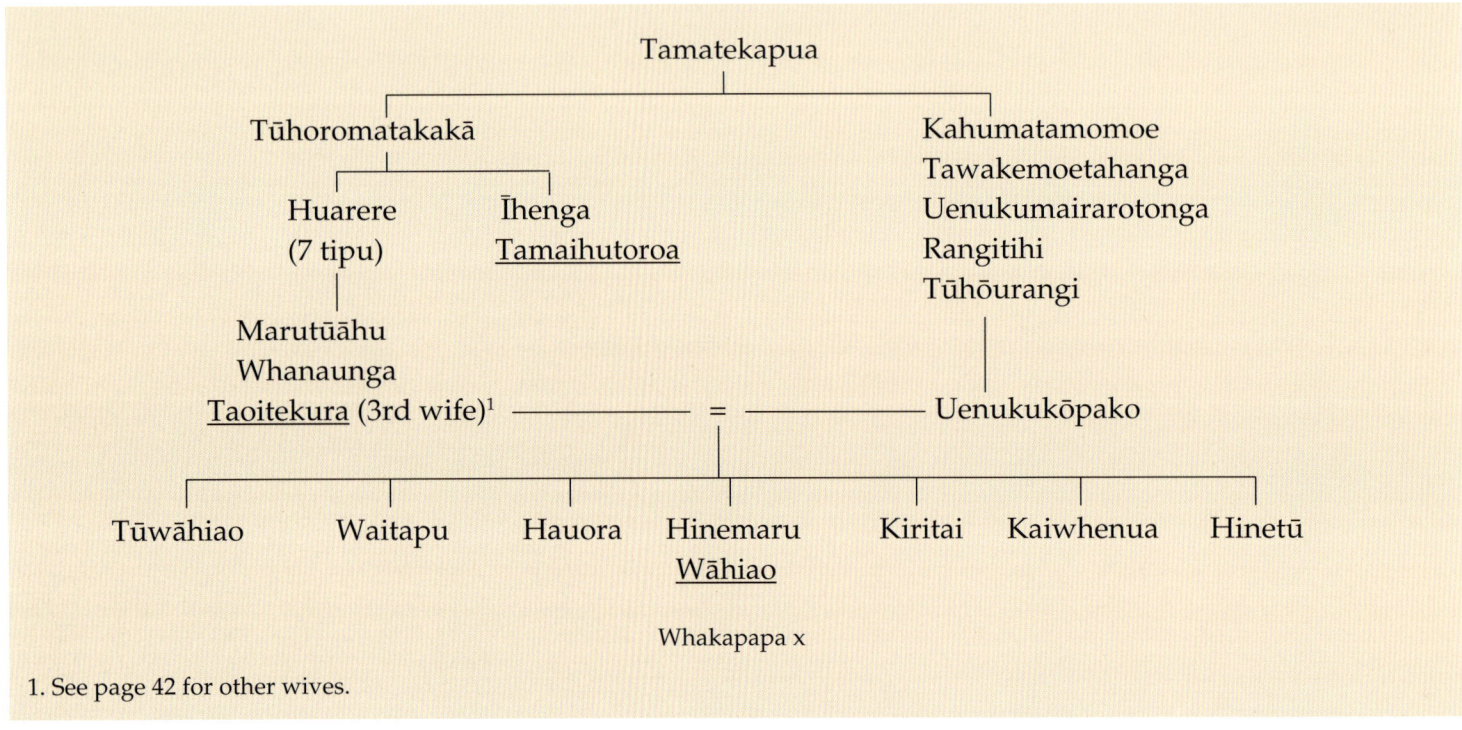

Whakapapa x

1. See page 42 for other wives.

Nā terā hingatanga o tātou, ka tipu te māia o Tūohonoa, ka haere mai ki Papakaroro – tata ana ki Ōhinemutu – ka patua, ka kainga he tamaiti anō nō Ngāti Whakaue, ko Tuputainui te ingoa. Nā tēneki, ka ara ake he ope tauā nui taioreore o Ngāti Whakaue, arero whero katoa, nō Waikuta, nō Waitetī, nō Mokoia, i raro iho i te mana ngārahu o Tūnohopū, Rautao me Pūkaki, ā, ko tā rātou mahi, he whakaeke i a Tarawera, he whakapātaritari i a Tūohonoa, kia ea, kia mutu.

wihapi te amohau winiata

He tangata whai mana a Pūkaki, whai mana nui, nō te iwi o Ngāti Whakaue, otirā, nō ngā karangatanga iwi o Te Arawa. Ka nui te kauanuanu, te whakaute, te whakaaro nui o te iwi ki a ia. Ko tētahi kōrero e maumahara ana au mō Pūkaki, ko tērā e hāngai ana ki tana hungawai, ki Te Anumātao. E rite ana tēneki kōrero ki tā Stafford i tuhi ai mō Pūkaki rāua ko Te Anumātao: arā, ehara nā Pūkaki a Te Anumātao i kōhuru. Nā wētahi kē o te iwi, o Ngāti Whakaue, tērā mahi i mahi, ā, nā te hunga kōhuru hoki tōna tinana i kai, kia ea ai ngā tikanga mō te kaitangata. Tērā hoki te heitara, ko Pūkaki tētahi i kai i ōna kikokiko. Kāti hā, mōhio tonu te katoa, ko Te Anumātao te pāpara o Ngāpuia, te wahine a Pūkaki. Mārama ana te mōrikarika o Ngāpuia, ko Pūkaki tētahi i horohororē i te tinana o tōna pāpara, ana, ka pōuri ia, ka riri ia. Nā konā, ka hoki ia ki ōna ake, ki a Ngāti Wāhiao–Tūhōurangi. Nāwai, ka hopukina tana whakapākanga, a Hapeterarau, ka patua, ka kainga hei utu mō te harahara o Pūkaki. I ara ake te natu i te iwi o Pūkaki, arā, i a Ngāti Whakaue, kia rānaki i te mate o taua tamaiti. Ka opetihia ake he ope tauā hei urutomo i ngā pā kāinga o Tūhōurangi ki Tarawera, Rotokākahi me te moutere o Motutawa. Nā tā rātou noho moutere, ka tōia ō tātou waka i Rotorua rā anō, mā runga i ngā hiwi o Whakapoungākau, tatū noa ki te taha o te roto moana. I konei, ka waihanga rautaki hei whakatumeke i te hau kāinga o te moutere raka. I a tātou i uta rā e rokohanga haere ana, e mātai haere ana i te moutere, ka kitea wētahi waka kōreti i te kahu o te wai, kotahi tangata, tokorua rānei, i runga i tēnā me tēnā, e mahi ana i wā rātou mahi o ia rā. I konei, ka tau te whakaaro kia whakamānu atu i ō tātou waka, ka hūkere ki te moutere ki te haukerekere i te katoa o rātou. Engari, auare ake rā. Te terenga atu ki te moana, i reira kē a Tūhōurangi e tatari tūtakarerewā mai ana, me te mea nei, kua whakamōhiotia kētia rātou ki tā tātou whakaeke. I runga i te moana ngā waka pīnaku o Tūhōurangi e karapoti ana i a tātou, kī katoa ana i ngā rākau kawa o Tūhōurangi i te huna kē i roto i ngā takere waka. Te kainamutanga mai, e tā, ohorere katoa ana tātou i te ope nui o Tūhōurangi kua ara mai ki te pakanga ki a tātou. Weriweri ana te parekuratanga o Ngāti Whakaue i taua rā raka, ā, i tāhoe te tokomaha ki uta kia oraiti ai i te mate.

(David Cook)

2. Tirohia tā Stafford, *Te Arawa*, 1967.

Āhua maha tonu ngā waka i tōia ake rā e Ngāti Whakaue ki te moana o Rotokākahi kia pai ai te whakaeke i a Ngāti Wāhiao e noho marumaru mai rā i runga i te moutere o Motutawa. Ko te mea pāpōuri kē, kāore tā tātou rautaki i angitu, ana, ka pehipehia tātou e Tūohonoa mā, ka parekuratia tātou, ā, ko wētahi o ō tātou toa i whakatoromitia, pērā i Te Rangitūwhatawhata. Heoi, kāore i mutu i reira, i haere tonu ngā kakari, tae atu ki Tokiniho (tata ana ki Rotokākahi). I konei, ka mate he wahine nō Ngāti Wāhiao, ko Hinewaka te ingoa, ā, ka taui rengarenga a Tūhōurangi. Nā taua rahuatanga raka, ka ngākau whakamomori a Tūohonoa ki te whakatairanga ake anō i tōna mana, ana, ka heke anō ia ki Rotorua, rīria te riri. Ahakoa i mate i a ia te mokopuna tāne a Te Rorooterangi, a Te Maramārama, kāore i kōngange tonu i a ia te ahi mumura o te riri, nāwai rā, ka taui rengarenga atu ki Tarawera. Nō muri mai o tērā, ka ea te whai utu a ngā taha e rua, ā, ka tū he rangaawatea hōu. Koirā te pakanga whakamutunga a tō tātou rangatira whakahirahira, a Tūnohopū. I te koroheke haere ia. Te hokinga ōna ki tōna pā kāinga ki Weriweri, ka mate hirinaki, ka hunaia ōna kōiwi ki te urupā tawhito o te iwi, arā, ki Te Ngae. I ngā rā tatau pounamu i muri iho, ka āta hoki mai anō a Ngāti Wāhiao o Tūhōurangi ki Ōhinemutu, engari, i tēneki wā, ka noho rātou ki te taha rāwhiti o Te Pukeroa, i te mea rā hoki, i a rātou e tamō ana, i riro ai te mana o tō rātou pā i ō rātou matamatahuānga o Ngāti Tama me Ngāti Taoi.

I te tauwehenga i a Pūkaki, ka tau te whakaaro o Ngāpuia kia noho pūmau ia ki waenganui i ōna karangamaha o Ngāti Taoi me Ngāti Wāhiao ki Ōhinemutu. Nāwai rā, ka tae mai āna tamariki, a Hineuru rāua ko Korokai, ki tōna taha, ā, ka noho tahi rātou ki Te Haka (tata ana ki te tūranga mohoa o te whare karakia Katorika), kaumātua noa.

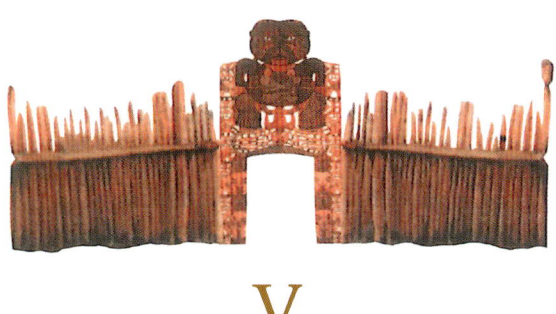

V
ŌHINEMUTU

Nā koa nāia, kua hipa ngā tau maha i te matenga o Tūnohopū, ā, kua pakeke rā hoki ngā mokopuna a Pūkaki, ana koia, ka wana kē anō te puha o te riri ki te rohe o Rotorua i te whakaekenga mai o Ngāti Raukawa me wētahi haumi nō Ngāi Te Rangi ki a Ngāti Whakaue. Ko te pūtake o te riri nei, ko tētahi kakari tātakimōri noa nei i Ōhinemutu, i waenganui i a Ngāti Tama, Ngāti Taoi me Ngāti Wāhiao, arā, ngā mana whenua o taua wā raka, mō te pātanga o tētahi māra hue i runga i Te Pukeroa. Kia ahatia, koropupū tonu ana te natu o te pō i te puku o Mokotiti, rangatira o Ngāti Tama, ki ōna matamatahuānga o Tūhōurangi, ana, hei whakamahu i tōna riri nui ki a rātou, ka pāwheratia e ia tētahi o ā rātou wāhine. Ko te wahine i pāwheratia nei e ia, koia te wahine a Manawa, rangatira whai mana nō Ngāti Whakaue ki Mokoia. Hei whakaea i te hara nei, ka hahua ake e Manawa, rātou ko ōna hoa o Ngāti Taoi ki Ōhinemutu, te tūpāpaku o Te Utanga – he whanaunga nō Mokotiti kātahi anō ka tanumia – ka whakahokia ki Mokoia, ka kainga. Heoi, kāore i aro i a Manawa mā, nō Ngāti Raukawa hoki a Te Utanga. Ka rongo ana a Rangi-i-waho, tētahi atu rangatira whai mana o Ngāti Whakaue mō taua mahi tokoreko tūpāpaku, ka puku te rae, he Ngāti Raukawa hoki ia i te taha ki tōna kōkara, he whanaunga tata tonu ki Te Utanga.

Aua atu! Kāore e pai ana kia ngau a Rangi-i-waho i ōna anō (i a Ngāti Whakaue), nā reira, ka whakatau rā ia kia whakamōhio atu i ōna whanaunga o Raukawa ki Maungatautari ki te tānoanoatanga o te tūpāpaku o Te Utanga. Ka maranga ake te ope tauā o Ngāti Raukawa, ka hiko mai ki a tātou i ngā ururua o te ngahere o Pātetere. Nā reira, nā te wairua whakaririhariha i waenganui i ō tātou rangatira whai mana tokorua o Ngāti Whakaue, arā, i waenganui i a Manawa rāua ko Rangi-i-waho, ka ara ake anō a Tū-ka-nguha ki te ūpoko o ngā iwi o te takiwā o Rotorua; ko Hua, taina a Hurungaterangi, tētahi o ngā ika i te ati.

pūkaki — te hokinga mai o te auahitūroa

```
                    Whakaue
                    Tūtānekai
                    Whatumairangi                                    Raukawa
        ┌──────────────┼──────────────┐                              Takihiku
   Ariariterangi    Taiwere      Hurungaterangi                      Pipito
                    Pūkaki       Hua                                 Tamatewhana
                    Ngāhina                                          Maihi
                                                                     Tūwhakahewa
Te Rorooterangi   Tūnohopū        Te Kata ─────── = ─────── Waoku
Te Wahaoporoaki   Tunaeke                  │
Manawa            Te Tiwha              Rangiiwaho
                  Whitiopoutama

                              Whakapapa xi
```

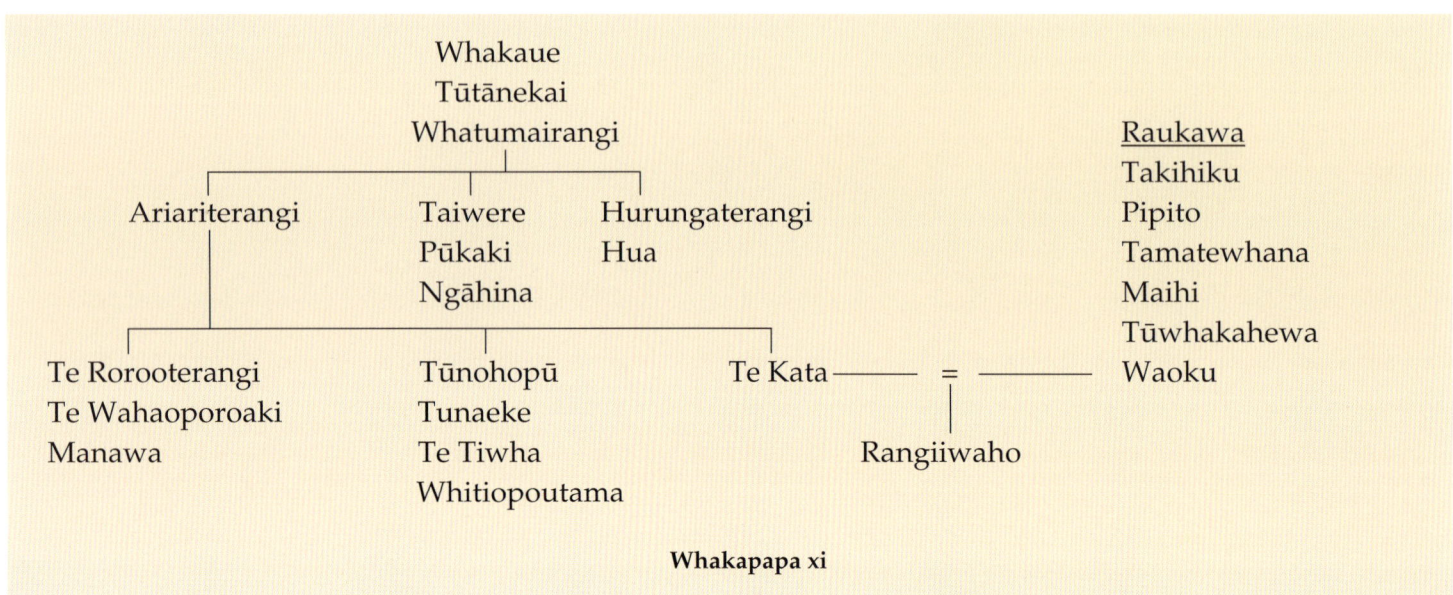

Ōhinemutu

Tū atu, tū mai, tū atu, tū mai ngā pakanga, nāwai, ka ū te whakaarikitanga ki a tātou i tō tātou toanga ki a Raukawa me ō rātou haumi nō Ngāi Te Rangi i Waiwhāriki tōmua, i Weriweri tōmuri iho. Ko aua toanga rā, he toanga i raro i te mana ngārahu o tō tātou pou rangatira koeke, o Pūkaki. Ka peia ngā hoariri ki tua o ngā karahiwi o Mamaku, hoki rawa ake ki Maungatautari. Ka mate ō rātou kaingārahu, a Tūkaionepū rāua ko Rorowhero. Ko te horopū o tātou i mate, ko Whitiopoutama. I oma hoki a Rangi-i-waho ki Maungatautari, engari, i noho tonu mai āna tama ki Rotorua nei. Nā tēneki whakatūoitanga e tātou o Raukawa mā, ka horapa te mana o Pūkaki ki Ngongotahā whānui, tae atu rā hoki ki ngā karahiwi o Mamaku, ā, mohoa nei, mana tonu ana taua mana.

Nō te hingatanga o Raukawa, ka rere a Ngāti Tama – ngā kaurimarima nā rātou nei te ahi whākākā i tūmata – ki Taupō, engari, kāore rātou i rāhiritia ki reira, ā, uaua ana tā rātou hoki pēnei mai ki Rotorua, otirā, ki te pā o Te Puia ki Whakarewarewa, noho iho ai ki ō rātou karangamaha nō Tūhōurangi. I konei, ka mau ake i a tātou a Mokotiti. Ka kōhuatia ōna roro ki rō ngāwhā, ka kainga. Koia tēneki ko te mahi i mahia kia ea ai ngā matenga o Hua rāua ko Whiti-o-Poutama. Nā koa nāia, kua kiriuka mai te wairua o Tū-kai-tauā ki a tātou, āhaha, whakamomori tonu ana tātou ki te kai kiko, ki te inu toto. Uruwehi katoa ana ngā mōrehu o Ngāti Tama, ka pūrere atu ki waenganui i a Tūwharetoa me ngā

Ko ngā toenga o te pā o Te Puia kei te papa ngāwhā o Whakarewarewa. He pā i tū ki te puke poto i runga ake i te wai taratī o Pōhutu me te tini o ngā waiariki. (HM)

Mauī rawa: He tirohanga atu i Ōhinemutu ki te moutere o Mokoia – John Guise Mitford, c. 1845. (Te Papa Tongarewa)

iwi o Waikato, mei kore e oraiti i reira. Nā, ka tahuri tātou ki a Ngāti Uenuku-kōpako rāua ko Ngāti Rangiwewehi hei haumi mō tātou kia peia atu ai e tātou a Tūhōurangi i Ōhinemutu, otirā, i Rotorua mō ake tonu atu.

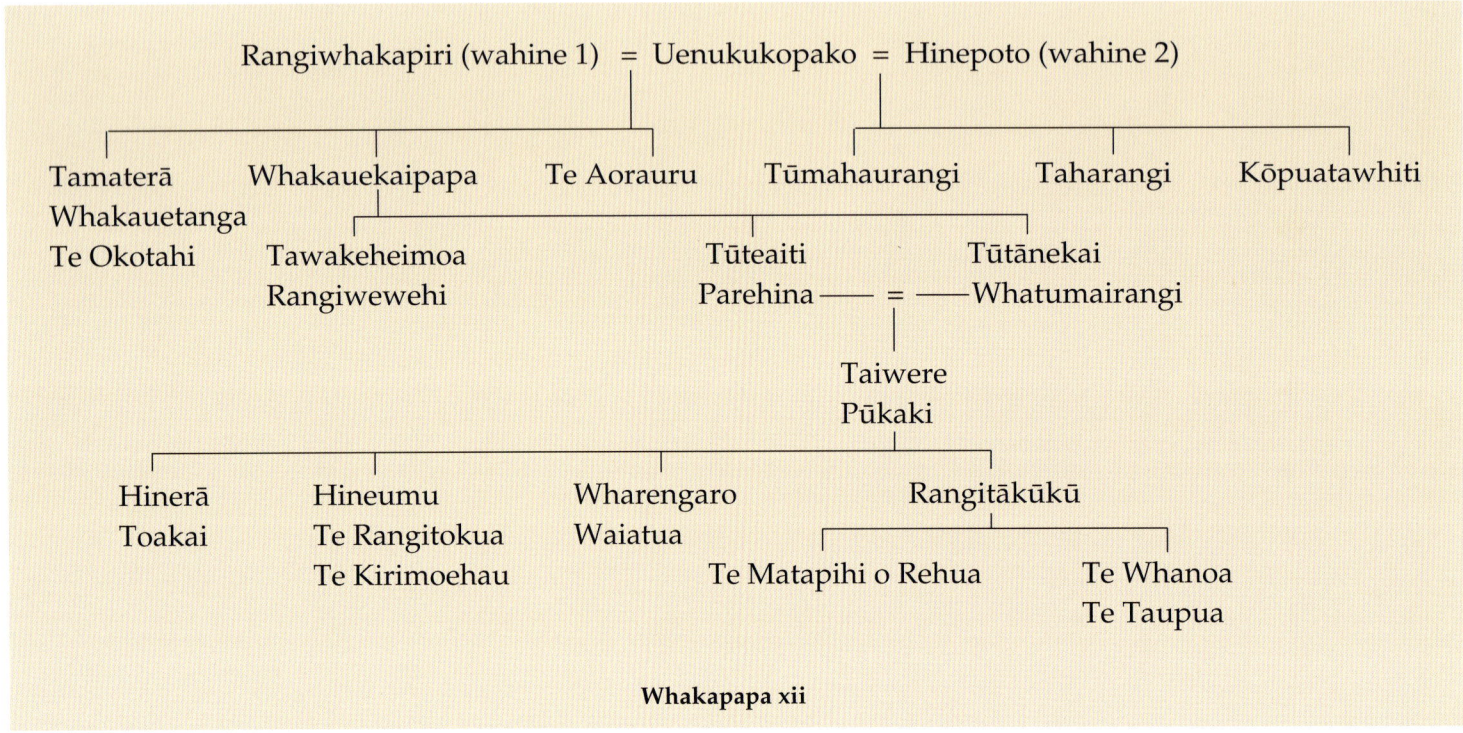

Whakapapa xii

Kāore a Ngāti Wāhiao i whawhai mai ki tō tātou ope, nā te eweewe mai rā hoki o wētahi o rātou ki a tātou, ana, ka haere rātou ki te tonga o Te Pukeroa, tata ana ki Whakarewarewa rohe, noho ai. Manohi anō ō rātou karangamaha nō Tūhōurangi ki Tarawera, ko tā rātou, me whawhai mō te mana o Ōhinemutu. I tēneki wā nei, kua tino koroheke a Pūkaki, kua ngoikore, ā, kua whakatau rā ia kia noho iho ki Parawai mō ōna tau whakamutunga ki te ao nei. Kia ahatia, i ārahi tonu rā āna tama, a Wharengaro rāua ko Te Rangitākūkū, me tana mokopuna, a Toakai, i tō tātou ope o Ngāti Whakaue ki te pakanga i raro i tōna mana rangatira. Ko te pakanga tuatahi, ko Te Puia, i tū i te ata haeata i te rāwhiti o Ōhinemutu, auare ake he putanga ihu. Ko te pakanga tuarua, ko Paitau, i tū i taua ahiahi tonu, engari, ko taua āhua anō rā, kāore i puta te ihu o wai rā, o wai

Te Puta-a-Tongarā – wāhi pakanga rongonui i tū ki runga i a Pukeroa, te wāhi e tū nei te hōhipera i wēnei rā. (HM)

ake rānei. Ka tai whakaea ngā taha e rua, kātahi ka tū te pakanga whakamutunga, ko Paitawa, ā, i konei, ka mate ngā tini toa o Tūhōurangi, ko ngā mōrehu i oraiti atu ki Tarawera. I taua pō rā, ka tū te kaihaukai ki runga i te marae matua o Ōhinemutu, i Te Papa-i-ōuru, ana, ko te hunga i hemo i a tātou i te pae o te riri, i kainga. Nō muri mai i taua hākari, ka kokorahotia e tātou a Ōhinemutu me te pā o Muruika mō tātou. Wairua horokukū ana a Ngāti Rangiwewehi me Ngāti Uenukukōpako i te rirohanga o Te Pukeroa i a tātou. Pō noa te pō, ka tipu haere te tarahaehae i roto i a Ngāti Rangiwewehi me Ngāti Uenuku-kōpako ki tā tātou i whai ai, ā, ka tīmata te rere iho o ā rātou kupu hanihani i tō rātou pā i runga, ki a tātou i raro: 'Kei raro koutou e putu ana, e noho koutou ki kō, āpōpō ka whakataurekarekatia koutou, pērā i Te Rerenga!'

Ōruawhata, kei ngā Māra Kāwanatanga. I wēnei rā, kei te karangahia ko te wai pōhutu a Malfroy. He waro i ngā wā o mua nō Ngāti Whakaue. Nō te takiwā o te 1900, ka rawekehia e te tangata kia tū hei wai pōhutu, mea ake, ka hēhē haere. He wāhi tapu tonu ki a Ngāti Whakaue.

He pōhēhē hoki nō rātou, i a rātou te nui o te toa me te nui o te kirikawa ki te rākau e parekuratia ai tātou e rātou, otirā, e riro ai i a rātou te katoa o Ōhinemutu–Te Pukeroa–Ōruawhata mō rātou anake. Ao ake te ata, ka whakautua e tātou ā rātou hanihani mai, arā, ka patua rawatia wērā kiritahi o tātou i roto i te pakanga i tapaina ai ko Te Puta-a-Tongarā, he tohu maumahara ki tētahi o ngā rangatira o Ngāti Rangiwewehi, ki a Tongarā, i huatahia rā e te mokopuna a Hineumu, arā, e Te Kirimoehau, kia mate, i runga i te pito whenua e tū mai rā te hōhipera i wēnei rā nei.

Nō muri tonu mai i tērā hingatanga ohorere o rātou, ka tinei a Ngāti Rangiwewehi me Ngāti Uenukukōpako i ō rātou mana ahi kā roa ki te rohe, ka tuku, ka hoki mārika atu ki ō rātou ake papa kāinga ki Te Awahōu, ki Mokoia, me te taha moana whakaterāwhiti o Rotorua (tata ki te taunga waka rererangi o Rotorua i wēnei rā). I rangitāmirotia atu tēneki take raupatu a tātou ki te mana nui o Pūkaki i roto i ngā mahi a Tūmatauenga, ā, mai taua wā, mohoa nei, kua noho mana whenua tātou, kua noho ahi kā roa tātou ki ngā whenua katoa, huri noa i Ōhinemutu, Te Pukeroa me Ōruawhata. Hei whakaū i te raupatu, ka whakatūria he whare, ā, rangatira ana ngā whare tuatahi i whakatūria ai, ko Whakarongotai nō Wharengaro tērā; ko Kanawa nō Te Rangitākūkū tērā; me Te Pōhau nō te tama a Hinerā, arā, nō Toakai, tērā.

I wēnei rā nei, ko te nuinga, otirā, ko te katoa pea o Ngāti Whakaue nui tonu, he uri whakaheke nō Pūkaki. Tērā raka hoki te tūātau a ō tātou koeke, arā, i te wā e ora ana a Pūkaki, ka nui tōna mana, engari, i roto i te mate, kua piki kē tērā mana ōna ki taumata atua, ki mokopū rongo. Nō muri tonu mai i tā tātou kokoraho i a Ōhinemutu mō tātou, ka mate hirinaki a Pūkaki ki Parawai. I tanumia ōna kōiwi ki te urupā tūtata, arā, ki Te Mataihi. I konei, ka heke te mana whenua o Pūkaki, huri noa i Parawai, ki tana tama mātāmua, ki a Ngāhina me ōna uri. Ka mutu, nā te māia o Wharengaro, Rangitākūkū me Toakai ki te riri tūngutu me te raupatu whenua, ka tau hoki te mana rangatira o Pūkaki ki runga ki a Ōhinemutu. Koia tonu rā hoki te take i kore ai tātou i hinga anō i te pakanga i roto o Parawai me Ōhinemutu. Ko te tamaiti tuatahi kia whānau mai i muri i tā tātou kokoraho i a Ōhinemutu, ko te mokopuna a Te Rangitākūkū, ko Te Taupua te ingoa. Ko te tikanga o taua ingoa, ko tēneki: ko tō tātou mana taupua ki te whenua e kore e whati, ko tā tātou noho taupua ki te whenua e kore e mutu. Ahakoa kāore a Te Taupua Te Whanoa i whai tamariki, kei te whakanuia tonutia ia i roto i wā tātou haka, nā te mea, koia te mokopuna i kawe i te wairua o Pūkaki ki Ōhinemutu . . .

I tuhia mai nei tō reta pōhiri ki a mātou

Kia tae mai ki Rotorua.

Aha ha ha!

I haramai haramai taku taonga.

Aha ha ha! I au ai ara kia whakatairangatia

te kauae o taku tupuna

Tamatekapua e tū nei.

Titiro ki ana uri

e tau nei.

Aha! Ko mātou

Ko mātou aha!

Ko Uenuku ... Aha ha!

Te kōrapanga

o te wao Pūkaki

I waiho ki a Te Taupua!

VI
atua

I ngā tau tata i muri mai i tā tātou kokoraho i a Ōhinemutu, ka rite tonu te whakapātaritaritia o tātou e tēnā hoariri, e tēnā hoariri, me te aha, kāore tātou i hinga. Nā ngā uri tonu o Pūkaki tātou i ārahi kia toa ai tātou i roto i aua pakanga, arā, nā Te Waiatua (tama a Wharengaro) a Arakau nō Ngāti Rangiteaorere i patu i te pakanga o Te Whakarua; nā Te Rangitākūkū a Te Ikaharaki nō Ngāti Raukawa me Ngāi Te Rangi i patu i te pakanga o Tāporoporo; nā Te Matapihi o Rēhua a Te Rangiwhakaputuputu nō Tūwharetoa i patu i te pakanga o Te Wairoa; nā Te Whanoa a Te Kata nō Ngāti Raukawa me Tūwharetoa i patu i te

Tohu whakamaumahara ki a Makawe i Te Pukeroa, tata ana ki te urunga matua ki te Hōhipera o Rotorua. (HM)

pakanga o Pokepokewai, he riri tūngutu i roto i ō rāua waka, i runga i te moana o Rotorua. I whakanui, i whakamihi hoki wēnei arero whero horopū o Pūkaki i te atua nei i a Rongomai, atua kaitiaki i a Pūkaki, mō wēnei toanga pakanga o rātou. Nō muri mai i te matenga o tōna pāpara, ko Te Rangitākūkū te tuatahi ki te karanga atu ki a Rongomai kia āwhinatia mai a Ngāti Whakaue i roto i te pakanga. Ka whakaūngia te ihi, te wehi me te tapu o taua atua mana nui ki tētahi tūāhu, ko Pūtoetoe te ingoa. I tū taua tūāhu ki tua o te marae o Para Te Hoata. Ko te tama mātāmua a Te Rangitākūkū, a Te Matapihi o Rēhua, rāua ko tōna tohunga, a Ruamai, ngā kaiārahi o tō rāua whakatipuranga, otirā, o te whakatipuranga hōu o Ngāti Whakaue ki roto o Ōhinemutu, ā, ko rāua anō hoki tērā i āta whirinaki atu rā ki te atua o Pūkaki.

HONOHONO MORRISON

Ki tōku nei mōhio, ko Pūkaki te pokohiwi kaha i pāpare atu rā i te tautapa a Tūwharetoa i a Ngāti Whakaue. Te taenga mai o rātou ki Rotorua, kāore a Te Matapihi o Rēhua i whakaae ki te whawhai, nō reira, ka haere a Te Whanoa ki tōna koroua kia riro ai māna tōna mana e hāpai. Kua matakerepō a Pūkaki i taua wā, ā, ka whakatata atu a Te Whanoa ki a ia, ka pātai rā ia, 'Ko wai tēnā?' 'Ko Te Whanoa.' 'Kei hea tō tuakana a Te Matapihi?' 'Kei te huna.' 'He aha te rākau whawhai kei a koe?' 'He hoe kokoi.' Kāti hā, ka haere a Te Whanoa ki runga i te moana o Rotorua, ka riri tūngutu, riri taumātakitahi ki te hoariri mā runga waka kōpapa. Kua tau mai hoki te kohu, nā reira, ka tinihangatia e Te Whanoa tōna hoariri kia pōhēhē ai ia, kāore he tāngata i runga i te waka. Nā, ka ū mai te waka o te hoariri ki te taha o tō Te Whanoa, ka werohia tōna kakī e Te Whanoa ki te pito koi o tana hoe. I te takere tonu o te waka a Te Whanoa e tīraha ana. I konei, ka heke te mana o Pūkaki ki Te Whanoa.

pīhopa kīngi, mnzm

Kāore e tino whānui ana aku mōhiotanga mō Pūkaki, engari, ka nui aku mōhiotanga mō tāna mokopuna, mō Te Matapihi o Rehua. I tino kōrero taku pāpara mōna, ā, he kōrero tuku iho nāna ki a au.

'Ko Te Matapihi te tama a Te Rangitākūkū rāua ko Rangiwhakatākohe. He toa horopū tūturu ia nō Ngāti Whakaue, ā, i whakanuia ia mō tana turaki i a Tūwharetoa i roto i te pakanga. Ka whakaekea mai a Ngāti Whakaue e Tūwharetoa, ki roto tonu i a Ōhinemutu. I taua wā raka, kāore he tūwatawata i Ōhinemutu, nō reira, ka karapinepine atu ngā uri o Whakaue ki runga i te puke ki tērā taha o Te Ruapeka, arā, ki te wāhi e tū mai rā te whare o Joe Hakarāia ināianei. Ana, ka whakaemi atu a Tūwharetoa ki te wāhi e tū mai rā a Tipu Ora ināianei. Ko te take i haere mai ai a Tūwharetoa, he hiahia nō rātou ki te parekura i a Ngāti Whakaue mō tētahi hara o mua. Tumeke ana tātou i tō rātou taenga ohorere mai, me te tokoiti hoki o tātou hei whakatumatuma atu ki tō rātou tokonui. Mārama ana a Te Matapihi, ko te oranga, ko te matenga rānei tēneki o te iwi, nā reira, ka takatū ake ia, ka whakapātaritari i tō rātou rangatira,

(HM)

i Te Rangiwhakaputuputu, ki te taumātakitahi. I toa a Te Matapihi, ka mate i a ia a Te Rangiwhakaputuputu. I konei, ka uruwehi te tauā o Tūwharetoa, ka pūrere atu rātou mā ngā ururua e tipu ana i te taha o ngā ngāwhā i te tūtanga whenua o Kuirau. Ka aruaru a Ngāti Whakaue i a rātou, ana, ka patua ngā mea kāore i taka ki ngā ngāwhā wera ai, mate ai. Ko te ingoa o tēneki pakanga, ko Te Wairoa.

Koia tēneki ko te kōrero mō Te Matapihi o Rehua, i tukuna mai nei e taku pāpara, e Rāniera Te Tawhiti (Dan) ki a au. Mō Te Matapihi te mōteatea 'Te Atua Matakore', ā, e rite tonu ana te waiatatia o taua waiata e au i ō tātou tangihanga. Nō muri kē mai ka tau te māramatanga ki a au, e, kei roto kē taua waiata i te pukapuka Ngā Mōteatea a Ngata. Kāore au i te whakaae ki tāna whakamahuki, e kī ana ia, nā Te Rangiwhakaputuputu a Te Matapihi i whakapātaritari. He aha hoki! Kāore hoki he hua o tērā ki a Tūwharetoa. Māku e kī atu, nā te māia o Te Matapihi i pūrero whakamua atu ai ia ki te kōkiri i te whakapātaritari, me te aha, he parekura i te haere mō Ngāti Whakaue, engari, i ora rātou i a ia, ā, nā konā anō hoki i māhorahora ai tōna rongo.

atua

Ko te waiata tangi a Ngāti Whakaue, 'Te Atua Matakore', he pōhangahanga ki Te Matapihi o Rehua, he tupuna i mate i tōna anō ringa. Nā Hiko o te Rangi Hōhepa te kōrero whakamārama mō tēnei waiata rongonui i te whārangi e whai ake nei. Hei tā Hiko, kāore te mokopuna matapopore a Pūkaki, arā, a Te Matapihi o Rehua, i whakaae ki te mau ake i te rau o te patu ki tētahi atu ope nō Tūwharetoa i tae mai i muri iho i Te Wairoa, nā te mea, he hoa piripono rāua ko te kaingārahu i taua ope. Nō reira, ka takatū ake tana taina, a Te Whanoa, ki tōna tūranga, ka ārahi i a Ngāti Whakaue ki te angitu. Nō muri iho, ka pōuri kerekere a Te Matapihi o Rehua, he pōhēhē hoki nōna kua whakamā katoa te iwi i a ia. Pō rawa ake ka whakatoromi i a ia anō ki te moana o Rotorua. Hotuhotu mārika ana te tangi apakura a te iwi i te ngaronga o tō rātou rangatira i arohanuitia rā e rātou, ā, ka titoa te waiata tangi 'Te Atua Matakore' – he mōteatea mō te oranga me te matenga o Te Matapihi o Rehua – e Te Hinu, he kuia nō Ngāti Uenukukōpako hei tohu whakamaumahara ki a ia.

Nō muri mai i te matenga o Te Matapihi o Rehua, ka whanake whakarunga ake wētahi rangatira piki tūranga i roto o Ngāti Whakaue, mea rawa ake, ka ngaro te atua o Pūkaki, a Rongomai, i te tirohanga kanohi. I te wā o te urutomotanga mai o tātou e Ngāpuhi i te tau 1823, ka tau te māramatanga ki a tātou, kāore he mana o tō tātou atua ki te kaupare atu i ngā pū a te ope nui taioreore o Hongi Hika. I tae mai tērā rangatira o te raki ki te rohe, ki te rānaki i te matenga taurekareka o tana whanaunga, o Te Paeoterangi, i ngā ringaringa nanakia o Tūhōurangi i Motutawa. E ai ki ō tātou koeke, he mea raweke a Hongi Hika kia patu i a tātou, i runga i te pōhēhē nui, nā tātou kē i mate ai tōna whanaunga, me te aha, i a tātou e patua ana, ka noho haumaru a Tūhōurangi ki Tarawera, otirā, ki te pā o Tokorangi, mātakitaki iho ai i te aneatanga. I taua wā rā, kotahi anake tā tātou pū. Nō reira, ka oma ngā iwi huhua o Rotorua ki tō tātou taha, ki Mokoia, kia kore ai e mate. I hoea ngā waka katoa ki te moutere kia kaua ai a Hongi Hika e whakawhiti i te moana. Engari, i kaikaiwaiūtia, i mūreretia tātou e ō tātou hoariri o te taimoana, e Ngāi Te Rangi, nā rātou hoki a Ngāpuhi i whakamōhio atu ki te ara huna o Te Arawa i Maketū ki Rotoehu, arā, ki te awa o Pongakawa. Mea rawa ake, ehara tō tātou moutere i te wāhi āhuru, he wāhi herehere kē, putanga kore, oraititanga kore i ngā pū maha a te ope tauā o Hongi. E hia kē rā hoki te mātinitini Te Arawa i mate, i mauheretia rānei e Ngāpuhi i wērā rangi mōniania nui. Nā te tāhoe ki uta i raro i te kahu o te pō i ora ai wētahi, ko wētahi anō i tukuna kia makorea i te tomonga o rātou ki roto i te whare tupuna Tamatekapua tuatahi i tū mai rā ki te takiwā whenua o Kaiweka. Nāwai, nāwai, ka mutu tā Hongi parekura i a tātou i te hīnātoretanga mai o te mōhio, ehara i a tātou tana whanaunga i patu, kia ahatia, nā te mea, e karangamaha tonu ana tātou ko Tūhōurangi, ka hiko tonu tōna whakaaro, he mea tika kia patua tātou hei utu, ana, ka hoki ia ki tōna kāinga ki Te Pē o te Whairangi, neke atu i te kotahi rau Te Arawa i tōna taha hei taurekareka māna.

49

DR HIKO O TE RANGI HŌHEPA

Tēnā koe Paora. Ko Hiko Hohepa tēnei ka kōrero atu nei mō tō tātou tupuna, a Pūkaki. He uri ahau nōna, heke iho i tana mātāmua, tana tamāhine a Hinerā. Ka puta ko Tihi o te Rangi [Toakai], ka puta ko Te Ranginohokahu. Ka moe tēnei wahine i a Tukutahi, te rangatira toa taua nō Ngāti Whakaue. Ngā kōrero mōna e kī ana, 'Te Kākahi Whakairoiro o Ngāti Whakaue'. He tupuna mātau ki te ārahi pai i te iwi, he tupuna toa i roto i ngā pakanga....

(HM)

Na e tama, kōrero atu e tētahi kōrero mō Pūkaki e pā ana ki te mōteatea 'Te Atua Matakore'. I tētahi wā, ka haere mai he ope tauā nō Tūwharetoa ki Rotorua. I runga te ope tauā nei i tō rātau waka i waho atu o Ōhinemutu, i reira a Pūkaki e noho ana. Ka puta te wero a Tūwharetoa, Ngāti Whakaue tukua mai tō koutou tino toa kia whawhai ki tō mātau. Ki te toa tō mātau ka raru koutou. Me kī te toa tō koutou tangata, ka haere noa atu mātau.

Tono tonu atu a Pūkaki ki tana mokopuna, a Te Matapihi o Rehua, 'Ko koe rā te tino toa o te iwi, haere patua kia hemo te whakahīhī rārā, ka taea noatia e koe.' Ko te whakautu a tērā, 'Kīhai he tata rawa tō māua whanaungatanga, ā, he tino hoa anō hoki māua.' Nō reira tonu ka ki ake te taina a Te Whanoa ki tana koroua, 'Waiho mai māku e patu kia mate rawa te taurekareka rārā.' Mihi atu a Pūkaki ki tana mokopuna, ka hoe atu a Te Whanoa ki te pakanga. I te mutunga o te whawhai, ka hinga te toa o Tūwharetoa mate atu. Nā tēnei, ka wehe atu a Tūwharetoa. Ka piki ake hoki te mana o Te Whanoa, ka heke iho te mana o Te Matapihi o Rehua. Me te pērā anō o ngā whakaaro o Pūkaki ki ōna mokopuna. Ka haere te wā ka pōuri haere ngā whakaaro me te ngākau o Te Matapihi. Ā, i tētahi pō, ka piki ki tōna waka hoe atu i Muruika ki te wāhi hōhonu o te roto, ka ruku toromi tōna atu.

Koinei te moteatea 'Te Atua Matakore' he tangi nā tana kuia, a Te Hinu o Ngāti Uenukukōpako, mō tēnei rangatira whakahirahira i mate ohorere nei. Anei te waiata e whai ake nei...

Te atua Matakore ... i
Ka maoi koa, Taupiri o te rewarewa
e tū tei ana rā
te kauika taramea i te mātārae
i waho o Muruika e ... i

Kei reira e noho ana
Tamarahi Pariri, tīkoko o te rangi
whakawhiti o te rā,
whakaio whenua e ... i

Taku whakatahuna ngaru
ki te toka māpuna
kai Orongotea e ... i

I te ahi kā noa whakatau iho
ki te mānahanaha,
o Mangatakitahi e ... i

Ko te paku aneke no Riuwhati te waka
o Manaia e rere whakateraki
i te whakawhitianga
o Pikopiko-i-whiti e ... i

E Awa hinga noa i te mate aitu
te tuku whakareretia ki te Tonga
mō Tūwharetoa, mō Irohanga
mō Te Riunui te ure o Pūkauae e ... i

Ngā whakapiako moana
ki Rotorua-nui-a-Kahu
he aha koia te hara i hohorotia ai
ko te kumenga iho e ... i

E inoi atu ana te kuia nei ki te Atua i te wāhi ngaro.

Pērā i ngā rākau rewarewa me
ngā pupatiki kua mokemoke
te hanga o te iwi.

Tamarahi Pariri he ingoa anō tēnei
mō Te Matapihi, he rangatira
hāpai ake i te iwi, mārama ōna
whakahaere, pūmau ki te whenua.

Ōrongotea he whanga kei Ōhinemutu.
He whakaruruhau a ia mō ngā tira
haere atu. He wāhi whakatā ai rātau.

Mārama te arawai atu a ngā tira haere
ki Ōhinemutu. Tōna kāinga hei whakatā,
hei whakamahana tinana mō rātau.

Te rerenga huna a Te Matapihi
mā runga i te waka o tana matua,
mā te wāhi o 'Pikopiko-i-whiti'
i waho atu te Ruapeka.

Koinei te toromitanga o Awa
(Te Matapihi) i te wai.
Koinei hoki a Tūwharetoa me ōna
whanaunga te take o tōna rarurarutanga.

Karekau ōna hara
e tukuna ai tōna tinana kia kūmea iho
e nga rimurimu o te moana.

pūkaki — te hokinga mai o te auahitūroa

Tana whakarau,
ki te tararau anuanu tuia karamea
ki te pō e … i

He mate weriweri tōna wehenga atu
ki te pō.

Nā wheatia ai te whiunga o ngā matau
i tukua ai ngā karere ki runga
ko tō tupuna, ko Tawakeheimoa
ko te Kererū kaiwai e … i

E kōrero ana mō ana tūpuna
mai rānō me te tapu o te mahi hī-ika
nā tōna takahaunga i te wai.

Hei eketanga mōhou
ki Te Rangihakahaka
whakawhitiatu ana
ki Te Raho o Te Rangipiere
Kia whāngaia koe ki te tauaro kuku
nō Te Ranga-a-whakairi-hau e tama e.

He mea whakarite i te karakia
ngā rangatira teitei, ā,
ko rātau anake ka kai i te tauaro kuku
o Te Raho o Te Rangipiere, he ngahere.

    Koinei e tama ētahi pitopito kōrero e pā ana ki a Pūkaki me ana mokopuna. Na, he mōteatea waiata nā Ngāti Whakaue mō ngā mate rangatira. Ko Ngāmako te kuia nāna ēnei kōrero, hoki rawa ki ngā tau rima i muri i te wā e tamariki ana mātau. I te marae o Kāramuramu kai reira nei te Rotorua Airport ināianei. Noho ai mātau i roto i ngā waiariki kaukau me ō mātau kuia, koroua whakarongo ai ki ngā kōrero whānui o Te Arawa. Ngā whakapapa, ngā Atua, ngā whetū, ngā pakanga, otirā ngā kōrero katoa.

    Kua kore rātau katoa, ngā kuia, ngā koroua, ināianei. Hoianō, waimarie i mau ētahi kōrero i a mātau ngā mokopuna. Ko te tūmanako Paora e tama, mā ngā taitama pēnā i a koe hei tuku atu i ngā kōrero a kui mā, a koro mā ki ngā uri e whai ake nei. Mā te Atua koe e tiaki i roto i āu nei mahi mō tātou te iwi Māori. Kia ora koe.

Nō muri mai i te parekuratanga, ka whakapāeko ngā mōrehu rangatira o Ngāti Whakaue i te korenga o ā tātou pū hei wawao hoariri, ana, ka rere te whakaaro kia haria te katoa o te iwi ki te moutere o Kapiti, kia riro ai mā ngā pū a Te Rauparaha tātou e tāwharau. Koinei te wā i whānau mai ai a Tūpara – mokopuna tuarua a Pūkaki – ā, he tohu maumahara tōna ingoa ki ngā pū i mate ai te tokomaha o ō tātou uri.

Pūkaki
Rangitākūkū
Te Matapihi o Rehua

Korokai II — Ngāhihi

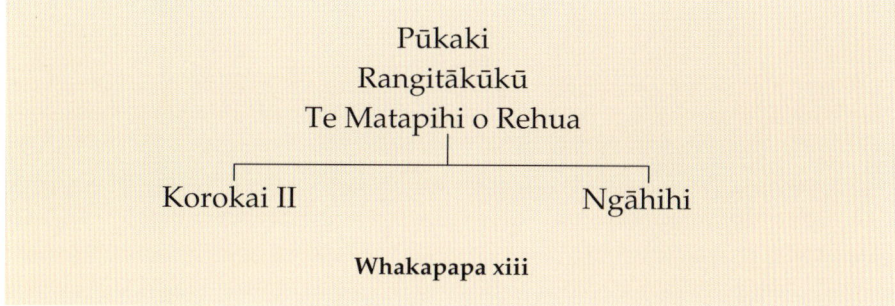

Whakapapa xiii

Kāore te katoa o Ngāti Whakaue i oma ki Mokoia. I haere a Korokai II rāua ko tana taina, a Ngāhihi, he tohunga, ki ō rāua whanaunga nō Tūhoe i Te Whāiti, kia kore ai e mate i ngā pū a Hongi Hika. Te hokinga mai anō o rāua ki Ōhinemutu, tumeke katoa ana rāua i te whakaaro o ngā mōrehu rangatira o te iwi kia nuku ki Kapiti noho ai. Hei aukati atu i taua whakaaro, ka whakatairanga ake a Korokai i te mana o Pūkaki kia maire tū wao anō ai te iwi kua taka ā-roto, ā, i konei anō hoki ka pūrero ake te awe o tōna atua, o Rongomai, hei hiringa wairua mō tātou. Tāpiri atu ki tēnā, i karangahia hoki te awe o tētahi anō o ō tātou atua rongonui o Ngāti Whakaue, arā, o Makawe, kia ara ake ki runga. Nā Ngāhihi tēneki atua i whakaara ake, ā, ka whakaūngia ki rō rākau tapu i Pukeroa, tata ana ki te wāhi kei reira te toka whakamaumahara o Makawe e tū ana i tēneki wā.[1] I wēnei atua nei ā rāua ake tohu hei whakatūpato i a tātou ki ngā uruwehi e whakatata mai ana. Ko tā Rongomai tohu, he rākau e tū ana ki te kahu o te wai i te roto moana o Rotorua, ko tā Makawe, he unahi roa. Ina kitea he uenuku e rere ana, e tūhono ana i ngā tūāhu o wēnei atua – arā, i Pūtoetoe i te taha o Te Ruapeka me te rākau a Makawe i runga i a Pukeroa – e ai ki a Ngāti Whakaue, kātahi te tohu tino whai mana ko tērā, mai iho, mohoa nei.

I ngā tau i muri mai, ka tīmata a Korokai ki te āta kohikohi i wētahi pū mā tātou, nāwai, nāwai, ka tipu anō te kaha o tō tātou ope tauā. I te tau 1829,

1. Kei te tomokanga matua ki te Hōhipera o Rotorua te toka e tohu ana i a Makawe e tū ana.

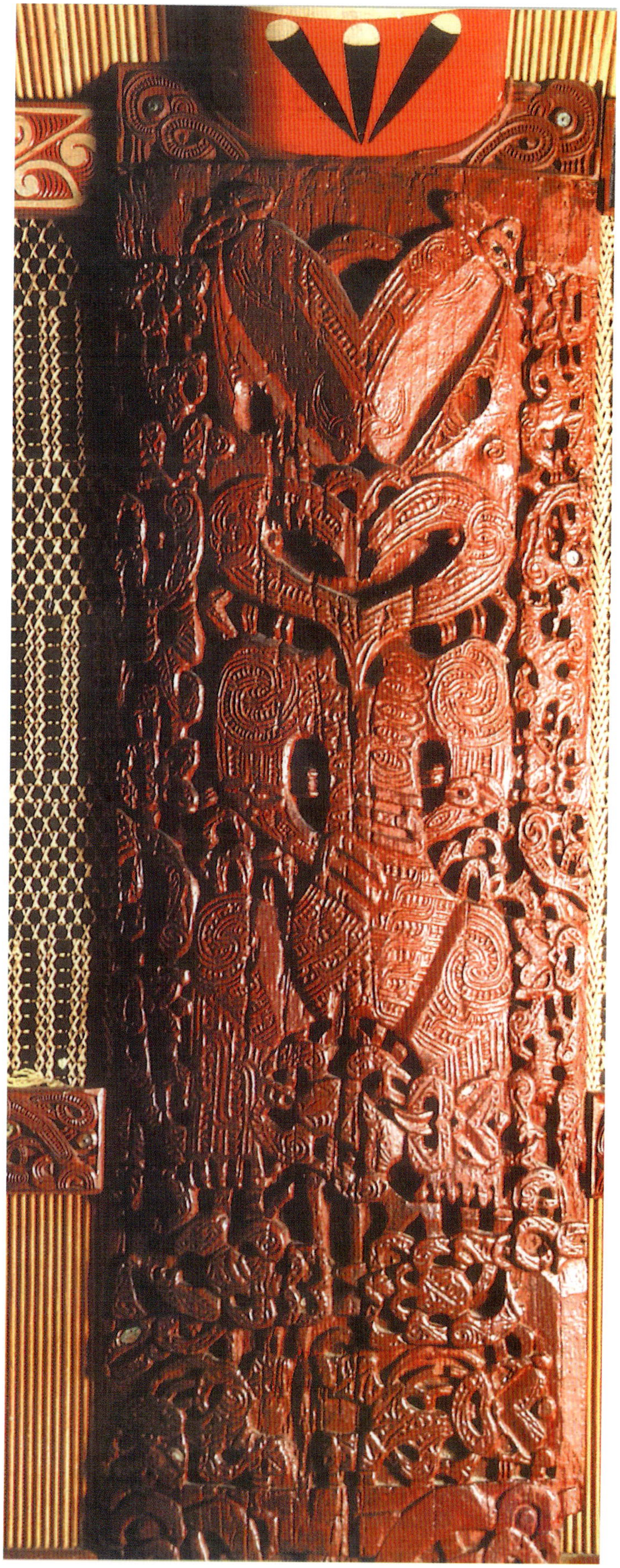

Poupou nō te whare Tamatekapua tuatahi i tū rā ki runga i a Mokoia. (HM)

Kei runga: Hine-i-Tūrama – kōwaiwai wairākau nā Joseph Jenner Merrett (c. 1845).

Kei runga waenga: Ko te kaihokohoko nō Maketū, ko Phillip Tapsell i ōna tau iwa tekau, rāua tahi ko tana tamāhine a Kataraina (c.1873).

Kei runga katau: Ko Tohi Te Ururangi, toa kaingārahu (c. 1863).

ka tae te rongo ki a Korokai mō te whakaaro o Te Tāpihana, he kaihokohoko Pākehā, ki te noho ki waenganui i ō tātou āpitihanga o Ngāi Te Rangi. Tere tonu tā Korokai tuku i wētahi o wā tātou tino toa ki Tauranga ki te whakatenatena i te Pākehā rā kia noho kē ki waenganui i a tātou. Nā Te Haupapa rāua ko Tohi Te Ururangi taua ope i ārahi, ā, nāwai rā, ka tau te whakaaro i waenganui i a rātou ko te rangatira nui o Ngāi Te Rangi, a Tupāea, kia whakakāinga i a Tāpihana ki Maketū hei painga mō ngā iwi katoa.

Kāore hoki i kō atu i a Maketū hei kāinga noho mōna. Koia hoki te wāhi i ū mai ai te waka o Te Arawa. I a Ngāi Te Rangi te mana whakahaere i taua wāhi, ahakoa he mana i te tohea. I reira te mahi a te kai, i reira te mahi a te pā harakeke, i reira hoki te moana hei ara haumaru ki wāhi kē, i wāhi kē hoki. Nō te rā i muri tonu mai i te rā i tau ai te noho a Tāpihana ki reira, ka tīmata te hia rau Te Arawa me Ngāi Te Rangi ki te tākirikiri harakeke, rua tekau mā whā hāora, ia rā. Ia tana muka harakeke ka hokona atu ki a Tāpihana mō wāna pāraha, wāna pū, wāna matā, wāna puehu pahū. I te kohikohi pū hoki ngā iwi e noho manemanerau ana ki a Te Arawa. Kāore hoki tētahi kotahi o rātou i hiahia kia parekuratia anō rātou, pērā i tā Ngāpuhi parekura mai. I whakapau kaha tātou kia noho tonu a Tāpihana ki Maketū, tauhokohoko ai. Nō te matenga o tana wahine nō Ngāpuhi (arā, o Karuhi nō Rangihoua), i hoatu a Hine-i-Tūrama, puhi ariki o Ngāti Whakaue–Te Arawa ki a Tāpihana hei wahine māna, kia noho tonu ai ia ki waenganui i a tātou. Nō reira, i a tātou ngā pū a Tāpihana, i a tātou te atua o Pūkaki, nā koa rā hoki te pōhēhē, e kore rawa rā tātou e patua anō e wai ake rānei.

VII
kūwaha

Nā, i roto i ngā tau, ka kaha haere te whakataetae i waenganui i ngā iwi mō ngā pū a Tāpihana, nāwai rā, ka tū te puehu, ka tīmata wētahi pakanga hōu. Ko te pūtake o tētahi, ko te pōhēhē o tētahi o ō tātou rangatira, arā, o Haerehuka, i te tinihangatia ia e wērā atu rangatira o Ngāti Whakaue. Ehara i te mea koirā anake te take i riri ai a Haerehuka, heoi anō, i te mutunga iho, nāna i tau mai anō ai te wehi o Tūmatauenga ki a tātou, arā, ka patua e ia a Te Hunga, he whanaunga ki te rangatira whai mana o Waikato, ki Te Waharoa, nōna i Rotorua. I tū tēneki

Pā o Niu Tīreni – He tirohanga atu i Te Pukeroa ki Ōhinemutu, te pā o Muruika me Mokoia. Nā Cuthbert Clarke nō te pukapuka a Tā Hōri Kerei, *Polynesian Mythology* (1855: 297).

patunga ki Waerenga i te Rā Kirihimete o te tau 1835. Nō ngā marama tata i muri mai, ka ara ake te marangai. I te 29 o Poutūterangi 1836 i whai utu a Ngāti Hauā me Ngāi Te Rangi. I haere ngā ope tauā mau pū o wērā iwi e rua ki te pā o Maketū, ana, ka parekuratia terā pā, tae atu rā hoki ki ngā wāhi tauhokohoko o Tāpihana. Ko te mea pāpōuri kē hoki, i reira ō tātou rangatira o Ngāti Whakaue, a Te Haupapa rāua ko Pipi, ana, i patua, i kainga hoki rāua. Nā Tupāea a Tāpihana, rātou ko tana wahine a Hine-i-Tūrama, ko tana tamāhine a Kataraina, i āwhina kia puta ai ō rātou ihu, arā, i oraiti rātou mā Te Awa-o-Te-Atua kei Matatā ki Mokoia, ko ō rātou kākahu anake i a rātou. Te taenga atu ki Mokoia, ka whānau mai i a Hine-i-Tūrama te tama mātāmua a Tāpihana, a Retireti.

Ko te whakautu a Korokai, kia muru i ngā taonga katoa a Haerehuka. I te 20 o Paengawhāwhā 1836, i ngārahu ia i tētahi ope tauā nui nō Te Arawa ki Maketū, ka horomititia ngā Ngāi Te Rangi i reira. I hiahia hoki a Tāpihana ki te uru ki te whawhai kia riro anō ai i a ia ngā taonga āna i tangohia, engari, nā tātou ia i whakahōtaetae i runga i te whakaaro, he nui ake tōna uara ki a tātou mēnā ia i te ora, tēnā ia i te mate. Kāti, tokomaha ō tātou rangatira i mate, engari, he maha noa atu ngā rangatira o te hoariri i mate, i ō tātou. Tāpiri atu ki tēnā, i mate te nuinga o ngā tamariki, ngā wāhine me ngā tāne o Ngāi Te Rangi e noho ana i te pā o Te Tumu i taua rā. Ko Tupāea, hoa tata o Tāpihana, anake te rangatira i mōrehu mai i te pakanga e mōhiotia nei i wēnei rā, ko Te Tumu. Nō te hokinga o Tupāea ki Tauranga, ka hoki mai anō te mana o Maketū ki a Te Arawa, e rima whakatipuranga hoki taua mana e puritia ana e Mataatua, he mana i taukumekumehia, he mana i taukaikaihia mō wērā tau maha. Heoi, i te otinga ake, ka tū takotako ake anō te mana o Pūkaki. Nāwai rā, ka tae te rongo ki a Waharoa mō tēneki aneatanga, ka tīmata ia ki te whakarārangi i ana toa horopū ki te whakaeke i a Ōhinemutu. I matapaetia tēneki mahi āna e ō tātou rangatira, nā konā anō tā rātou whakahau kia whakapakaringia ake ngā tūwatawata o Te Pukeroa. I te pā o Muruika te nuinga o ngā tūwatawata o Ōhinemutu e tū ana, arā, i te wāhi kei reira te urupā hōia me Te Hāhi o Te Whakapono (St Faith's) i tēneki wā. Mōhio tonu a Korokai, ka kaha te whakaeke mai a Te Waharoa, nō reira, ka whakatū tātākaitaua mō ā tātou pū hōu. Te otinga ake ka tū i a tātou he pā tūwatawata tino nui, he awarua, he hukahuka, he awhikiri hoki, tae atu ki ngā pou whakarae kua āta whakairotia kia ū mai ai te wairua o ngā mātua tūpuna.

Kapi katoa ana i ngā tūwatawata o tēneki pā hōu, te papa kāinga o Ōhinemutu, te pā o Muruika, tae atu ki te taha rāwhiti o Te Pukeroa. E toru ōna kūwaha i āta whakairotia ki tā Ngāti Whakaue tauira whakairo. Ko ngā tūpuna o ngā kūwaha nei, ko ngā rākau kawa o te iwi, arā, ko Pūkaki, ko Pānui-o-Marama me Tiki.

Pūkaki – pikitia waihinu, wai rākau hoki nā Kāpene T.J. Grant c. 1848 (Te Papa Tongarewa).

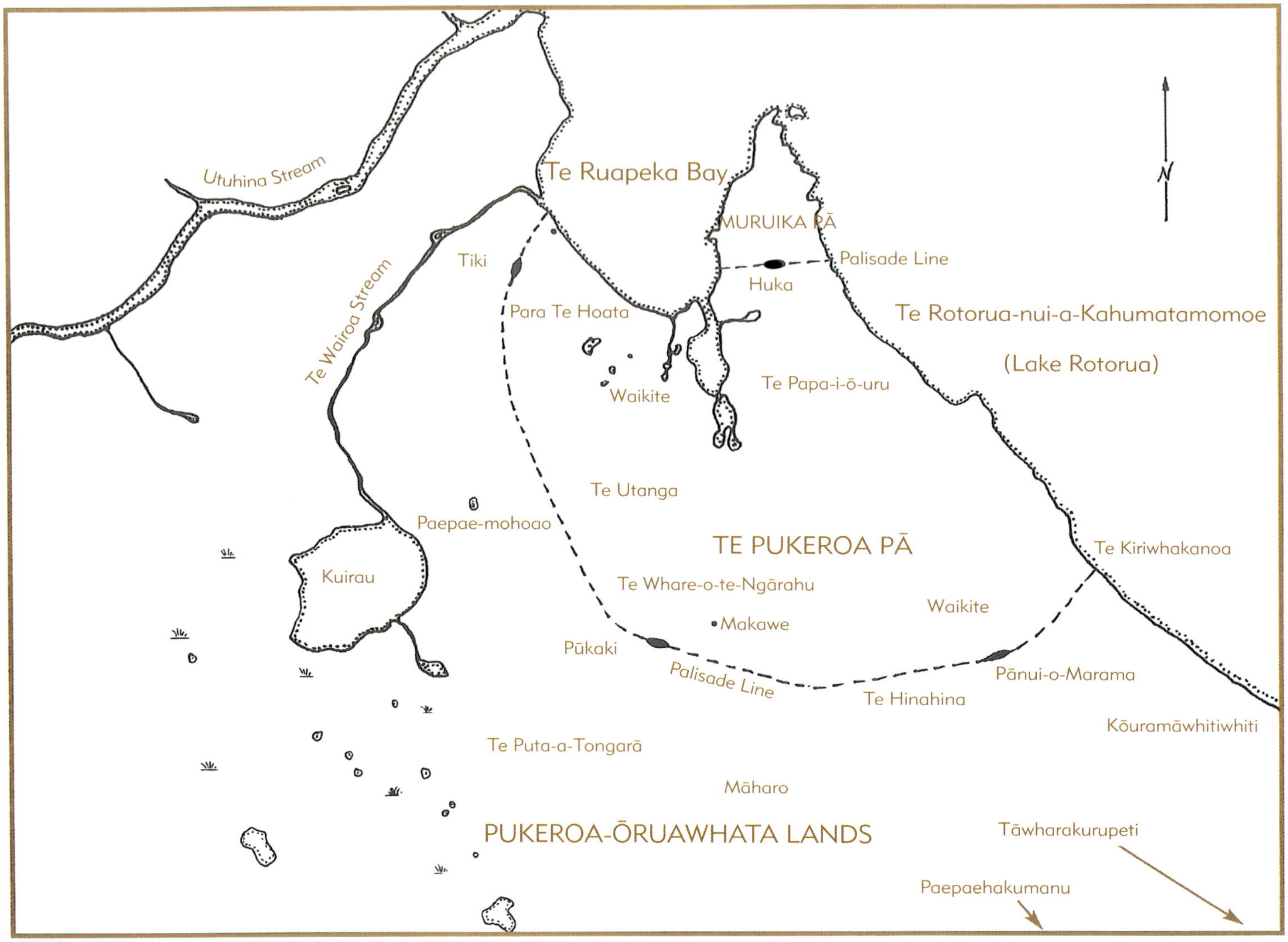

[MAP]

Mahere o ngā rārangi tūwatawata me ngā kūwaha o ngā pā o Te Pukeroa me Muruika, 1836.

He mea āta waihanga, āta whakatū hoki wēnei kūwaha kia kōtiritiri te kuhu a te tangata. Mēnā ka uru te hoariri, māmā noa iho te pūhia e ngā toa o roto i te pā. I tīmata ngā tūwatawata o te pā i Te Kiriwhakanoa, te wāhi kei reira te papa whakatere waka i wēnei rā, ka ahu whakateuru ki te kūwaha whakahirahira o Pānui-o-Marama i Te Hinahina.

Hāngai ana te titiro a Pānui-o-Marama ki ngā māra kai o Paepae-haku-manu, he māra kai e karapotia ana e te roto, e te repo me ngā ngāwhā ki tōna taha tonga mā whiti. (Mēnā i te haumako tonu taua māra i wēnei rā, kei te taha o te whare karakia Katorika e tū ana, kei runga tata ake i te porowhawhe).

Mai i Te Hinahina, ka piki ngā tūwatawata mā te taha rāwhiti o Te Pukeroa, ka huri i te tūāhu o Makawe, ka tae atu rā ki te kūwaha tuarua i Te Whare-o-Te-Ngārahu. Koinei te kūwaha o Pūkaki i tū mai rā ki te wāhi kei reira kē te tomokanga matua ki te hōhipera i wēnei rā. I ropi atu ia ki te papa whakatumatuma o mua o Te Puta-a-Tongarā, ā, i te titiro atu ia ki ngā māra kūmara me ngā māra taro o runga i te tihi o te puke. Kātahi ngā tūwatawata ka heke iho i te pīnakitanga raki mā te māra kai tawhito o Te Paepae-mohoao, tae atu rā ki te kūwaha o Tiki. I taua wā raka, i te tū a Tiki ki tērā taha rā anō o Waikite i Para Te Hoata. Koinei anake te kūwaha e tomo ai ki te pā mā te uru. Nā te rangiwhāwhā o te horapa o ngā ngāwhā i te tonga o te pā, huri noa i Te Pukeroa, tae atu ki Kuirau, i nati ai te whakaaro o te tauhou kia takahi ara kē atu i tērā mā te uru ki a Tiki.

Mai i a Tiki ka huri ngā tūwatawata i te tūāhu o Korokai, i a Pūtoetoe, tae atu ki te taha o te roto ki Te Ruapeka. Nō te pā tawhito o Muruika a Tiki, arā, koia tētahi o ngā kūwaha e rima o taua pā, ko Te Rorooterangi, ko Huka, ko Haukiwaho me Hua wērā atu.

Kohinemutu Rotorua. Pikitia nā Cuthbert Clarke o Huka nō te pukapuka a Tā Hōri Kerei, *Polynesian Mythology* (1855: 299).

Ko Huka – tānga pikitia waihinu, wairākau hoki nā Kāpene T.J. Grant c. 1848. (Te Papa Tongarewa)

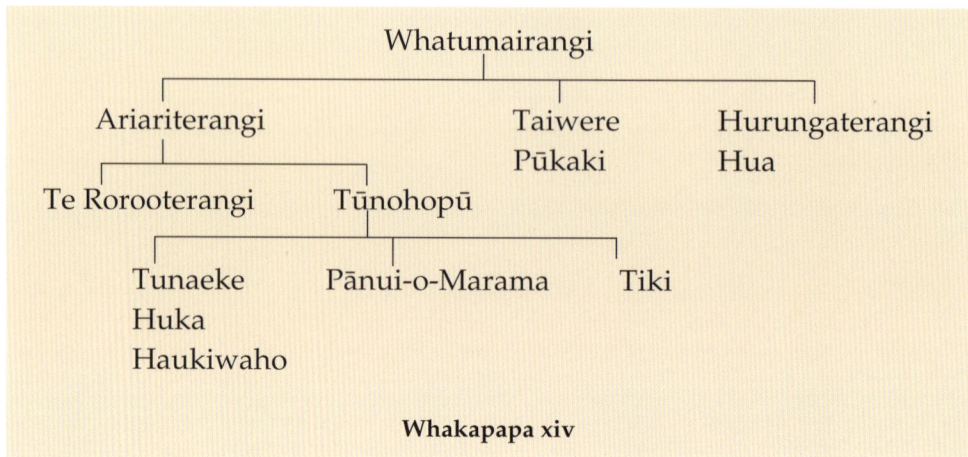

Whakapapa xiv

I te taha o wēnei tomokanga wheinga ko ētahi pou whakarae tupuna anō i kīia ai e tātou, he ngutu. Te āhua nei, ko Tiki anake te kūwaha i mōrehu mai i te pā o Muruika. E ai ki ngā kōrero, ko Te Whanoa te tohunga whakairo i whakairo ake rā i te nuinga o ngā kūwaha me ngā ngutu i tū hēteri mai rā ki te pā o Muruika. Heoi, kāore ia i whakairo i a Tiki. E ai ki ngā kōrero, nā tana tama, nā Te Umanui-a-Tiki i whakairo, nōna e rangatahi tonu ana.

E hia tau i muri mai, ka mahi tahi a Te Umanui rāua ko tana taina a Te Taupua ki te whakairo i te pā o Te Pukeroa. E ai ki ngā kōrero, nā Te Umanui a Pānui-o-Marama i whakairo, engari, nā Te Taupua kē a Pūkaki i whakairo. I te wā o tōna taipaketanga ka tūtaki a Te Taupua ki a Tā Hōri Kerei (i te tau 1849), ana, ka whakaae a Te Taupua kia tāruatia, otirā, kia kōparetia tana moko-Pūkaki. Ko te ingoa mō tērā momo tāruatanga moko, he paruhi.

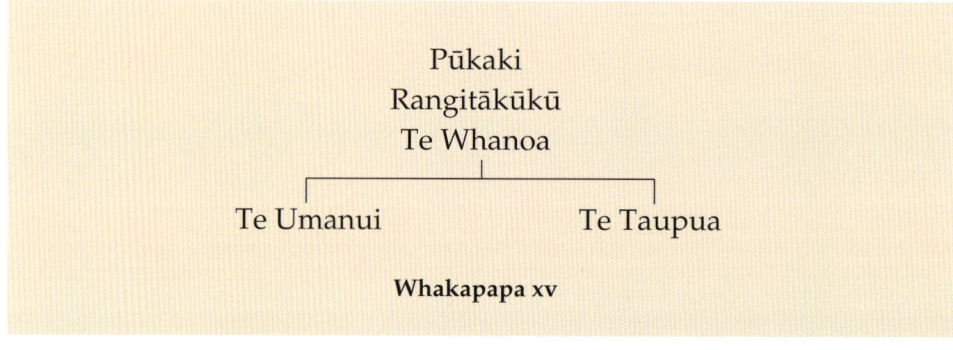

Whakapapa xv

DR ROGER NEICH, MĀTANGA MĀTAI MOMO TANGATA, TE WHARE PUPURI TAONGA O TĀMAKI

PŪKAKI: TĀ TE TOI WHAKAMĀORI

Ko Pūkaki tētahi o ngā kūwaha whakairo i whakatūria ai ki ngā pā tūwatawata nui taioreore i te rohe o Te Waiariki i te tīmatanga o te rautau tekau mā iwa. He mea whakairo wēnei kūwaha nei ki te papa rākau kotahi, ā, kotahi, e rua noa iho pea ngā tūpuna i āta whakairotia ki runga ake i te tomokanga. I wētahi wā, ka kitea he hanga tūpuna anō e heke iho ana i ngā taha, ā, he whakairo nohinohi noa wēnei. Tārake ana te kitea atu, he kūwaha whakairo wēnei nō te rohe o Te Waiariki, rerekē noa atu te āhua i wērā nō Taranaki, arā, ko wā Taranaki, he pou e piri ana ki ngā taha, he pare hoki kei runga e iri ana. Ko tā Te Waiariki tauira whakairo mō te kūwaha, he hanumitanga o ngā tauira whakairo a tēnā pito, a tēnā pito o te rohe, engari, ko te tauira matua e whāia ana ko tā Te Arawa, me te whakaaro rā ia, i ahu mai pea wērā atu tauira whakairo katoa o te rohe whānui i te takiwā o Te Arawa. Ko wētahi o wēnei kūwaha nei, kua whai oranga i roto i ngā whare pupuri taonga, engari, kua ngaro te tini atu, ko ngā tuhinga pikitia o te wā nei me ngā whakaahua o rātou, ngā āhuatanga e tohu ana i a rātou ināianei. Ko wētahi o wēnei kūwaha rongonui nei, ko ngā mea e waru nō Ngāti Pikiao, ngā mea e toru nō Ngāti Whakaue, otirā, nō Te Pukeroa, ko tā Ngāti Tarāwhai nō Te Koutou i Okataina, tā Ngāti Manawa nō Okarea, tā Ngāti Te Rangihouhiri nō Matatā, me tā Tūwharetoa nō Tapuaeharuru i te taha o te moana o Taupō. Ko wētahi o ngā kaiwhakairo rongonui nā rātou nei wēnei kūwaha i whakairo, ko Te Taupua Te Whanoa nō Ngāti Whakaue, Mātangi Pūwhakaoho me Tahuriorangi nō Ngāti Pikiao, tae atu ki a Tara Te Awatapu me Wero Tāroi nō Ngāti Tarāwhai. I whakairo tonu wēnei tohunga nei i wētahi atu taonga, ahakoa te korehāhātanga o ngā kūwaha pā tūwatawata me ngā waka tauā i te ngahuru tau 1870. Nā rātou nei i whānau mai ai ngā āhuatanga whakairo motuhake o Ngāti Whakaue, Ngāti Pikiao me Ngāti Tarāwhai i tāngia nei ki ngā whare rūnanga o te rohe i whakatūria ai i te waenganui o te rautau tekau mā iwa. Ko te kūwaha Pūkaki tētahi o ngā tino tauira e whakatauira ana i ngā āhuatanga whakairo o Ngāti Whakaue, he āhuatanga i āta whāia anō ai e Te Taupua Te Whanoa me āna tauira kia oti ai i a rātou ngā poupou mō roto i te whare rūnanga o Tamatekapua i ngā tau tuatahi o te ngahuru tau 1870.

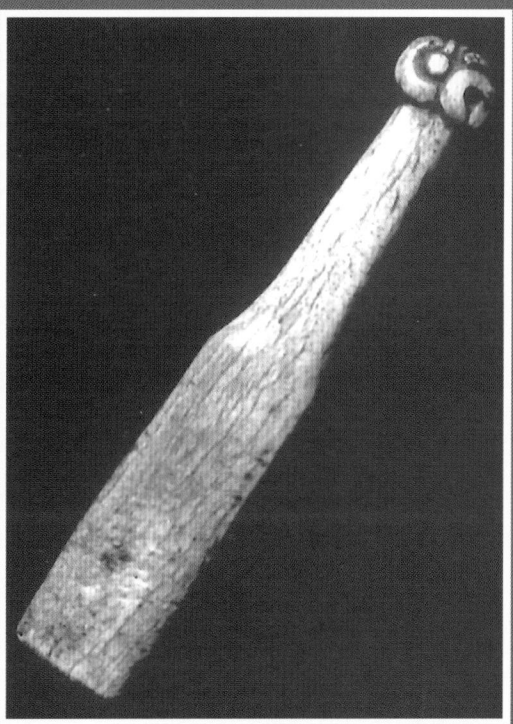

Te pao whakairo a Te Taupua.
(Te Paenga Hira – AWMM)

pūkaki — te hokinga mai o te auahitūroa

Tiki – tānga pikitia waihinu, wairākau hoki nā Kāpene T.J. Grant c. 1848. (Te Papa Tongarewa)

Kūwaha Maketū – Pā John Kinder c. 1865. (AWMM)

Nō te takurua o te tau 1836, arā, nō muri mai i te kakari o Te Tumu i Maketū, i whakahōutia ai te pā o Te Pukeroa. I tino whakawhirinaki atu a Ngāti Whakaue ki Ōhinemutu ki ngā whanaunga o Ngāti Tūteaiti i Parawai, ki te kawe mai i ngā pou tōtara, ngā akaaka me wērā tūmomo rauemi hanga pā. Nō te ngahere o Pātetere wēnei rauemi nei, ā, i kawea mai e Ngāti Tūteaiti mā runga i ō rātou waka i tērā taha rā anō o te roto, ki a tātou. Heoi, ko ngā papa rākau tōtara i whakairotia nei kia tū ai hei kūwaha mō te pā, i tīkina kētia mai rā i ngā putunga papa rākau e takoto iho ana i te takere o ngā manga wai makariri o te takiwā o Parawai. He mea rumaki aua papa rākau i raro i te wai, wētahi mō te hia whakatipuranga, tae atu ki te wā e pīrangitia ai. He mea tiki atu te papa rākau mō Pūkaki, te papa rākau mō Tiki, me te papa rākau mō te pou whakarae Te Umanui i te wāhi kotahi. I te piko o te awa o Ngongotahā taua wāhi raka, i raro tata iho i te pā o Parawai. Ko tōna ingoa, ko Te Awa-hoenga-waka-o-Pūkaki (tirohia te whārangi 29). Nā Te Atuahērangi rāua ko Whitihoi o Ngāti Tūteaiti te rākau tōtara i koha mai ki a tātou. I te mutunga o te tāraitanga, ka whakatūria te kūwaha nei ki te pito whakatetonga o te pā o Te Pukeroa, ā, ka whakaingoatia ko Pūkaki. Kei tōna poho āna tama e rua, a Wharengaro rāua ko Te Rangitākūkū e awhi ana. Ko Wharengaro te tuakana, nō reira, kei te ringa katau o Pūkaki ia e poipoia ana. Nā wēnei tama e rua āna a Ngāti Whakaue i ārahi ki te pakanga o Te Puta-a-Tongarā i riro mai ai i a tātou te mana o Ōhinemutu.

Pou whakarae nō nehe, i tapaina ki tōna kaiwhakairo, ki a Te Umanui. E takoto ana ki te whenua o Te Utanga i Pukeroa i te tau 1890. I te tau 1901, i riro ai a Te Umanui i tētahi kaimahi nō te Karauna, ā, ināianei, kei Te Papa Tongarewa. (RM)

Kei waenga i ngā waewae o Pūkaki, ko tana wahine, a Ngāpuia. Nō muri mai ka poroa tōna māhunga, arā, nō te wā i hurihia ai a Pūkaki hei tiki. Hāunga rā tāna noho hei wahine nā Pūkaki, etia, he mea tārai hoki a Ngāpuia nā te mea koia tētahi o ngā uri whakaheke o te iwi tuatahi ki Ōhinemutu, arā, o Ngāti Wāhiao–Tūhōurangi. He whakakitenga tēneki o tā tātou kokoraho i a Ōhinemutu mā roto atu i te take raupatu (arā, i raro i te mana o te rau o te patu a ngā uri o Pūkaki) me te take tūpuna (ko te mana ahi kā o mua o te iwi o Ngāpuia). Nō reira, ko te kūwaha o Pūkaki te tino tohu o tō tātou mana rangatira ki runga i Te Pukeroa me te rohe tūtata, i te wā i riri mai ai a Te Waharoa i te 6 o Hereturikōkā 1836.

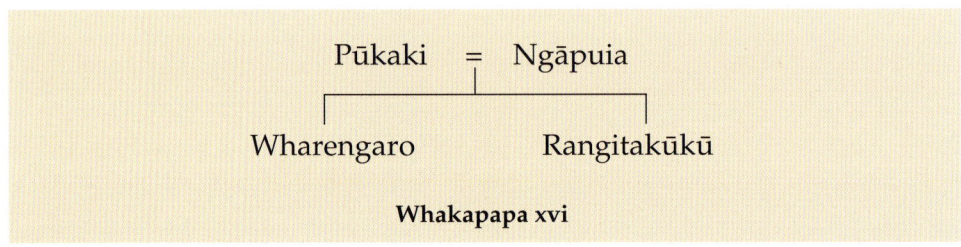

Whakapapa xvi

War Dance before the Pah of Oinemutu near Rotorua Lake. Muruika Pā – George French Angas, *The New Zealanders Illustrated.* (1846, Kōnae LII)

kiharoa akuhata

I te rā i whakaekea ai a Ōhinemutu e Te Waharoa, he tamaiti noa iho a Kiharoa – he uri nā te tama mātāmua a Pūkaki, nā Ngāhina – engari, pū mārika ana tana maumahara ki te āhua o te pā o Te Pukeroa, kaumātua noa ia. Waimarie ana, nā James Cowan ngā maharatanga o tō tātou koro ki taua pakanga me taua pā i āta tuhi. Nō ngā rā tuamatangi o Kiharoa i ngā tau 1900, ka whakahaerehia te uiuitanga, nāwai rā ka taka ngā kōrero ki ngā ringaringa o Hāmuera Mitchell. I Māharo (he pā tawhito i runga ake i te whare karakia Katorika e tū ana) rāua e noho ana, e titiro atu ana ki te pā:

'I ngā tau o taku ohinga, 60 tau ki mua, arā, i te wā e pakari ana ngā tūwatawata o te papa kāinga nui o Pukeroa, tērā tētahi kūwaha whakairo i tū mai rā i te pito whakatetonga o te pā, ana, ina tae mai te hoariri, māmā noa iho te kati wawe i taua kūwaha. Ko Pūkaki te ingoa o taua kūwaha, he tino nui, he tino rahi, he mea tārai mai, he mea whakairo mai ki tētahi papa rākau tōtara. I ia taha o taua kūwaha, he tūwatawata. Aparua ana te tū mai, ina hoki te roa, ina hoki te teitei, he pou whakarae hoki e tū tiriwā ana, ā, kua titia rawatia hoki ki te whenua kia hōhonu te toro iho, ka mutu, he pou poto ake hoki i waenga hei whakaū, hei whakapakari, tae atu ki ngā katea kua āta rangitāmirotia ki te akaaka hei paihere i ngā tūwatawata katoa kia tino tānekaha rawa atu ai te tū. I karapoti te katoa o te puke i ēneki tūwatawata aparua me ngā awarua tatū atu rā ki te taha o te roto. E rua atu anō ngā kūwaha matua, atu i a Pūkaki. I te pito whakateuru tētahi – e aro ana ki Te Utuhina – ko Tiki tēraka, he mea āta whakairo kia rite ai ōna āhua ki ō te tangata āhua, ki ō ngā tūpuna āhua, ki ō ngā atua āhua, ā, me ngunu rawa kia uru ai koe mā Tiki. I tū te kūwaha Tiki ki te wāhi kei reira kē te kokonga o te papa rēhia e aro ana ki te Lakehouse Hotel i wēnei rā. Paku whakatetonga atu i a ia, ko ngā māra kūmara me ngā māra rīwai o Te Paepae-mohoao (te kāinga o ngā tāngata haere ngahere). I wēnei rā nei, kei te kitea tonutia atu te takoto o ngā rua me ngā wāhi i tū mai ai ngā tūwatawata o te pā. Ko te kūwaha tuatoru, he tino nui, he mea ngao matariki, ā, i tū ki raro

Kiharoa Akuhata (mauī) rāua ko tana tuakana a Eruera Te Uremutu. (RM)

iho rā, arā, ki tua o te wāhi kei reira kē te whare karakia Katorika e tū ana ināianei (ki te pito whakateraki mā whiti o te papa rēhia o wēnei rā). Ko te ingoa o tēneki o ngā kūwaha, ko Pānui-o-Marama. Kātahi te papa rākau tōtara kaitā rawa atu, ko ia! Ka hākarotia, ka tāraitia pēneki i te waka, taha hākaro e aro whakaroto mai ana. Tōna tekau mā rua pūtu (whā mita) te teitei, ā, ātaahua ana te whakairotanga mai.

Ko te wāhanga o runga rawa, he toa horopū, ko ōna waewae e rua, he pūhoro kei runga. He kūwaha tino whānui tēneki, tōna whā pūtu (1.2 mita) te whānuitanga, ā, pērā i wērā atu kūwaha, tekoteko hoki, i kōwaiwaitia ki te kōkōwai, i puhipuhia ki te huru manu. Koinei ngā āhua i kitea e au i runga i a Pukeroa, nōku e tamariki ana. I roto i ōna tūwatawata te maha o ngā whare, ko wētahi he mea ngao matariki te whakairo, he maha ngā māra, he wāhi tapu hoki mō ngā tohunga anake. Koineki te pā tūwatawata i rīria ai e Te Waharoa me tōna ope o ngā kaitoa o Ngāti Hauā me Ngāti Maniapoto, e toru whakatipuranga ki muri . . . whakaekea rawatia e ia a Pukeroa, tata nei hoki te hinga i a ia . . . i urutomo ia i te pā, engari, i whakatumatuma anō a Ngāti Whakaue, ana, ka peia anō ia ki waho.'

Ko te ingoa o te pakanga i kōrerotia mai rā e Kiharoa i runga nei, ko Mātaipuku. Kātahi anō te pā o Pukeroa ka oti, ka tae mai a Te Waharoa ki Rotorua. E ono rā ia e āta mātakitaki ana, mai i tana wāhi hōpuni i roto i tō tātou pā korehāhā i Te Koutou. Mōhio tonu a Te Waharoa, tino kore rawa atu nei a Pukeroa e urutomotia rawatia e ia, nō reira, ka whakaarohia ake he rautaki pātoi i a tātou kia puta tātou ki waho. Heoi, ka mau te rautaki i a Korokai i tana kitenga atu i te tokoiti o ngā toa a Te Waharoa e whakatutū puehu ana i waho i te kūwaha o Tiki, kia ahatia, kāore ō tātou rākau kawa i aro ki te whakatūpato a Korokai, ana, ka whai atu i tēneki ope o Te Waharoa, i runga i te pōhēhē i te hoki tautauā atu rātou. Āhaha, ka whai hua te rautaki a Te Waharoa, ka pehipehia wērā kanae rere tahatū e te ope nui e tatari ana i te taumata o Te Mātaipuku (kei te pekanga o ngā huarahi o Lake me Old Taupō). Heoi, waimarie i hē tā Pohepohe o Tainui whakarārangi i ana toa mau pū, arā, i te tū aroā kapa tētahi rārangi ki tētahi, aua atu te whakapakō pū kei pupuhi rātou i a rātou anō. Kia ahatia, mate tonu atu wētahi o wō tātou toa, engari, ko te nuinga i oma atu i te pōkīkītanga ki Ōhinemutu, ko te katoa o te ope o Waikato e whaiwhai ana i a rātou. Ko wētahi i pau te hau, ka mau, ka mate i ngā kaiaruaru, tata tonu nei ki ngā kūwaha o te pā. I te kaumingomingo katoa tātou i te tinihangatanga o tātou e Te Waharoa, ana, ka toko te whakaaro i wētahi kia pūrere atu ki Mokoia. Mei kore ko Korokai, kua pēraka tātou. Ahakoa te manawa hikahika, te mauri ohooho, nāna nei tātou i whakakotahi anō i te whakahuatanga ake o tēneki whakatauākī āna:

Me hinga au ki tōku whenua nei!

kūwaha

Ka ara ake a Tohi Te Ururangi ki te hāpai i te karanga tauā a Korokai, ka taupaepae whana whakairi atu ki Te Waharoa i te awa o Te Utuhina. Ka mate i a ia he rangatira, ko Te Raerae te ingoa, ā, ka kapo matamata i a ia ngā kikopuku o Waikato. Nā tēneki, ka whai wāhi ō tātou toa horopū ki te whakarōpū i a rātou anō ki raro i a Tiki, taro kau ake, ka riro anō i a rātou te mana whakahaere i te pā. Kāore a Te Waharoa i ngana ki te whakaeke anō. Puku hoki te rae, kāore i riro i a ia te pā o Te Pukeroa, mea rawa ake, ka utaina atu te hē ki runga i tana kaingārahu, i a Pohepohe, mōna i hapa i roto i tana whakariterite i te pehipehi i oraiti ai tātou. Nō muri tata mai, ka hoki te ope tauā o Te Waharoa ki Waikato, ā, kāore hoki a Tainui i kitea anō i te takiwā o Rotorua.

Mauī: Pou whakarae – Te Wehi o Te Rangi – tānga pikitia waihinu, wairākau hoki nā Kāpene T.J. Grant c. 1850. (Te Papa Tongarewa)

Katau: Pou whakarae – Pukeroa – tānga pikitia waihinu, wairākau hoki nā Kāpene T.J. Grant c. 1850. (Te Papa Tongarewa)

VIII
TIKI

Nō muri i te pakanga o Te Mātaipuku, kāore te pā o Te Pukeroa i rongo anō i te riri o Tū. I tae mai te Karaitianatanga ki te takiwā, ana, ka horapa haere te rongomau. Nāwai rā, ka pūwhāwhā haere ngā tūwatawata o te pā, ka kainga e te pirau, ka tipuria e te māheuheu, i te mea, i huri tuarā tātou ki wā tātou rākau whawhai, kia aro kē atu ai ki te ako i ngā tikanga hōu a te Pākehā. Kātahi ka tino huri te āhua o te takiwā o Rotorua, i te kaha whakapiri a Te Arawa

KO TĀ NGA PĀKEHĀ TUATAHI WHAKAMĀORI I NGĀ TOI MĀORI

I kaha ngā Pākehā tuatahi ki te whakaahua i a Pūkaki, i a Ōhinemutu, otirā, i te takiwā o Rotorua, arā, kāore rātou i tino tuhi kōrero mō tā rātou i kite ai, i wheako ai. Ina te manomano whakaahua, kōwaiwai hoki i mahia e ngā ringa whakaahua, ringa kōwaiwai hoki i te rautau tekau mā iwa, o te takiwā me ōna waiariki, tae atu ki ōna tāngata. Ko te nuinga o wēnei taonga i whai kāinga noho ki te kohinga o Te Whare Pupuri Taonga o Rotorua. Ko te tōmina nui o Ūropi kia kite i te hunga 'rerekē' te tino take i pēneki rawa ai te kaha o ngā ringa whakaahua me ngā ringa kōwaiwai ki te mahi i ā rātou mahi, i puta ake ai te maha o ngā whakaahua me ngā kōwaiwai i koneki ki roto ki ngā niupepa, ngā pūrongo me ngā pārongo ā-wiki o tērā taha o te ao. Kei roto i ia whakaahua, kei roto hoki i ia kōwaiwai, he āhuatanga tē taea e te kupu te whakamāori – he kōhengi kanohi, he pūmanawa muri, he whakaraupō whakairo. Koineki ngā hua o tā te ringa whakaahua, tā te ringa kōwaiwai rānei i kite ai, engari, i wētahi wā, nā tōna anō ahurea ia i ārahi i roto i tāna mahi, arā, kāore ia i tuku mā te ahurea e whakaahuangia ana, e kōwaiwaitia ana e ia, tāna mahi e ārahi. Ahakoa he pikitia, he whakaahua, he tuhinga kōrero rānei, kia maumahara tātou, he tohu ora katoa ēneki o te hītori tūturu. Ki te piki te māramatanga o te rāwaho ki ngā topehatanga o te ahurea e mātaitia ana e ia, te nuinga o te wā, ka kaha ake tana whakaaro nui ki taua ahurea. E mārama ai tātou o tēneki rautau ki tā rātou i mahi ai, me mārama tonu tātou, nā te Pākehā ngā kōrero i waihanga, i hīkawe, ehara i te mea i tino kapi i a rātou ngā āhuatanga tūturu ake o te ao Māori. Mō Pūkaki, kei te tino kitea nō hea te kaiwhakairo, pēhea hoki te whāiti o ana pūkenga, nā te mea, kei koneki tonu a Pūkaki, ā, ko ngā whakaahua o mua ōna, ka taea te whakatairite atu.

ki te whare mīhana o te Pākehā tuatahi ki te rohe, arā, o Minita Thomas Chapman. Ko Mokoia te tūnga tuatahi o tēneki whare, ā, i whakatūria ki reira i mua i te kakari o Te Mātaipuku, engari, i te mutunga o te ngahuru tau 1830, ka huarangatia e Chapman tōna whare mīhana ki Te Ngae, ā, ka whāia ia e tātou, he hiakai nō tātou ki te ako i ngā tikanga Pākehā. Nā te taenga mai me te noho mai a Chapman, ka hiko mai ngā tūruhi Pākehā tuatahi ki te rohe,

Pānui-o-Marama rāua ko Pūkaki kei waho i a Te Angaanga – tānga pikitia waihinu, wairākau hoki nā Kāpene T.J. Grant c. 1850. (Te Papa Tongarewa)

ko wētahi o rātou i tuhi kōrero, i tuhi pikitia mō te Ōhinemutu tawhito i hua mai ai a Pūkaki:

> *Ka hoki ki te waka . . . ka hoea e mātou ki te pā o Ōhinemutu, kāore i tawhiti i Koutou. Koineki te pā nui o Rotorua . . . tokomaha kei roto e noho ana . . . mīharo ana au ki te kounga rangatira o ngā waka tauā kei waho i te pā e ū ana . . . te tomonga ki roto i te pā, ka kitea ngā tūwatawata, he whakairo weriweri kei runga e tū ana . . . tōtika tonu atu tā mātou haere ki ngā puna waiariki . . .*
>
> (Nō te pārongo a W.R. Wade, he mea tuhi e ia, i a ia e toro ana i a Minita Thomas Chapman, 16 Huitanguru 1838)

> *Ko te hanga o tēneki pā – ōna whare, kūwaha, tūwatawata hoki – he whakakitenga o te tohungatanga o wēnei tāngata taketake. Kāore anō au kia kite whakairo pēneki rawa te maha, e ai hoki ki ngā kōrero, he tino tawhito wētahi. Ko wētahi o ngā whakairo pakoko, he tūpuna uretū nō te iwi nei, ā, ko wērā e tū ana ki roto, ki waho anō hoki i tēnā whare, i tēnā whare, he tohu o te whakapapa o te tangata nōna te whare. He ingoa tō tēnā whakairo pakoko, tō tēnā whakairo pakoko, ā, kei roto i ia whakairo, te hītori e takoto ana.*
>
> (E. Dieffenbach, 1843.)

Mōrehu whakairo nō te pā o Pukeroa, ko Ōhinemutu kei muri, tirohia te whārangi 67. (RM)

Te 5 o Kohitātea, 1846, Ōhinemutu, i whakawhiti arahanga pākarukaru i hangaia ki te waka tawhito, ki te pā. Ka tae wawe atu ki ngā tūwatawata e ponitaka ana i te pā, kua mahue, kua tukuna kia hanehane, kia popo, heoi, kei te kitea tonutia ngā whakairo pakoko anuanu kei runga i ngā tūwatawata roa, e pūkana mai ana hei tohu i te whakatumatuma mai, he waiaro motuhake hoki tō tēnā, tō tēnā. Manohi anō, ko te kūwaha, he hakahaka, he tauwhāiti, he mea hanga ki te papa rākau kotahi, ko ōna taipitopito he ngao matariki, engari anō ngā whakairo pakoko kua tāraitia ki runga, rite tonu ana te weriweri ki wērā atu.

(Dr Johnson i roto i te pukapuka a Enid Tapsell, *The History of Rotorua*, 1972.)

Pikitia nā George French Angas o Huka, kūwaha ki te pā o Muruika, 1844 – tirohia hoki te whārangi 63. (Te Papa Tongarewa)

Kohinemutu Rotorua – Cuthbert Clarke 1849. (He mea whakaae mai e Te Whare Pukapuka o Piritana)

The Pah of Oinamutu on the Rotorua Lake. (Te Whare Pukapuka Alexander Turnbull – ATL)

I waenganui i wēnei tuhinga kōrero, tuhinga pikitia hoki te whakakitenga tuatahi o te whakairo Pūkaki, arā, he pikitia karakara nā Kāpene Thomas John Grant, he hōia i tukuna mai i te taha o te Hokowhitu 58 ki Aotearoa, ā, ka noho ia i konei i te tau 1845 ki te tau 1858. Ko tā Grant pikitia o Pūkaki, te whakakitenga kotahi anake o Pūkaki hei kūwaha (tīrohia te whārangi 57), ā, he mea tuhi e ia i Ōhinemutu i te tau 1848. Nō te Hakihea o te tau 1849, i oti ai hoki i a Cuthbert Clarke he pikitia o Pūkaki, nōna e haere tahi ana me Tā Hōri Kerei i Hōterini ki Taranaki.[1] Heoi, i te wā i mahia ai e ia tāna pikitia, kua tangohia a Pūkaki i tāna noho hei kūwaha, kua hurihia hei tiki, kua whakatūria ki mua i te whare ariki o Korokai i Ōhinemutu, arā, ki mua i Te Angaanga. I roto hoki i te pikitia a Clarke, ko tērā atu kūwaha rā a Pānui-o-Marama, engari, kua hurihia hoki a ia hei tiki. Te āhua nei, kāore i roa i muri mai, i hoki anō a Grant ki Ōhinemutu, ā, ka tuhia he pikitia taimokamoka ake o taua whare, o Te Angaanga (tirohia te whārangi 69).

1. Cooper, he tīpakotanga i Tāmaki ki Taranaki, 1851

te whakaahua tuatahi o Ōhinemutu

Nō te ngahuru tau 1860 i tae mai ai ngā tā whakaahua tuatahi ki Rotorua. Ko te whakaahua a Minita John Kinder o tētahi whare i Ōhinemutu i te tau 1865, tētahi o ngā whakaahua tuatahi o te rohe o Rotorua. Kei te toitū tonu ngā tūpuna e rua o te whakaahua nei: ko te mea tata mai, kei roto rā ia i Te Papa Tongarewa; ko te mea kei kō atu, kei roto i Te Whare Pupuri Taonga o Ōtākou i Ōtepoti. Te āhua nei, he kūwaha rāua nō te pā o Pukeroa, ā, nāwai rā, pērā i a Pūkaki, ka hurihia hei tiki, ka whakatūria ki mua i ngā whare ariki o Ōhinemutu. Wai ka mōhio, nā wai i kohikohi mō ngā whare pupuri taonga, heoi, ko te mea e mōhiotia ana, i te wā o te whakaaturanga toi o *Te Māori*, tērā i pōhēhētia nō Ngāi Tahu kē te whakairo kei kō atu rā i te whakaahua a Kinder e tū ana.[2] (Tirohia te āpitihanga 1 mō te rārangi ingoa o ngā whakairo nō te pā o Pukeroa, Ōhinemutu, e toitū tonu nei i tēneki wā.)

2. Nama rārangi 169 i tā Mead *Te Māori*, 1984: 232.

Whare Māori, Ōhinemutu – Pā John Kinder c. 1865. (AWMM)

Pikitia hukihuki o te whare o Te Angaanga nā Cuthbert Clarke 1849. (He mea whakaae mai e Te Whare Pukapuka o Piritana)

Tiki i Ōhinemutu; kei ōna taha wētahi pou whakarae e rua c. 1880. (AWMM)

Mēnā ka āta tirohia ngā rā i mahia ai e Grant rāua ko Clarke ā rāua pikitia, nō ngā tau whakamutunga o te ngahuru tau 1840 i huri ai a Pūkaki rāua ko Pānui-o-Marama i te kūwaha ki te tiki. Koinei hoki te wā i manauhea haere ai a Chapman, nāwai rā, ka kati ia i te mīhana ki Te Ngae, ka wehe atu i Rotorua ki tētahi rohe mahana ake. Nā te katinga o te mīhana, ka hoki petapeta atu a Ngāti Whakaue ki Ōhinemutu. Kātahi rātou ka hari i ngā whakairo tūpuna tawhito, raho kore, ure kore, i te pā māheuheu o Pukeroa ki te papa kāinga tūwatawata kore o Ōhinemutu. Ka tapahia rawatia e te hunga hīkaka rawa, ngā hemahema o te kūwaha whakateuru o Pukeroa, arā, o Tiki, kātahi ka whakatūria anō ia hei kūwaha, engari, ināianei, koia te kūwaha ki te urupā o te papa kāinga o Ōhinemutu, arā, ki Wai-hunuhunu-kurī. Koia hoki te mahi i mahia ki ētahi o ngā pou whakarae, pērā i a Hua, arā, ka raho kore, ka ure kore, kātahi ka whakatūria ki wētahi whare puni (whare ā-whānau) hei tupuna tautīaki. Kāore hoki a Pūkaki i mahue i ngā hāparaparatanga nei. Ka kania te wāhanga o raro ōna, tae atu rā ki te ūpoko o tana wahine o Ngāpuia, kia tika ai tana tū ki runga marae. Nā tēnei hāparaparatanga, he uaua te kite i te hononga onioni i waenganui i a Pūkaki rāua ko Ngāpuia, ā, taka rawa mai ki ngā tau tata nei, kua

He wharepuni, ko Hua te ingoa, Ōhinemutu, c. 1870. Kei roto Te Whare Taonga o Te Arawa ngā amo e rua hei tirohanga mā te tangata. (RM)

puta he whakatau pōhēhē, he whakatau kūare hoki i wētahi i te korenga o rātou e āta mōhio iho ki tō Pūkaki āhua taketake.

Ko te huringa o Pūkaki i te kūwaha ki te tiki tētahi hua o tō tātou whakawaimehatanga atu ki ngā ia omaoma i kawea mai ai e te ao Pākehā. Ko te āminetanga atu ki te Karaitianatanga, ko ngā tikanga ahuwhenua hōu, ko te whakairinga o te patu, koineki ngā momo āhuatanga i whakarere ai tātou i wētahi o wā tātou tikanga tawhito mō ngā hangarau hōu me ngā taputapu hōu a te Pākehā. Nāwai rā, ka tuakana te noho mai a te rīwai me te kānga ki te kūmara, ka tūperepere te tipu o te mahi tauhokohoko, ka tū te papa kāinga hōu o Ōhinemutu, tūwatawata kore nei, ki te tūranga o te pā tawhito, he whare karakia, he urupā kei roto. Aua atu, i pūmau tonu ngā taikoeke o taua wā raka ki ngā tikanga tawhito a ngā tūpuna, ā, mate noa rātou. Hei tā tētahi o ngā pou koeke mōrehu o te whakatipuranga i a Korokai mā ki a Chapman, 'Kei a koe wā mātou tamariki, waiho mātou, ka kiriuka tonu mātou ki ngā kōrero tuku iho ā wō mātou tūpuna.'³

I te tū tonu a Pūkaki, Pānui-o-Marama me Tiki ki Ōhinemutu, i muri mai i te matenga o Korokai i te tīmatanga o te tau 1851. Kua hono mārika nei te whakatipuranga rangatira hōu o Ōhinemutu ki te whakapono Karaitiana, engari, hei tā rātou, he taonga nui tonu wērā kūwaha e toru, tae atu rā hoki ki ngā whakairo katoa nō te pā o Te Pukeroa e tū tonu ana ki te papa kāinga. Nō ngā tau mutunga o te ngahuru tau 1840 i whakatūria ai a Pūkaki me Pānui-o-Marama ki waho i te whare ariki o Korokai, engari, ināianei, ka huarangatia atu kia tū ake ki te aroaro o te tohu hōu o tō tātou mana motuhake ki te whenua, arā, ki a Tamatekapua. Nō waenganui i te tau 1864 me te tau 1873 tēneki whare whakairo rerehua, whare rūnanga nui i waihangatia ai e Te Taupua, Poniwāhio me Hāmuera Pango.

Auaha ana te hurihia, te whakaorahia anō hoki o ngā tūpuna maha o Ngāti Whakaue i tū mai rā hei kūwaha, hei ngutu, hei pou whakarae hoki ki te pā nehe o Te Pukeroa me te pā nehe o Muruika, hei poupou paetara mō roto i a Tamatekapua. Pērā i ngā whakairo o neherā raka, ka rapaina atu he ingoa tūpuna rangatira ki ngā poupou hōu o Tamatekapua, hei whakapātaritari manuhiri,

3. Pūrongo Tukipū a Chapman mō Rotorua i tukuna ki te CMS, Rānana, 1842.

Tamatekapua – whare rūnanga matua o Ngāti Whakaue me Te Arawa – e tū ana ki runga i te marae o Te Papa-i-Ōuru c. 1880. (RM)

Kei roto i a Tamatekapua, c. 1880. Ko Pūkaki te poupou tuarima i te taha katau. (RM)

Toenga o te pā tawhito o Ōhinemutu. I tino ngaro rawa atu nei wēnei toenga i te tirohanga kanohi i te tāpuketanga i raro i ngā mahi whakawhanake o te waenganui o te rautau rua tekau – Edward William Payton c.1910. (RM)

otirā, hei apārangi tāwharau i a tātou, ō rātou uri. Hei whakaū i te mahere whānui mō te whare, ka tapaina tētahi o ngā poupou ki a Pūkaki, ā, kei te pātū whakateuru o te whare e tū tonu ana. Ka tino tutuki te mana hōu o Ngāti Whakaue ki te takiwā i te whakatūnga mai anō o ngā kūwaha tawhito, arā, o Pūkaki me Pānui-o-Marama ki mua i a Tamatekapua, ki runga i te marae o Te Papa-i-ōuru. Hei tā tētahi kaikawe kōrero Pākehā i tae ki te marae i ngā tau i muri mai, 'Kei te taha maui, he whakairo weriweri e tū ana . . . o Pūkaki, nō te whakatipuranga tūpuna tuarima o te iwi, ā, kei te taha katau, he hanga pērā anō te mīharo, arā, ko Pānui-o-Marama, nō te whakatipuranga tuarima anō.'[4]

Ka taea pea te kī, ko te huringa o Pūkaki i te kūwaha, ki te tiki, nāwai, ki te poupou, te whakaataatatanga mai o te huringa haeretanga o ō tātou whakaaro i te taenga mai o ngā Pākehā tuatahi ki te rohe. Nō te tau 1873 ka tū a Tamatekapua hei tohu matua o tō tātou mana rangatira ki te rohe, ā, i whakaaetia hoki kia whai wāhi mai te Karaitianatanga – ko Te Hāhi o Te Whakapono (St Faith's) e tū ana ki tēnā taha o Te Papa-i-ōuru tāna tohu – hei tauira o te noho hāneanea mai, o te noho tahi mai ki wā tātou tikanga tawhito. Āe rā

4. *Hērora o Niu Tīreni*, 10 Poutūterangi 1883.

hoki, kua hua ake he kauhanganuitanga i waenganui i ngā whakapono e rua nō ngā taha e rua o te ao. Nā te noho tonu a Pūkaki hei maruwehi ki roto o Ōhinemutu, ka pūmau tonu mai tōna mana tupuna, tōna mana tuku iho, ā, nā ō tātou rangatira karaitiana hōu tōna whakatinanatanga mai i hāpai ake, otirā, te mana motuhake o Ngāti Whakaue ki te rohe o Rotorua i whakaū ake.

Ko ngā pou whakarae e toru nō te pā o Te Pukeroa. Kei Te Whare Taonga o Te Arawa ināianei – tirohia te whārangi 74. (HM)

IX
te whakawhiwhinga

Kua tīmata kē te muia rawatia o Ōhinemutu e te mahi a te tūruhi e haere ana ki Te Tarata me Ō-tū-kapua-rangi i Tarawera, i te otinga o te whare o Tamatekapua. Nō muri mai i te whakamanatanga o Te Ture Whenua Māori i te tau 1865, ka piki te hīkaka o ngā kaipakihi Pākehā ki te hoko whenua Māori, otirā, ki te aruaru i ngā hua o te rāngai tūruhi e tūperepere nei te tipu. Aua atu! Kāore a Ngāti Whakaue i whakaae ki te hoko atu i te whenua, ā, ka muhumuhu haere ō tātou rangatira ki te mahi tinihanga a ngā kaiine whenua me ngā kaihoko whenua e ngana tonu nei ki te whai whenua i te hunga kāore i a rātou te mana hoko atu. Nā wēnei āhuatanga, ka tū te puehu (Stafford 1986: 146–49). Ka rite tonu hoki te haeretanga atu o ō tātou rangatira i Ōhinemutu ki Maketū, otirā, ki Te Kooti Whenua Māori i whakatūria ki reira i te ngahuru tau 1860. I mate tātou ki te haere ki reira, ki te wawao atu i ngā kokoraho a wērā atu iwi o Te Arawa me wērā o Ngāi Te Rangi. Nāwai rā, i muri mai i wētahi taukaikai maniheko, ka whakaae te kāwanatanga kia tohua e ngā iwi o Te Arawa ō rātou pātanga manemanerau i roto i te rohe o Maketū.[1] Heoi, i te haere tonu te mahi tinihanga a ngā kaiine whenua me ngā kaihoko whenua i roto o Rotorua, ahakoa ngā māharahara o Te Arawa, ā, i kaha kē ake te kitea o wēnei mahi tinihanga, i te whakatuwheratanga mai o te huarahi hōu i Tauranga i te tau 1873. I te tau 1874, ka hōhā tātou, ka tuku i tētahi kāhui rangatira ki Te Whanganui-a-Tara ki te kōkiri tono ki te Karauna (te Kāwanatanga o Niu Tīreni) kia mutu te mahi hokohoko whenua, ināia tonu nei. Ka whakaae te kāwanatanga, ā, ka utaina he rāhui ki runga i ngā mahi hokohoko whenua i Rotorua whānui katoa, me te aha, ka tino pukuriri ngā Pākehā, i te mea, i te ngana nui rātou ki te whakatū pakihi whenua, puta noa i te rohe.[2]

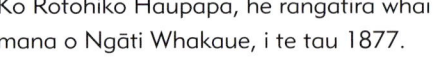

Ko Rotohiko Haupapa, he rangatira whai mana o Ngāti Whakaue, i te tau 1877. (RM)

1. Stafford, *The Founding Years of Rotorua*, 1986: 147.
2. *Bay of Plenty Times*, 3 Tahi o Pipiri 1876.

te whakawhiwhinga

I muri mai i te whakatūnga o te rāhui, ka tukuna e te kāwanatanga a Kaiwhakawā Francis Dart Fenton – he mātanga ki te whakatau i ngā raru whenua Māori – ki Rotorua, whakatewhatewha haere ai. Ko tētahi atu mahi hei whakatutuki māna, he kimi whenua ngāwhā hei tūrangawaewae mō tētahi tāone waiariki ka muia e te tūruhi. Nāwai, nāwai, ka mātau haere ia ki te āhua o te rohe o Rotorua, ā, ka tohua e ia te whenua e karapoti ana i a Ōhinemutu, i wēnei rā ko te poraka whenua o Pukeroa–Ōruawhata te ingoa, hei tūrangawaewae mō te tāone waiariki e whakaarohia nei e te kāwanatanga. Kātahi a Fenton, rāua ko tana kaitakawaenga a Kāpene Gilbert Mair, ka whakatū hui ā-marama ki a tātou i ngā tau 1876–77. Kia tae mai ia ki wēnei hui, ka tere mai mā runga waka rā i Tāmaki ki Tauranga, kātahi ka piki ki runga kāta, ka whakatoitoi mai mā te huarahi i Tauranga ki Rotorua. Manohi anō, ko tā Mair haere mai, he eke hōiho i tōna kāinga i Maketū ki te rohe o ngā roto, kātahi ka tūtaki ki a Fenton i te Hōtera Morihana i Ōhinemutu. Ko te aronga nui o Fenton i roto i wēnei hui, ko ngā take ine whenua me te rapu ake nō wai ngā whenua o roto o Rotorua i raro i te ture, otirā, nō wai ngā whenua ka whakatūria te tāone ki runga, engari, kāore a Ngāti Whakaue, e arahina nei e tō tātou pou rangatira o te wā, e Te Mūera Te Amohau,

Hāmuera Pango, tohunga o Ngāti Whakaue, i te tau 1877. (RM)

kaiwhakawā francis dart fenton

(Whare Pukapuka o Tāmaki)

I tino roa te noho a Kaiwhakawā Francis Dart Fenton ki Tāmaki. Koia te Kaiwhakawā Matua o Te Kooti Whenua Māori, nō reira, mō te nuinga o tāna noho hei kaiwhakawā, ko te Minita Kāwanatanga i ngā Take Māori a Donald McLean tōna rangatira, i Te Whanganui-a-Tara rā anō. Tata ki te rua tekau tau te tokorua nei e riri ana ki a rāua anō, ko wā rāua tohe mō te āhua o te whakahaere i ngā take Māori i te mutunga o te ngahuru tau 1850 te pūtake. Nō te tau 1860 ka mana i tētahi komiti o te Whare Pāremata te hiahia o Fenton ki te whakatū whare kāwanatanga ki waenganui i ngā Māori o Waikato kia hohou ai te rongo, ā, nā tēneki, ka mate a McLean ki te heke iho i tana tūranga i Te Tari Take Māori. Heoi, ka whai mana anō a McLean ki runga ake i a Fenton, i tana pōtitanga ki te Whare Pāremata i te tau 1866, ā, nō te tau 1869, ko ia te Minita o Fenton. Nā tēneki hītori mauāhara i waenganui i a rāua, kāore a Fenton i tino whai tautoko i roto i Te Whanganui-a-Tara, ā, e ai ki ngā kōrero, nā McLean te pikinga o Fenton ki tētahi tūranga whakahīato i te Rūnanga Kaunihera i aukati. Ko Kāpene Gilbert Mair te kaiāwhina i a Fenton ki te kimi whenua pai mō te tāone o Rotorua, ā, i taua wā raka, ko Mair tētahi o ngā māngai mō te kāwanatanga, kātahi ia ka tonoa kia noho ki Maketū hei Kaiwhakawā Tūturu.

i whakaae ki te kōrero mō te hoko. Tekau tau hoki tātou e haere ana ki ngā Kooti Whenua Māori ki Tauranga me Maketū, kua tino mārama pūrangiaho nei tātou ki te kino o te kooti ki te muru whenua, nā konā anō rā hoki tō tātou tōmina nui kia kaua ngā whenua o Rotorua e riro. Heoi anō, nō te matenga o Te Amohau i ngā marama waenganui o te tau 1877, ka ara ake he kāhui rangatira hōu, me te aha, he taringa areare kē atu nō rātou ki te whakarongo ki te Karauna.

kāpene gilbert mair

I ōna rā, ka whawhai a Gilbert Mair i te taha o Te Arawa ki a Te Kooti. I whakaaro nui a Ngāti Whakaue ki a ia, nā ōna pūmanawa me tōna māia. I tētahi kakaritanga i te tau 1870, nāna tētahi ope whāiti o Te Arawa i ārahi ki te mura o te ahi ki a Te Kooti, me te aha, ahakoa te pōhēhē ka patua rawatia ia, i oraiti kē i a ia a Ōhinemutu i te aneatanga nui. Nō muri mai, ka whakakaureratia a Mair e Ngāti Whakaue hei rangatira horopū, ā, ka hoatu wētahi o ngā tino taonga a te iwi ki a ia, pērā i te kōauau a Tūtānekai, a Murirangaranga. He maha hoki ngā tau, ko Mair te māngai mō ngā tāngata me ngā whare pupuri taonga e kimi taonga ana mā rātou i Rotorua. Koia hoki tētahi i kaha ki te kohi taonga, nāwai rā, ka hoko atu i ana taonga katoa ki Te Whare Pupuri Taonga o Tāmaki i te tau 1891. E ai ki ngā kōrero, ko tana kohinga taonga tētahi o ngā kohinga mīharo o te ao whānui. I noho rangatira tonu a Mair i roto i te titiro a te iwi, tae atu ki tōna matenga i te tau 1923. Nā te iwi ia i whāngai, ā, nā Ngāti Whakaue ia i tanu i te taha o te marae o Te Papa-i-ō-uru, i mua tonu i Te Hāhi o Te Whakapono, otirā, i mua hoki i te aroaro o te whare tupuna o Tamatekapua.

Kōwaiwai nō Gudgeon, *Ngā Kaiārai o Niu Tīreni* (1887)

Nō te Rāpare, te 26 o Te Mahuru 1877, ka pōwhiritia ngā māngai Karauna – a Fenton rāua ko Mair – ki tētahi hui ki runga i tō tātou marae huia kaimanawa, ki Te Papa-i-ōuru.[3] I roto i tauaka hui, ka kōrero anō a Fenton mō te hiahia o te Karauna ki te whakatū tāone ki runga i ngā whenua i waenganui i Te Pukeroa me Ōruawhata, otirā, ki te whakatū Kooti Whenua hoki kia pai ai te rapu i te hunga nō rātou wērā whenua, ā-ture nei. Ka noho tātou, ka wānanga, kātahi tātou ka whakaae ā-waha ki wēnei hiahia ōna, engari, ko te here i utaina atu, me mātua noho tonu te mana o te whenua ki Ōhinemutu, tae atu rā hoki ki ngā whenua mō te tāone hōu, ki a Ngāti Whakaue, ake, ake ake.

3. ATL MS92 Puka Rātaka 22.

IRIRANGI KAIRO TIAKIAWA

E tino mōhio ana au ki tōku koroua. He mana nui tō Pūkaki. Ko ngā takiaho mātāmua o Ngāti Pikiao, Ngāti Tūtānekai, tae atu ki a Te Rorooterangi, Ngāti Rangiteaorere me Te Hei, koia anō ko ngā takiaho mātāmua o Pūkaki. I noho te whānau mātāmua i takea mai i a Hineterā (Hinerā), ki Te Ngae, otirā, ki te wāhi e kīia nei ko Karioi, he urupā kei reira ināianei. E ai ki taku kuia, ki a Korauia, i taua wāhi hoki tētahi whakairo e tū ana, ko Pūkaki te ingoa. He kaihōpara a Pūkaki. Rite tonu ana tana whakawhiti i Mokoia ki tuawhenua, otirā, i wētahi wā, ki te rohe o Ngāi Te Rangi. Ko te nuinga o ngā kōrero mōna, he kōrero pakanga, ehara i te kōrero mō ngā wāhi i noho ai ia, mō āna mahi rānei nōna e ora ana. Ko te mea kē hoki e aroha ana, nō ngā tau tata tonu nei i ngaro ai te mōhiotanga ki ngā waiata mōna. Tamariki rawa au kia maumahara ki wēnei waiata, ahakoa te rite tonu o te waiatatia e ngā mātāpūputu o mua.

He tamāhine tā 'Mātea Tūriri Winiata, i tanumia rā ki muri i a Tamatekapua, he Ngāti Pūkaki horopū rawa atu nei ia. Ko Aratukutuku tōna ingoa. Koia te mea i kaha ki te waiata-mōteatea i ngā waiata huhua mō Pūkaki. Tino tamariki nei au, tekau mā tahi ōku tau, i te wā i mate ai ia, engari, i rongo au i āna waiata. I taua wā raka, tokowhā ngā kuia nō Te Arawa ko rātou ngā mana nui o te takiwā. I tua atu i a Aratukutuku, ko taku kuia tonu ko Korauia, ko Mauwai me Mōnairoa (Mere) Mōrehu. Nā rātou ngā koroua i tohutohu kia pēhea te kōrero, he aha hoki ngā kōrero hei kōrero atu. I whakarongo au ki a rātou. I te tangihanga o Tukuahau, ka kī atu au ki a ia, 'Nui ake tōku mōhio ki tō māma, i tōku mōhio ki a koe! Rongo ana hoki i tōna reo whatitiri e haruru ana i koneki ki Maketū rā anō.'

E iwa tekau mā waru ngā tau o Aratukutuku, ka mate ia. Kotahi anake te momo tangata e tuku iho ai ia i tana tokotoko ki raro, e tū takotako ake ai ia ki te mihi, arā, ko te momo i te huia tū rae . . .

Pakari ana te hapū o Ngāti Pūkaki i roto i a Ngāti Whakaue, tae rawa mai ki te matenga o tō rātou uru tapu nui, o Te Mūera Te Amohau i te ngahuru tau 1870. Kāore rawa nei ia i tuohu ki te kāwanatanga. Engari, nō muri tonu mai i tōna matenga, ka waitohua te whakaaetanga mō te tāone, arā, i te tau 1880.

I koneki, ka riro mā tētahi kāhui rangatira hōu a Ngāti Whakaue e ārahi, ko Hāmuera Pango rāua ko Rotohiko Haupapa ngā pou. I huri rāua ki tō rāua taha Ngāti Hurunga i te wā o Te Kooti Whenua Māori, he mōhio pea nō rāua ki te tokoiti ake o ngā uri whai pānga o tērā taha, ana, ka nui ake ngā hea ki a rāua . . . e aua hoki. Engari, koineki kē te wā i piri haere ai ngā uri mātāmua o Ngāti Pūkaki ki ō rātou hekenga i Te Rorooterangi/Rangiteaorere, mea rawa ake, ka ngaro te nuinga o ngā kōrero me ngā waiata mō Pūkaki.

Ko Irirangi e haka ana i te whakatu-wheratanga o *Te Māori* i St Louis, 1985. (He mea koha mai nā Te Whare Toi o St Louis)

Nō muri tonu mai i te hui, ka tuku a Fenton i tāna whakatau ki te kāwanatanga ' . . . kia tū he tāone ki Rotorua.'[4]

I taua wā raka, ko Pūkaki anake tērā e tū tonu ana ki waho i a Tamatekapua, ki runga i te marae o Te Papa-i-ōuru, mokemoke ana hoki te tū. Nō te tau, nō te rua tau rānei i mua atu, i ngaro muna atu ai tōna hoa a Pānui-o-Marama, ki hea, mohoa noa nei, kāore a wai ake rānei i te paku mōhio. I te wiki i muri mai i te hui kia tū ai te tāone, e rua anō ngā tūtakihanga mai a Fenton rāua ko Mair ki a tātou, heoi, ko te kaupapa, ko Pūkaki. I tae mai a Fenton ki wēnei hui e rua nei i raro i ngā tohutohu a tōna hoa nō Te Pūtahi o Ākarana, a Kaiwhakawā Thomas Bannatyne Gillies, ā, mōhio tonu a Fenton ki te mana nui ka pā ki te whare pupuri taonga hōu o taua pūtahi, mēnā rā ka uru he whakairo mana nui, rongonui hoki pērā i a Pūkaki ki roto. Manohi anō, i mārama kehokeho a Mair ki te kaingākau nui a te Māori ki ana taonga me ngā whenua e whai wāhi atu ana ki taua taonga rā, nui noa atu pea tana mārama ki tēneki tūāhuatanga, i tā wētahi atu Pākehā e ora ana i taua wā, nā te mea, i noho tahi ia me Ngāti Whakaue mō ngā tau maha. I tino mōhio hoki ia ki te uru tapu nui o Pūkaki, otirā, ki tō tātou horokukū mārika ki te koha i a ia ki wāhi kē, ki tangata kē rānei, me kī, me take tino nui taioreore, kātahi anō pea tātou ka rata ki te koha atu i a ia. I mōhio pū hoki a Mair ki te awenga nui o Pūkaki hei tohu rangitāmiro i ngā whakaaro nui katoa mō te whakatū tāone, ā, kāore e kore i taka te kapa ki a Mair, ki te taea tātou te whakapatipati e ia kia kohaina atu tā tātou taonga kāmehameha ki te Karauna, ka pūmau hoki te whakaae a Ngāti Whakaue ki te mahi tahi ki te Karauna ki te whakawhanake i ngā whenua o Rotorua, otirā, ka pūmau hoki te rironga o tēneki taonga nui nō te ao tawhito ki a Gillies rāua ko Fenton hei raukura mō tō rāua whare pupuri taonga hōu. Kāore te nuinga o ō tātou rangatira i māwherangi ki te whakaaro ko Pūkaki te mea tika hei tuku ki te Karauna. Kāore hoki he taonga mana nui atu i a ia, puta noa. I a ia anake te mana, te tapu me te wehi ki te whakakiriuka i tētahi oati pono i waenganui i a Ngāti Whakaue me te Karauna mō te whakawhanaketanga o te tāone o Rotorua. Heoi, kāore tonu wētahi o tātou i whakaae kia kohaina atu a Pūkaki, he aroha nui tonu nō tērā hunga ki tō tātou rangatira horopū i mate, arā, ki a Te Mūera Te Amohau. Kia ahatia, i a Mair te mana tuata, nā te mea, i mōhio tonu tātou, mei kore ake ia, kua parekuratia a Ōhinemutu e Te Kooti i te tau 1870. Nō reira, kāore i ohorere te kāpunipunitanga mai o Ngāti Whakaue ki te whakaae ā-waha atu ki te whakatūnga mai o te tāone, ā, ka kohaina atu a Pūkaki ki te Karauna hei whakaū i te whakaaetanga nei, i te 2 o Whiringa-ā-nuku 1877.[5]

4. Fenton 1877/4037 MA 3/10.
5. Ko te mea miharo kē, e ai ki ngā pūmaharatanga o Hāmuera Mitchell, i kōrerotia a Mair e ōna kaumātua me te mea nei he kaiwhakaweti i whai i tāna i hiahia ai i ngā wā katoa, ina koa rā, mēnā he taonga.

te pūtake o te tāone o rotorua

Nō muri mai i te whakawhiwhinga ōna ki a Pūkaki, ka whakahau a Fenton kia tīmata anō te mahi ine whenua i roto i te rohe o Rotorua, arā, i te tau 1877 haere ake. Koia te māngai o te Karauna ki te rohe, nō reira, he maha āna hui ki a Ngāti Whakaue me tō tātou 'Komiti Nui o Rotorua'. Nā tēneki komiti te whakatau kia noho ngā whenua katoa o Te Arawa ki raro i tōna mana kia mātua whakaae ai rātou i te tuatahi i mua tā ngā uri ine, hoko atu, rēhi atu, whai moni rānei i te whenua. Ko te kaupapa nui hoki ki te komiti i roto i āna hui ki a Fenton, ko te whakatūnga mai o te tāone mō te rohe o Rotorua me te noho tonu o te taitara o te whenua ki a Ngāti Whakaue. Ka taka he wā, kātahi ka waitohua e Kaiwhakawā Fenton mō te Karauna me te 47 māngai mō Ngāti Whakaue te whakaaetanga tāone i te 25 o Whiringa-ā-rangi 1880 (tirohia te tāpiritanga II). Ka whakaaetia kia 99 tau te roa o te rēhitanga o te whenua mō te tāone, ā, ko ngā whenua mō ngā papa tākaro me ngā ratonga hapori ka kohaina e Ngāti Whakaue hei painga mō te katoa. Whā marama i muri iho, kua oti kē te whenua mō te tāone te ine. Ka tika hoki te whakaingoatanga o te whenua ki te ingoa Te Pukeroa–Ōruawhata. Nō te 29 o Kohitātea 1881, ka tīmata te hui tuatahi a te kooti whenua mō taua whenua, arā, ki roto i te whare rūnanga nui o Ngāti Whakaue, i a Tamatekapua.

Heoi, tekau tau noa iho i muri mai o tērā hui rā, ka mate a Ngāti Whakaue ki te hoko atu i te whenua o te tāone. Nā te rarunga o te whakaaetanga mō te rēhi i te whenua, te parekuratanga o te iwi i te hūnga mai o Tarawera i te tau 1886, te pakarutanga o te pūkoro o te motu, me te hingatanga o te kaupapa i whakatūria ai kia whai mahi ngā uri i roto i ngā mahi hanga ara tereina, ka tuakoka a Ngāti Whakaue, ka nama nui, me te aha, kāore he kōwhiringa kē atu i te hoko i te whenua o te tāone ki te Karauna. Nō reira, ka whakamāori anō te Karauna i te whakamāoritanga o Te Ture Thermal Springs District 1881 (koinei te whakaturetanga o te whakaaetanga tāone i kōkirihia mai ai e Fenton) ki tāna i pai ai, mea rawa ake, ka kokoraho te Karauna i te whā rau mano heketea katoa o te whenua o te tāone tae atu ki ngā tūtanga whenua tāpui i kohaina ai e tātou. I koneki, ka mārama ngā uri o Pūkaki, ko wai i te tiaki i a wai.

I te tau 1889, e ai ki te mātanga hītori o Rotorua, a Don Stafford, ka pēneki te tohe a Ngāti Whakaue '. . . I whakaae te Karauna ki te whakahaere i te tāone mō te oranga o te iwi te painga. Nā te kokoraho i te whenua, kua riro te mana me ngā hua nui o te whenua i te Karauna anake . . .'[6] Tata ki te rua tekau tau i muri mai, i te tau 1908, i te wā o Te Kōmihana Whenua Māori Stout–Ngata, ka tuhi a Ngāti Whakaue i tēneki kōrero ki te Karauna i te 6 o Kohitātea:

I whakaakona mātou kia whakatairanga i Te Ture Thermal Springs District 1881, hei kawenata tūtohinga mō tō mātou mana tuku iho, otirā, hei kawenata whakapūmau i te noho tahi a ngā taha e rua, arā, ko mātou hei kaipupuri i te whenua mai rā anō i ō mātou mātua tūpuna, me te kāwanatanga e kawe nei i te mana me te ngākau rangatira o te Karauna . . .[7]

Aua atu! Ahakoa te Kōmihana o ngā tau 1907–08 e pā ana ki te whenua Māori me ngā tikanga tuku iho a te Māori mō te ahi kā roa, kāore tonu i kitea he rangaawatea i waenganui i te Karauna me ngā rangatira o Ngāti Whakaue kia hipa rā anō te waru tekau tau. Nā te kōkiritanga o te tono tiriti WAI 94 i te 23 o Hakihuritua 1989 e pā ana ki ngā māharahara o Ngāti Whakaue ki te mahi tānoanoa a te Karauna i te whakaaetanga tāone a Fenton me Te Ture Thermal Springs District 1881 i āhua tau ai te puehu. Nō te 23 o Te Mahuru 1993 i Te Whanganui-a-Tara, ka waitohua he whakaaetanga e pā ana ki te tono WAI 94, i waenganui i te Minita i ngā

---

6. Stafford, He whārangi e hāngai pū ana ki te Tauranga Tereina o Rotorua me ngā Whenua Tereina, n.d.: 9.
7. Ibid.

Take Ture, i a Hōnore Douglas Graham mō te Karauna, ngā māngai o te Uepū o Pukeroa–Ōruawhata me ngā uri whai pānga o Ngāti Whakaue Tribal Lands Incorporated mō te iwi o Ngāti Whakaue. Nō muri mai, arā, nō te 1 o Whiringa-ā-nuku 1993, ka whakahaerehia he hui ōkawa motuhake ki te marae o Te Papa-i-ōuru ki te whakamana i te whakaaetanga ki mua i te aroaro o te iwi whānui. Heoi, kāore a Pūkaki i reira.

Hāmuera Taipōrutu Mitchell e whakatau ana i te Karauna i te hui i tū i te 1 o Whiringa-ā-nuku, 1993. (Raewyn Saville)

I ngā ngahuru tau wenerau i whai mai i te kohatanga atu o Pūkaki ki te Karauna, ka huri ngā kura mahara pai ki taua taonga hei maharatanga ngahinapōuri kē. I kohaina atu taua taonga tongarerewā i runga i te pono me te tika hei whakamānawa i ngā oati mai a Fenton ka āwhina te Karauna i a Ngāti Whakaue ki te whakawhanake me te pupuri i te mana o te whenua o te tāone o Rotorua. Aua atu hoki! Me te aha, tae rawa mai ki ngā tau 1900, kua wareware kē te tohu wairua a Pūkaki, nā te aha, nā te pono kore o te Karauna ki āna oati me tōna kirihaunga ki te whakaruruhau i tō tātou mana ki te whenua o Rotorua, ahakoa wērā oati i oatihia mai ai.

te whakawhiwhinga

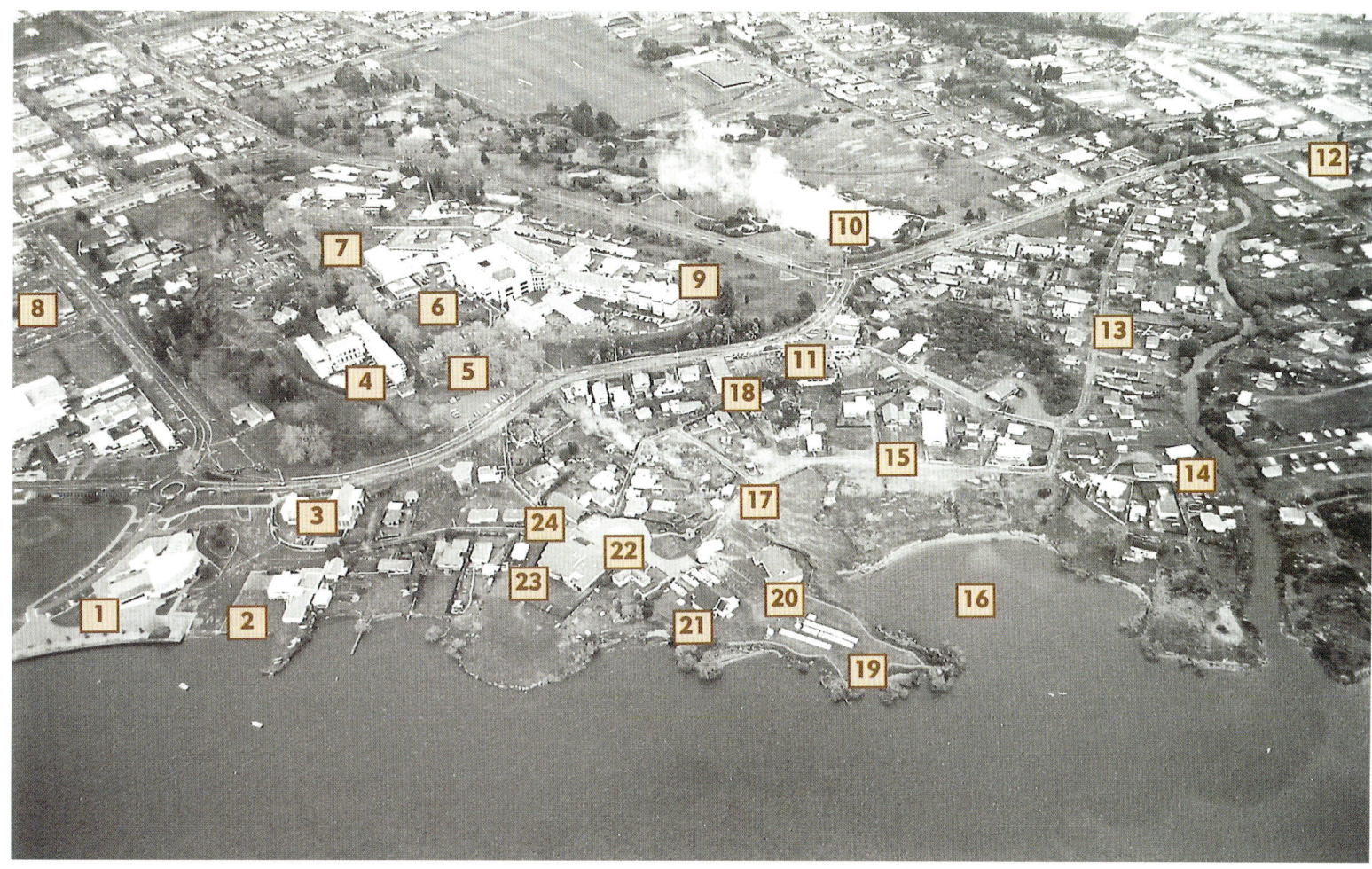

Whakaahua karu manu o Te Pukeroa, Ōhinemutu, me te takiwā o Rotorua, Te Mahuru, 1994.

1. Kōuramāwhitiwhiti (Rotorua Sound Shell)
2. Te Kiriwhakanoa
3. St Michael's Catholic Church
4. Māharo
5. Makawe Memorial
6. Te Pukeroa/Rotorua Hospital main entrance
7. Te Puta-a-Tongara
8. Pukaki Street
9. Paepaemohoao
10. Kuirau cauldron
11. Morrison's Hotel site
12. Te Mātaipuku
13. Ariariterangi Street
14. Utuhina Stream
15. Para te Hoata (Tunohopu)
16. Te Ruapeka
17. Waikite
18. Te Utanga
19. Muruika
20. Te Aomārama
21. St Faith's Anglican Church
22. Te Papa-i-ōuru marae
23. Whakatūria
24. Tamatekapua

X
kaumingomingotanga

Nō te 2 o Whiringa-ā-nuku 1877, i ōkawa ai te rironga o Pūkaki ki a Kaiwhakawā Fenton, māngai o te Karauna, ā, ka kīia he 'papa rākau', ana, ka haria i Te Papa-i-ōuru ki te Hōtera Morihana.[1] I te rā i muri mai, ka whakarite kāta a Fenton, ā, ka hoki ki Tauranga, tatari ai ki a Pūkaki. Ka uiuitia a Fenton e te niupepa *Bay of Plenty Times*, ā, ka puta tēneki pūrongo i te Rāhina, te 7 o Whiringa-ā-nuku 1877:

1. ATL MS92 Puka Rātaka 22.

Te Whare Pupuri Taonga o Tāmaki i te Huarahi o Princes, 1876–1928. (AWMM)

Nō te Rāpare i hoki mai anō ai a Kaiwhakawā Fenton ki Tauranga i ngā roto. E ai ki ngā kōrero, i kohaina atu e ngā Māori o reira te whakairo rongonui e kīia nei ko Pūkaki ki a Mr Fenton, hei whakauru māna ki tētahi whare pupuri taonga ki Tāmaki. Kua whakaae a Mr W. Kelly ki te kawe utu kore i taua taonga ki te wahapū, ā, hei te rā nei, hei āpōpō rānei tae mai ai taua tupuna rangatira ki Tauranga nei. Kua angitu hoki te whai a Kaiwhakawā Fenton kia tū he kooti ki Rotorua me Rotoiti. Ko ngā kōrero ka kohia e ia i tana haere ki aua hui, ka whai mana nui ki te tohu i te anamata o te rohe o ngā roto, arā, ki te uta taitara ki runga i ngā whenua, ki te whakamana i te noho a ngā Pākehā, &c. Kāore wā mātou whakatau kōrero i tua atu i wēnei, engari, e rikarika ana kia oti wawe wēnei take, ka hoki atu ana a Kaiwhakawā Fenton ki Tāmaki.[2]

Nō te rā i muri mai (te 8 o Whiringa-ā-nuku 1877), ka tuku karere waea a Fenton ki a Kaiwhakawā Gillies e kī ana: 'Hei te rā nei, ka wehe atu a Pūkaki mā runga i a *Rowena*, ā, ka tae atu ki Tāmaki i mua i te 2 pm āpōpō. Tohua he tangata kia tūtaki ki a ia.'[3] E ai ki ngā wāhanga niupepa o taua wā mō te terenga me te ūnga o ngā kaipuke,[4] i wehe a Fenton rātou ko tana wahine, ko ā rāua tamariki tokorua i Tauranga mā runga i te kaipuke S.S. *Rowena*, ā, i ū atu ki Tāmaki i te Rāapa, te 9 o Whiringa-ā-nuku. I tae atu te kaitiaki taonga o te whare pupuri taonga o Tāmaki, a Thomas Frederick Cheeseman, ki te tūtaki ki a Fenton me Pūkaki, koia hoki te hiahia. Na, i whākina te taenga atu o Pūkaki ki Tāmaki ki tētahi kairīpoata, ā, tērā te whakapae, nā Cheeseman i whāki. Nō te ra i muri mai, ka puta te pūrongo i te *Hērora o Aotearoa*:

Kua tae mai tētahi o ngā tohu tino tapu o te ahurea me ngā tikanga Māori ki Tāmaki. Nō Te Tai Rāwhiti te taonga nei, ā, ahakoa ehara i te taonga ātaahua ki tā te titiro a te nuinga, e hihiri tonu ana ngā whakaaro o wētahi ki a ia. E ai ki ngā kōrero mai ki a mātou, tokoono pea o ō tātou tino rangatira i te whakataetae kia riro i a rātou te taonga nei. He whakairo Māori tino kaitā tēneki, he ūpoko, he tinana, me tētahi ūpoko pakupaku anō e whākanakana mai ana i te takiwā o te poho. Kua roa ia e noho taonga tapu ana i roto i ngā whakatipuranga Māori. E ai ki ngā Pākehā mātau me ngā rangatira Māori, he teitei tōna uara. Kāore i iti iho i te 30 pauna te pūtea i kōkirihia e te māngai o Te Pūtahi o Niu Tīreni mōna, ā,

---

2. Ko te William Kelly e kōrerotia nei i tēnei pūrongo, koia anō te hoa o Mair i roto i ngā riri whenua. Nō muri mai, ka tū hei kaitōrangapū ki te whare pāremata (te tīmatanga o te ngahuru tau 1870, otirā, mai i te 1880 ki te 1890 hoki). Nō te tau 1897, ka noho ki te Kaunihera Whakaū Ture o Te Waiariki (G.H. Scholefield, *Rokiroki Pāremata 1840–1949*).
3. AWMM Kōnae Mātauranga Momo Tāngata 161.
4. *Hērora o Niu Tīreni* 9 Whiringa-ā-nuku 1877; *Bay of Plenty Times* 10 Whiringa-ā-nuku 1877.

e whakapono ana mātou, i āhua pērā anō te pūtea i whakaratohia ai e te māngai mō tētahi rōpū mātanga nō Te Waipounamu, engari, kāore hoki tērā i whakaaetia. Nāwai rā, ka kitea te pakoko nei e te karu hōmiromiro o Kaiwhakawā Gillies, he tangata whai kaha ki te kōkiri kaupapa mō Te Pūtahi o Ākarana. Te āhua nei, i te toro haere a Mr Fenton, Kaiwhakawā o Te Kooti ā-Rohe, i te takiwā o ngā roto i Ōhinemutu rā, ka mea a Mr Gillies ki a ia kia uiui ia i wētahi Māori o reira e pā ana ki te pakoko nei. Hihiri rawa nei tā te hōnore, arā, tā te Kaiwhakawā Kooti ā-Rohe, whakatutuki i tēneki wawata, ā, nō te rā inanahi (i Tauranga nei) ka tukuna e ia he karere waea e kī ana, kei runga a Pūkaki tapu i te kaipuke. Ka tūtaki a Mr Cheeseman ki te kaipuke, ka āta uiuitia ngā kaiarataki i te toi whai mana nei. Te āhua nei, i uaua kē ake te huaranga i a ia i tōna wāhi noho, nā te mea, kāore ngā Māori i whakaae ki te hoatu hōiho, kāta rānei hei kawe i a ia. He tapu rawa hoki nōna. Te āhua nei, i huri te Kaiwhakawā mātau rā ki tētahi Pākehā rēhi kāta. Engari, e amuamu ana taua Pākehā rēhi kāta rā, nā te mea, hei tāna, mai i te wā o tana kawe i taua 'hanga rerekē', tino kore rawa atu nei ngā Māori e whakamahi i ana kāta – he tapu hoki. Hei te ata nei tae mai ai te toko pākikitanga mā runga kaipuke tima, ka mauria atu ai ki tōna kāinga anamata ki te Whare Pupuri Taonga, ā, ka wātea hei tirohanga mā ngā manuhiri. He koha tēneki whakairo Māori rerehua, tēneki toko pākikitanga, nā Mr Kaiwhakawā Gillies ki te Whare Pupuri Taonga.

Nō te 9 o Whiringa-ā-nuku 1877, ka whakatūria a Pūkaki e te kaitiaki taonga, e Cheeseman, ki tōna tūranga hōu, ki te whare pupuri taonga hōu ki te Huarahi o Princes. Kei tēneki kōwae nō te *Pūrongo a Te Pūtahi o Ākarana* i te tau 1877 ngā kōrero mō te taenga o Pūkaki me te hunga i koha i a ia:

Pērā anō i ngā tau o mua, e mihi ana te Pūtahi i te maha o ngā toi kua kohaina mai ki te whare pupuri taonga me te whare pukapuka, ā, e tāpirihia nei te rārangi ingoa. Heoi, e tika ana kia āta whakahua i wēneki: – he whakairo Māori tino nui, tino tawhito hoki e mōhiotia whānuitia nei e ngā Māori, ko Pūkaki. I ngā wā o mua, i tētahi pā ia i Ōhinemutu e tū ana i tētahi tūranga rangatira. E nama nui ana te Pūtahi ki te tāiki ngāparatanga o Mr Kaiwhakawā Gillies rāua ko tana tuarua a Mr F.D. Fenton mō tēneki taonga whakakorikori whakaaro.

E whakatairanga ana te mahi nui a Gillies i roto i tēneki pūrongo, mōna i riro ai i a ia a Pūkaki. Engari, kāore te Karauna i whakatairangatia hei kaiwhiwhi.

Kāore a Pūkaki i haria ki te tūrangawaewae hōu o te kāwanatanga, arā, ki Te Whanganui-a-Tara, kāore hoki ngā whakaaetanga i waenganui i a Ngāti Whakaue me te Karauna i paku kōrerotia. I roto i te tekau rā noa iho, kua huri a

te pūtahi me te whare pupuri taonga o ākarana

Nō te tau 1867 i whakatūria ai Te Pūtahi o Ākarana, ā, nō te 10 o Te Tahi o Pipiri 1868 ka whakaūngia ki roto i Te Pūtahi o Niu Tīreni. I roto i taua rōpū wētahi o ngā tāne tino whai mana o te wā o Tāmaki-makaurau. Ko Kaiwhakawā Thomas Bannatyne Gillies tētahi o te hunga i whakatū i taua rōpū, koia hoki tōna perehitini tuatahi. Nō te ngahuru tau 1870 ka rongonui ia i roto i Te Whanganui-a-Tara mō tōna whakapau kaha kia riro anō ai mā Tāmaki-makaurau ngā take e pā ana ki ngā tāngata o Tāmaki e whakatau, kaua mā Te Whanganui-a-Tara. Pērā anō hoki i tā Fenton tohe ki a McLean, kāore a Gillies i tino rata ki te hunga whakatau kaupapa o Te Whanganui-a-Tara me ō rātou whakaaro whakatuanui ki wētahi atu rohe.

I roto i tana kauhau perehitini ki te Pūtahi i te 9 o Te Tahi o Pipiri 1873, ka whakapuaki a Kaiwhakawā Gillies i te hiahia kia whakatū te rōpū i tōna ake whare pukapuka, whare pupuri taonga hoki kia pai ai te mātai mahinga toi. I kī atu ia ki te Pūtahi, kei te Huarahi o Princes tētahi whare e tino tika ana mō tēneki kaupapa. Nā Gillies te koha pūtea tuatahi, 500 pauna te nui, hei āwhina i te rōpū ki te hoko me te whakahōu i taua whare. Nō te tau 1874, ka tohua a Thomas Frederick Cheeseman hei kaitiaki tuatahi o Te Whare Pupuri Taonga o Tāmaki, ā, nō te tīmatanga o te tau 1876, ka whakapuarehia te whare hōu i te Huarahi o Princes ki te marea. I taua wā, i te kōrero a Cheeseman ki te tokomaha o ngā kaiwhakaemi taonga, kaiwhakaemi toi, kia whānui ake ai ngā momo taonga, momo toi hoki ka kitea i roto i tēneki whare pupuri taonga hōu. I roto a Kāpene Mair i te rōpū o Te Pūtahi o Ākarana, ā, i rite tonu tana whakatutuki i ngā tono a Cheeseman kia tukuna he tipu, he toi kōiwi, tae atu ki wētahi whakairo Māori. I te tino whakataetae ngā whare pupuri taonga kia riro i a rātou wērā momo taonga toi, ā, i te taenga atu o ngā kōrero mō Pūkaki ki a Gillies, ka whakatangetange rīaka kia mau i a ia, kei riro i ōna hoa kakari nō Te Whanganui-a-Tara.

Kaiwhakawā Thomas Bannatyne Gillies. (AWMM)

Thomas Frederick Cheeseman. (AWMM)

Pūkaki i te taonga whai mana e tohu ana i te ngākau pono i waenganui i ngā hoa Tiriti ki te whakawhanake tahi i a Rotorua, ki tētahi toko pākiki tūmatawhāiti i kohaina atu ai ki Te Whare Pupuri Taonga o Tāmaki e tētahi tauhōu rāwaho kāore i paku mōhiotia e tō tātou iwi. Ehara hoki i te ohorere te arokore o Gillies rāua ko Fenton ki te mihi ki a tātou mō tā tātou koha i a Pūkaki. I te tau 1877, i te waweruka kē ngā whakaaro o te tokorua nei ki wā rāua tohe ki ngā kaitōrangapū me ngā kaimahi kāwanatanga o Te Whanganui-a-Tara. Mēnā rā i ōkawa te whakamihia o Pūkaki hei koha nā ngā Māori ki te Karauna, ko te wāhi tika kē hei nohonga mōna ko Te Whare Pupuri Taonga Pākehā (Colonial Museum) ki Te Whanganui-a-Tara. Heoi, i tino whakapeto ngoi ngā tāngata o Te Pūtahi o Ākarana kia riro a Pūkaki i a rātou, tino kore rawa nei rātou mō te whakapāoho i te kōrero, nā te Karauna kē a Pūkaki, nō reira, me haere ki Te Whanganui-a-Tara noho ai. Ko tō rātou tōmina kē hoki kia whakatūria he kohinga toi whai mana hei raukura mō tō rātou whare pupuri taonga hōu, ā, ko Pūkaki te manatunga nui e tutuki ai taua tōmina. Roa hoki te wā i pau ki te whakamahere me te whakarite i te rironga o Pūkaki, ā, i tino manawanui, i tino matawhāiti mō te wā roa. Koineki pea te take i kore ai ngā māngai matua o Te Pūtahi o Ākarana i paku hiahia ki te whakapuaki ake i ngā kōrero pono mō te kaupapa i kohaina ai a Pūkaki, otirā, mō ngā kaiwhiwhi tika hoki. Ko wai hoki ka kore e mārama ki tērā. Kia ahatia, nō te 9 o Whiringa-ā-nuku 1877, arā, nō muri mai i tana whakatūnga ake ki tō rātou whare pupuri taonga, ka tutuki te whakawhitinga o Pūkaki i te taonga whakahirahira nā te iwi, ki te toko pākiki e tū mokemoke ana ki rō whare pupuri taonga.

1877 whakawhiwhinga taonga

Kōrupe nō te rohe o Rotorua, i riro atu rā i a Fenton mā Gillies i te tau 1877. Nō Toi Māori nā Hamilton (1896) tēnei whakaahua. (Cat. No. 184, AWMM)

E ai hoki ki te rārangi taonga o te whare pupuri taonga, tērā pea i whakamahi tonu a Gillies rāua ko Fenton i tā rāua tinihanga 'koha taonga ki te Karauna' kia riro ai i a rāua te tekau mā ono whakairo anō nō te rohe o Rotorua, i tua atu i a Pūkaki, i te tau 1877. Kei te tāpiritanga III te rārangi ingoa o wēnei whakairo. Kei te taha o wēnei whakairo katoa te ingoa o Gillies, o Fenton rānei hei kaituku i te whakairo, ā, kua tuhia te wā i riro ai i a rāua, arā, ko te tau 1877. Koineki hoki te tau i whakaae ai ngā iwi o Rotorua kia mauria mai e Kaiwhakawā Fenton he Kooti Whenua Māori ki te rohe o Te Arawa. Pērā anō i a Pūkaki, he mea huna te tino take i kohaina atu ai wēnei whakairo kia pai ai tā te whare pupuri taonga o Tāmaki kapo ake hei taonga mā rātou i raro i te ture. Te āhua nei, i whakamahi te Kaiwhakawā Matua o Te Kooti Whenua Māori me te Kaiwhakahaere Whenua Māori i te 'mana o ō rāua tari' kia riro ai i a rāua te tekau mā whitu taonga nō Rotorua mō Te Pūtahi o Ākarana. Mēnā ka āta titiro ki te take mō Pūkaki, tērā wētahi kōrero taunaki e kī ana, kāore a Fenton rāua ko Mair i kawe atu i a Pūkaki i raro i te mana o ō rāua tūranga hei māngai mō te Karauna, engari, hei kaimahi kawe taonga kē mā Te Pūtahi o Ākarana. Nā te taenga mai o Kaiwhakawā Fenton ki Rotorua i te marama o Te Mahuru i te tau 1877 hei māngai mō te Karauna, ka waerea ake tētahi huarahi i taea ai e rāua ko Mair tēneki whakairo nui kāmehameha o Rotorua te kapo ake hei raukura mō te kaitiaki taonga o te whare pupuri taonga o Tāmaki, arā, mō Mr Cheeseman rāua ko tana tumuaki, a Mr Kaiwhakawā Gillies. Ina tirohia atu te karere waea i tukuna rā e Kaiwhakawā Fenton i Tauranga ki tōna hoa mātau, ki a Mr Kaiwhakawā Gillies, tārake nei te kitea atu, i mōhio rāua mō Pūkaki, otirā, ki tōna ingoa hoki, i mua i te taenga o Fenton ki Ōhinemutu.

Nō reira, ka taea te kī, ahakoa i haere a Fenton rāua ko Mair ki Ōhinemutu i raro i te mana ōkawa o ngā take whenua a te Karauna me Te Kooti Whenua Māori, i te mahi tahi hoki rātou ko Gillies, ko Cheeseman kia riro ai i a rātou a Pūkaki hei uru tapu nui mō Te Pūtahi o Ākarana, mai i te oro tīmatanga ake.

XI
pākikitanga

Pūkaki, i muri tonu mai i tana taunga ki Te Whare Pupuri Taonga o Tāmaki c. 1878. (He mea homai nā te Wāhanga Tiaki Taonga Māori o Te Papa Tongarewa)

Atu i ngā rokiroki tuatahi mōna i uru ki te *Pūrongo a Te Pūtahi o Ākarana* i te tau 1877–78, ko te rokiroki ā-toi tuatahi mō Pūkaki ki Te Whare Pupuri Taonga o Tāmaki, he whakaahua ki rō moheni, me te heitara rā ia, nō muri tonu mai i tana rironga i te whare pupuri taonga ka mahia taua whakaahua ōna. I tūpono atu ki taua whakaahua i te puka pūtoi kōrero a Te Papa Tongarewa. Kāore he whakaahua mātāmua ake o Pūkaki, puta noa i ngā puka tūmatanui o Aotearoa. Ina tirohia te whakaahua nei, ka kitea ake, i te wā i uru ai Pūkaki ki Te Whare Pupuri Taonga o Tāmaki, he pāua kei ōna karu i whakapirihia ki te nēra. He whakaahua anō te rokiroki tuarua mō Pūkaki, ā, ko te whakapae ia, nā Josiah Martin i mahi i te ngahuru tau 1890. Kua ngaro kē ngā pāua, engari, i reira tonu ngā nēra, me te aha, tārake ana te kitea o wērā nēra i tēneki whakaahua.

Nō te ngahuru tau 1890 i tae atu ai he manuhiri whakahirahira ki te whare pupuri taonga, arā, ko Paul Gauguin, he ringa toi nō Wīwī. He maha āna pikitia i ringa tuhia e ia o ngā taonga Māori, ko Pūkaki tētahi. Nō te takiwā o te tau 1897, ka kōwaiwaitia a Pūkaki e Gauguin kia auaha te āhua, me te mea nei he Buddha nō Te Moana-nui-a-Kiwa e tiaki ana i ngā wāhine Poronīhia kirikau e rua. Kei roto tonu te kōwaiwai nei i Te Whare Pupuri Taonga Pushkin ki Rūhia, ko te ingoa ko 'Le Grand Bouddha' arā ko 'The Idol'.[1]

Nō te tau 1896 ka puta i Te Pūtahi o Niu Tīreni i Te Whanganui-a-Tara he pukapuka, ko *Māori Art* te ingoa, nā te Pouroki o Te Whare Wānanga o Ōtākou, nā Augustus Hamilton, i tuhi. Kei roto i te pukapuka nei he whakaahua o Pūkaki e tino rite nei te āhua ki tā Josiah Martin whakaahua, ā, kāore e kore, nā William Beattie tēneki o ngā whakaahua i mahi. E haere tahi ana tēneki whakaahua o Pūkaki me tēneki whakamārama:

---

1. Tirohia tā Nicholson *Gauguin and Maori Art* (1995) mā ngā taipitopito āmiki e pā ana ki te haerenga mai o Gauguin ki Aotearoa.

Pūkaki, tōna tekau tau i muri i tana taunga ki Tāmaki c. 1890 – kei te kitea tonutia ngā nēra i whakamahia hei paihere i ōna karu. (Josiah Martin, AWMM)

Le Grand Bouddha – kōwaiwai peita hinu nā Paul Gauguin c. 1897. (He mea homai tēnei kōwaiwai nā te Toi o Tāmaki – AAG)

pūkaki — te hokinga mai o te auahitūroa

He Pou Whakairo tino nui, he Tiki rānei nō Te Ngae.
He whakairo nui taioreore i tapahia mai i te tīwai mārohirohi o tētahi rākau. He tangata tōna āhua, arā, he 'tiki' rānei. Ko tōna tūrangawaewae tuatahi, i Te Ngae, he wāhi kei te taha o te roto moana o Rotorua, kāore e tino tawhiti ana i Tikitere. I tōna orokohanga mai, he 'tiki' tēneki e tohu ana i tētahi o ngā rangatira o Ngāti Whakaue ko Pūkaki te ingoa, ko tana wahine me wā rāua tamariki tokorua; engari, kua pakaru te wāhanga o raro, kua ngaro. Ko Pūkaki te ingoa i kawea nuitia puta noa i ngā uri o Te Arawa mō tēneki 'tiki', ā, ko Ngāti Pūkaki te ingoa o te hapū nā rātou tēneki taonga i ngā wā o mua.
Whāroa, 6ft. 8in. Whānui, 4ft. 8in.

Ko tēneki whakamārama a Hamilton te tuatahi ki te kī ake, ko Te Ngae kē te tūrangawaewae tuatahi o Pūkaki, kaua ko Ōhinemutu, me te aha, e tohe kē ana, e tauaro kē ana tēneki kōrero āna ki ngā reo ā-tuhi me ngā reo ā-waha o mua atu. Tuia ki tēnā, mai rā anō kārekau ō Ngāti Pūkaki, hapū o Ngāti Whakaue, mana whenua ki roto i te rohe o Te Ngae–Tikitere. Te āhua nei, i pōhēhē a Hamilton, e rite ana a Pūkaki te kūwaha, ki tētahi pou whakarae ko Pūkaki anō te ingoa i tū mai rā ki Te Ngae i te rautau tekau mā iwa. E ai hoki ki ngā kōrero, i ahu mai te Pūkaki pou whakarae nei i te pā o Pukeroa. Nō muri mai i te whakareretanga iho o Te Arawa i te whare mīhana o Chapman i te ngahuru tau 1850, i haria atu ai e ngā uri o Ngāti Whakaue–Ngāti Rangiteaorere te pou whakarae Pūkaki ki Te Ngae, ana, ka tū tonu ki reira.

Ko te mokopuna a Ruihi, a Erana, me te pou whakarae nō Te Pukeroa, ko Pūkaki anō te ingoa. Neke atu i te rima whakatipuranga ia e noho ana ki te rohe o Te Ngae–Tikitere.

pirihira fenwick

Koineki te Pūkaki i mōhio ai mātou i a mātou e tipu ake ana ki Tikitere. Ki tōku maumahara, mai rā anō i te wa i a Ruihi, i roto i a ia i tō mātou whānau. I whakatipuria ake ia ki Ōhinemutu i te taha tonu o te awa o Utuhina. E ai ki tōku kōkara, ki a Te Aho, ko Pūkaki tētahi o ngā pou whakarae tuatahi kia tū ki te pā o Pukeroa, ā, i mauria mai ia ki Te Ngae i tērā rautau. Nō muri mai, arā, nō te wa i a Ruihi, ka haria ki te whenua tāpui o Tikitere. I wētahi wā, i a mātou e tamariki ana, ka pania e mātou ngā whakairo ki te kōkōwai hei whakamaru i a rātou. Kāore au i te maumahara mēnā i kōkōwaitia a Pūkaki. Ko tāku e maumahara nei, ko Pūkaki e tū ana ki te whenua tāpui, he kiwikiwi te tae, me te mea nei, kua tino rongo i ngā āinga o te huarere. Mea rawa ake . . . tōna rua tekau tau ki mua nei . . . ka peitahia ia e wai ake rānei ki ōna tae o nāianei.

pākikitanga

Nō te takiwā o te tau 1900, ka tīmata rā tētahi rārangi taonga ōkawa o ngā taonga Māori kei roto i Te Whare Pupuri Taonga o Tāmaki. I taua tau tonu rā hoki, ka tū te whakawhānuitanga tuatahi o te whare pupuri taonga, arā, ka hangaia he taiwhanga hōu kia pai ai te tiaki i te maha haere o ngā taonga Māori. Koineki hoki te wā i tīmataria ai e te kaitiaki taonga, e Thomas Cheeseman, he rārangi taonga, ā, nei rā te kōrero mō taonga 161 i te rārangi taonga o Te Whare Pupuri Taonga o Tāmaki:

Nama: 161
I tae mai: 1877
Ingoa: Tiki tino nui, pou whakairo rānei
Koha nā: He mea koha nā Kaiwhakawā Gillies
Nō hea: Te Ngae, L. Rotorua (taha rāwhiti o te roto, tēraka taha o te moutere o Mokoia)

Pūkaki (kei te katau rawa) i te tomokanga o te Tāpiritanga ki Te Whare Pupuri Taonga o Tāmaki i te Huarahi o Princes c. 1900. (AWMM)

I tōna orokohanga mai, ko tēneki tiki, te mea nui rawa o tōna momo, he mea tohu i tētahi o ngā rangatira whai mana o Ngāti Whakaue ko Pūkaki te ingoa, kō tana wahine me ā rāua tamariki tokorua; engari, kua pakaru te wāhanga o raro, kua ngaro. Ko Pūkaki te ingoa i kawea nuitia puta noa i ngā uri o Te Arawa mō tēneki 'tiki', ā, ko Ngāti Pūkaki te ingoa o te hapū nā rātou tēneki taonga i ngā wā o mua.

He taonga tino tawhito, he mea whakairo i mua noa atu i te taenga mai o te Pākehā. He whakaahua ōna ki te puka nā Hamilton, Māori Art II, *Tūpapa 20.*

Ahakoa nō te tau 1877 a Pūkaki i riro ai, tērā pea i hoatu nama teitei ki a ia kia noho tahi ai ia ki wērā atu whakairo nō te rohe o Rotorua. Ka mutu, ki te āta tirohia ngā kupu a Cheeseman, te āhua nei, i ahu tika mai rā te nama mō Pūkaki i te pukapuka *Māori Art* a Hamilton, nā te mea, e tōaitia ana a Te Ngae hei ūkaipō mō Pūkaki. Tērā pea e tika ana kia aroha atu ki a Cheeseman i te pōhēhē ōna ko te kūwaha Pūkaki me te pou whakarae Pūkaki he rite tahi, engari, ko wai ka mōhio, nā te aha a Cheeseman i tuhi ai ki te rārangi taonga o te whare pupuri taonga, ko 'Te Ngae' te tūrangawaewae o Pūkaki, nā te mea, tuatahi, ko Cheeseman te kaitiaki taonga nāna nei te whakairo nei i rāhiri ki te whare pupuri taonga i te tau 1877, tuarua, i roto i tana pūrongo mō Te Pūtahi o Ākarana i te tau 1877–78, e mārama pūrangiaho nei tāna kī, ko Ōhinemutu te tūrangawaewae o Pūkaki. Nō reira, mai rā anō i ngā tau whanake o te rautau rua tekau, ka āhua rangirua haere kē ngā kōrero a te whare pupuri taonga mō te ūkaipō tika o Pūkaki. Kei te tino kitea tēneki rangiruatanga i roto i ngā tuhinga kōrero mō Pūkaki i puta i te roanga atu o te rautau rua tekau. E waru tau i muri mai i te tānga o te pukapuka *Māori Art* nā Hamilton, ka puta te kāhui pukapuka *Cyclopedia of New Zealand* (1902). I te wāhanga tuarua o taua kāhui pukapuka tētahi whakamārama mō ngā whakairo nui e rua nō te pā o Pukeroa (Ōhinemutu), engari, kāore he kōrero i reira mō Te Ngae:

> *Te Whare Pupuri Taonga o Tāmaki . . . kāore i kō atu i a ia i tēneki Taiwhenua, ā, mō te whai a ngā manuhiri i tētahi matapihi ki te ao o nehe o te Māori, kāore kē he painga i te whakapau i te hāora, i te rua hāora rānei ki roto i a ia . . . kei tērā pito rā anō o te whare [annex] ngā whakairo nui e rua, inā koa te whakamīharo. Ko tētahi, koia te kūwaha matua o te pā o Pukeroa, he pā tūwatawata rongonui i roto i te hītori Māori, he pā i tū ki te tihi o te hiwi o Pukeroa, ki runga ake i te tāone o Rotorua. Ko tērā atu, ko te wāhanga o runga o tētahi 'tiki' nui, pou whakairo nui rānei, nō ngā tūwatawata anō o te pā nei. He tino tawhito wēnei whakairo e rua, ā, e hia tau e tū ana ki Rotorua i mua i te taenga o te Pākehā ki reira i te tau 1822 me te tau 1836. Koineki anake pea ngā whakairo o tēneki momo rahi, i tāraitia nei ki ngā whao ehara i te rino, e toe tonu ana.*

Kāore e kore, ko ngā whakairo nui e rua e kōrerotia nei, ko Tiki rāua ko Pūkaki. Kāore hoki he whakairo i tua atu, puta noa i Te Whare Pupuri Taonga o Tāmaki i taua wā, i pēneki nei te āhua, ahu mai nei hoki i te pā o Pukeroa. I roto i te kōrero i runga nei, ko Pūkaki te whakairo e kīia nei he 'tiki', ā, ko te kūwaha, koia ko Tiki, te tupuna i tū ki te tomokanga o te pā o Pukeroa i te tūtanga whenua o Para Te Hoata. I te pukapuka whakamahuki a Te Whare Pupuri Taonga o Tāmaki (wāhanga 1, 'Māori') i tuhia te ingoa o Tiki i mua tonu ake i tō Pūkaki, ā, ko te nama i hoatu ki a ia, ko te 160. E ai ki ngā rokiroki hītori a te whare pupuri taonga, he mea koha a Tiki me ngā kōrero whakapapa mōna ki te Kāwanatanga o Aotearoa, e Warihi Makitāunu nō Ngāti Whakaue. Nō te tau 1889, ka hoatu e te kāwanatanga tēneki whakairo me ngā kōrero whakapapa mōna ki Te Whare Pupuri Taonga o Tāmaki.[2]

2. Kei roto i a Tapsell 1995: 186–88 ngā pārongo kōrero mō tana whakawhitihanga.

pākikitanga

He kōrero whakamīharo anō kei roto i ngā tuhinga *Cyclopedia* nei, ina koa rā hoki, e kī ana aua tuhinga, nō te tau 1822 i tae ai ngā Pākehā tuatahi ki Rotorua, ā, ko ngā whakairo e rua nei, he mea tārai ki ngā whao kōhatu. Na, tino hōhonu rawa atu nei taku rangahau whānui i ngā kōrero katoa mō wērā whakatau, ā, nō te tau 1830 kē i tae ai te Pākehā tuatahi ki te rohe o Rotorua, arā, ko Phillip Tapsell, he uri Tenemāka.³ Ka taea hoki te whakatau he mea tārai wēnei whakairo e rua nei ki te whao kōhatu anake te whakapātaritari, te wero, i te mea, nā te Pākehā te rino i whakaū mai ki te ao Māori e rima tekau tau i mua i te whakatūnga mai o te pā o Pukeroa i te tau 1836. Ko te whakatau e kī ana, he mea tārai tētahi whakairo i mua i te taenga mai o te Pākehā, he whakatau e hāpai ana i te hāpono o taua whakairo, me te aha, e pērā tonu ana te whakatau a ngā whare pupuri taonga i wēnei rā tonu nei.⁴

3. Stafford 1967, 1986; Enid Tapsell 1972; Reminiscences of Captain Phillip Tapsell, 1873.

4. Tirohia a Clifford 1988, me Crew rāua ko Sims 1991, mō ētahi atu kōrero e pā ana ki te whakatūturutanga o ngā taonga ki rō whare pupuri taonga.

Tiki, whai muri iho i te wā roa e whakahōu ake ana i tōna āhua mō te haerenga ki Amerika i te taha o *Te Māori* 1983 – Athol McCredie. (Te Tarahiti Manaaki Taonga o *Te Māori*)

97

XII
taonga tawhito

Pūkaki i Te Whare Pupuri Taonga o Tāmaki (Huarahi o Princes) c. 1910 – James MacDonald. (Nā Kahurangi Anne Salmond i homai)

Nō te tīmatanga o te rautau rua tekau, ka rerekē ngā whakaaro o te whare pupuri taonga ki a Pūkaki. I te tuku pūtea ngā whare pupuri taonga o Amerika ki te Raki me wērā o Ūropi ki ngā kaupapa kaimātai momo tangata (he kupu pūtaiao mō te rangahau i ngā iwi me ngā ahurea o te ira tangata) kia haere ai ngā mātanga ki Āwherika, Āhia, ngā Amerika me Te Moana-nui-a-Kiwa ki te hopu i ngā kōrero huhua me te kohi i ngā taonga maha – i mua i te ngaromanga atu – arā, kia mārama ake ai tātou ki te pūtakenga mai o te ira tangata. I āta tuhia te āhua me ngā momo tohu o wēnei 'toi', kātahi ka haria mā runga kaipuke ki ngā whenua i ahu mai rā ngā mātanga, kia pai ai te wānanga, te whakatewhatewha me te whakatairiterite i te ahurea o wēnei taonga, ā, ko ngā kitenga ka puta i roto i ngā pukapuka mātauranga tikanga tangata.¹

I mua atu i tēneki, i te aronui ngā kaitiaki taonga ki te mātauranga pūtaiao e hāngai ana ki ngā toi mātai koiora me ngā toi mātai aronuku, engari, nā te whakatōpūtanga o ngā taonga tawhito ki raro i te maru o tēnā momo pūtaiao, o tēnā momo pūtaiao, ka whakahōu ake ngā whare pupuri taonga o te ao i ō rātou whakaaro. I tirohia anō e ngā mātanga ngā kohinga taonga Māori i roto i ngā pūtahi pērā i wērā i Te Whare Pupuri Taonga o Piritana me Te Whare Pupuri Taonga o Pitt Rivers i Oxford, nāwai rā, ka tae mai ā rātou tuhinga ki Aotearoa nei. Pō kotahi noa nei, ka huri a Pūkaki i te taonga whakahirahira a te iwi korehāhā i noho nei hei take pākiki mā te ao Pākehā, ki tētahi toi pūtaiao mana nui – he toi nō mua, he taonga tawhito – e tohu ana, e taunaki ana i ngā kitenga o te rāngai mātai momo tangata i puta rawa mai rā i ngā rangahau mō te pūtaketanga mai o te iwi Māori.

Nō te tau 1923, ka okioki a Cheeseman i te mahi, ana, ka eke a George Graham ki tōna tūranga hei kaitiaki taonga, engari, nā koa nāia kua nohinohi

---

1. Hēoi anō, kāore ngā hītori ā-waha me ngā kōrero mō ngā tikanga tuku iho i tino kohia.

whakairo māori — he pākikitanga kaimātai momo tangata

Ko ngā whakaahua toi Māori i waenganui i wā tātou kohinga taonga, he whakaahua o ngā whakairo tawhito kei roto i te whare pupuri taonga i tēneki wā tonu nei. E whakaatu ana wēnei whakaahua i te āhua o ngā whakairo e kitea tonutia nei i roto i ngā whare puni Māori, me te aha, i tēneki wā nei, me uaua ka mārama ki ngā tohu mana nui kei roto i wēnei whakairo e mau ana. Ko te whakamārama whānui mō te whakairo Māori e pēneki ana nā, arā, he tānga pikitia rerekē, e hanga rite nei te āhua ki te āhua o ngā whakairo i whakairotia ai e ngā iwi tāukiuki o Mēhiko i te ao o tua whakarere. E tino ōrite ana ngā whakairo arero whētero ki te tini o ngā whakairo e kitea tonutia nei i wētahi wāhi o Mēhiko. Kāore te tikanga o te arero whētero e tino mōhiotia ana, engari, he āhuatanga e rite tonu ana te kitea, ā, i āta whakahahakitia tērā āhuatanga e Tā Hōri Kerei i roto i tana whai kia makenu i te whakapapa o te Māori ki tētahi pūtake i Peru. Kei te tino arohia te mana mātai momo tangata o wēnei whakairo Māori ināianei, ā, tērā pea hei te wā koroī e tirohia anō ai wēnei whakairo e ngā mātanga pūtaiao, ana, ka hīnātore mai he māramatanga hōu.²

Whakairo rongonui i Te Whare Pupuri Taonga o Tāmaki – *Ngā Karere o te Wiki o Tāmaki*, 7 Hakihea 1900: 12. (Nā te NZH i homai)

He maha ngā toi whakairo, ngā toi raranga me ngā taonga Māori i kohia e Te Pūtahi o Ākarana i runga i te tūmanako, he wā tōna ka puta i a rātou he māramatanga mātai momo tangata. Heoi, i te mutunga iho, ka kī pohapoha rawa te whare pupuri taonga, arā, kāore he mokowā e toe ana, ā, kāore hoki i kitea he whakautu mō te whanaungatanga i waenganui i te ira tangata, otirā, i te iwi Māori tonu. Mēnā ka āta tirohia ngā whakaahua o ngā pātū o roto i te whare pupuri taonga o mua i tū ki te Huarahi o Princes, ka taka te kapa he mea whakanekeneke tonu a Pūkaki, ā, māna noa ake e kore, nā te paroparo haeretanga o te mokowā i pērātia ai ia.

---

2. *Ngā Karere o te Wiki o Tāmaki*, 7 Hakihea 1900.

rawa te whare pupuri taonga hei whakaruruhau i te maha o ngā taonga. Nō te tau 1929, ka whakapuarehia e Te Pūtahi o Ākarana, Te Whare Pupuri Taonga Whakamaumahara Hōia, arā, te whare pupuri taonga o te wā nei, i Pukekawa.

I te wā i huarangatia ai ngā taonga Māori ki tō rātou kāinga hōu, i whakahōutia wērā i tohua rā hei whakakitenga atu. Ko Pūkaki rāua ko Tiki wētahi o ngā taonga tino whakahirahira o te whare pupuri taonga i motuhake nei te āta whakahōutia ake. Mō ngā whakahōutanga nei, i whakamahia te raima uhi hei whakapuru i ngā matiti, ngā kōara me ngā whārua, kātahi ka whakamahia te peita whero hei tāwhai i te kōkōwai, arā, i te tae wairākau i kaha pania nei e ngā iwi o Te Waiariki ki runga i wā rātou whakairo hei whakapīataata, hei whakamarumaru.[3] Mō ngā tau rima tekau mā whā i muri mai, ka toitū te tū a Pūkaki ki te wāhanga toi Māori o te whare pupuri taonga hōu o Te Pūtahi o Ākarana, ahakoa i peitahia anō ia i te tau 1953. I wēnei tau nei, i te taha o te whare rūnanga o Hotunui, he tupuna uretū nō ngā iwi o Waikato, a Pūkaki e tū ana, me te aha, i urutomokia tātou e Waikato i te tau 1836, ko Pūkaki hoki te kūwaha ki tō tātou pā tūwatawata i taua wā.

3. Nō te tau 1983 ka huripokihia ngā tikanga tiaki me ngā mahi raupī i a Tiki. Nō te tau 1994 ka puta i Te Whare Pupuri Taonga o Tāmaki he pūrongo hauora, he mahere tiaki hoki mō Pūkaki; tirohia te āpitihanga IV.

Pūkaki kei tō te whare o Te Arawa, arā, kei tō Rangitihi, taha, i te Whare Pupuri Taonga o Tāmaki (Huarahi o Princes) c. 1925. (AWMM)

I te wā i tū mai ai a George Graham hei kaitiaki taonga, ka kaha tonu tāna rangahau i te ahurea Māori, mei kore e kitea he mātauranga hōu hei raukura anō mō te kohinga toi Māori o te whare pupuri taonga.[4] Mai rā anō tana remurere ki te rangahau mātauranga toi. I te tau 1929, nō muri tonu mai i te whakatuwheratanga o te whare pupuri taonga hōu, ka toroa ia e tētahi koroua nō Ngāti Maru. I tētahi reta ki a Tākuta Gilbert Archery (1931), ka whāki a Graham, ko Eru Maihi te ingoa o te koroua rā, he uri nō Hotunui, i tae ki te whare pupuri taonga ki te kimi āwhina kia whai ai ia i te pēnihana kaumātua. I tuhituhi a Graham i ngā kōrero i puta i a Maihi mō tētahi waka huia, ko Te Pūtea te ingoa, tae atu ki te hītori e pā ana ki a Ngāti Maru me te rohe o Parehauraki. I kōrero hoki ia mō Pūkaki:

Ko te whakairo nui kei roto i te whare pupuri taonga nei, he waharoa nō Ōhinemutu i te wā i whakaekea ai taua papa kāinga e Hongi mā. I tētahi pō, nā mātou ko wētahi atu te kūwaha i kani, ā, ka utaina atu ki runga wākena ōkiha – ka haria ki Putaruru, mai i reira ki Tīrau, ana, nā Fenton rāua ko Johnstone te whakahau kia kawea mā runga kāta kaokao kore ki Tāmaki Makaurau. Te kitenga o Ngāti Tūnohopū (hapū o Ngāti Whakaue) kua ngaro, ka aruaru mai rātou, engari, nā ngā pirihimana mau pū mātou i ārahi ki Tīrau. Kāore au i hoki anō ki Rotorua. Koineki te kōrero mō Pūkaki; he mea tapa ki tōna ingoa, nā te mea, i mate tana pāpara, a Taiwere, i tētahi mate ki tōna kakī . . .

Kāore pea a Graham i hiahia ki te tūhura i wēnei takinga whakaaro ki te katoa, i te mea, e whakahēngia ana i roto i ngā kōrero hītori. I te tau 1877, kāore kē he huarahi e haere ana mā roto i te waotū i Rotorua ki Putaruru, tae atu ki Tāmaki, kāore hoki he hītori kāwanatanga e kī ana, nā wētahi pirihimana mau pū a Pūkaki i ārahi. Tuia ki tēnā, nō Ngāti Tūnohopū te wahine a Graham, a Te Wharetoroa. Kāore e kore, nāna a Graham i whakamōhio ki ngā kōrero a Ngāti Whakaue mō te rironga o Pūkaki. Kia ahatia, i ngā tau 1930, ehara i te mea me mātua whai kōrero whakamārama ngā taonga e whakaaturia ana, he āhuatanga tēneki i hāpaitia tonutia ake i roto i Te Whare Pupuri Taonga o Tāmaki mō te rima tekau tau i muri mai. I wēnei tau hoki, i whakamahia a Pūkaki hei 'tauira toi' kia kitea ai te whanaketanga o ngā pūkenga whakairo o te Māori. Nā te kaitiaki taonga i muri iho i a Graham, arā, nā Tākuta Archey, te pūrongo 'Wood Sculpture: The Human Head and Face' i tuhi i te tau 1967, ā, anei tāna mō Pūkaki:

Nama 3 (Tūpapa 46), nōna te kanohi whānui rawa e kite atu nei mātou. Pūkaki, he rangatira whai mana nō te rautau tekau mā waru, kei te whare pupuri taonga e tū ana, he pakoko nui taioreore me tōna māhunga whānui e tika ana mōna. Amaru ana te āhua, he moko tōna, engari, ko ngā makaurangi, he ngāwari, ehara i te uaua. Kei te kitea hoki he pūkenga whakairo motuhake – arā, kua āta whakamāeneenetia

4. Graham, 'Arawa Notes', *JPS*.

I tū a Pūkaki i te taha o Hotunui i te papa Māori o Te Whare Pupuri Taonga o Tāmaki, i te tau 1929 ki te tau 1983. (AWMM)

ngā karu kia hua mai ai he taumarutanga i raro i ngā tukemata, kia ariā pohewa mai ai tōna āhua, he āhuatanga whai hua, whakamīharo hoki i roto i te taiwhanga toi Māori, whakamīharo kē atu mēnā i tōna tūranga taketake tonu ia e tū ana, ko ngā hihi o te rā e pīratarata iho ana ki tōna pūtiki ki tōna ropi . . . Pūkaki (i tū) ki Te Ngai.[5]

Hāunga anō ia ngā whakamārama mātai momo tangata mō ngā ahureinga toi o Pūkaki, ko te mea mīharo o te pūrongo a Archey, ko te kaha ōna ki te whakamahi i te tūpou 'ia' mō Pūkaki, kaua ko te kupu 'mea'. Tērā pea he pakari ake nō te whanaungatanga i waenganui i a rāua ko Pūkaki, i te whanaungatanga i waenganui i wērā atu kaitiaki taonga me wā rātou taonga i te ngahuru tau 1960.

Ko te pūrongo a Archey i te tau 1967, te pūrongo 'tauira toi' whakamutunga i whakaputaina mai mō Pūkaki. Nā ngā mahi whakatumatuma tōrangapū a te Māori i te ngahuru tau 1970, ka taka te kapa ki ngā whare pupuri taonga o te motu, i te hanga ngoikore wā rātou tikanga tiaki taonga Māori, i te āhua hē ngā kōrero mō ngā taonga Māori i te whakaputaina mai e rātou, i te pāhekeheke hoki te noho a ngā taonga Māori, ā-tōrangapū nei. I mua i te Pakanga Tuarua o te Ao, kāore ngā uri o ngā taonga kei rō whare pupuri taonga i paku uru ki ngā whakaaro o ngā Pākehā. Ahakoa te wā tōnui i Aotearoa nei, mai i ngā tau 1950 ki ngā tau 1970, me te hūnuku o te āhua 70 ōrau o te iwi Māori ki ngā tāone nui i aua tau, kāore tonu ngā Pākehā i paku mārama ki te kaha o te kāwanatanga ki te kōkiri kaupapa pēpēhi kia memeha noa ai te ahurea Māori. Monemone noa ana ngā iwi i te tini ino i mate i te Pakanga Tuarua o te Ao, ināianei, he whakatipuranga anō ka ngaro i te kaha whakawaimehatanga mai a te kāwanatanga, tae atu ki wā rātou mokopuna. Pēneki i a Pūkaki, i nunumi atu rātou ki tua o ngā poutiriao manemanerau o te wā kāinga, he mea whakapoapoa hoki e te kāwanatanga kia haere ki te mahi i runga i te kī taurangi ka whai rawa rātou, ka noho ki te ao hōu, otirā, ka whai i ngā hua e whāia nei e ngā Pākehā.

5. Archey, 'Maori Wood Sculpture: The Human Head and Face', Kōrero Rokiroki nā Te Pūtahi me Te Whare Pupuri Taonga o Akarana, 1967: 232.

KO TE AO HURIHURI: KO TE MĀORI ME NGĀ WHARE PURURI TAONGA I NGĀ NGAHURU TAU 1970 ME 1980

I ngā tau waenganui o te ngahuru tau 1970, ka pā mai te tuakokatanga ki Aotearoa, ko tētahi o ngā hua, ko te tini o ngā Māori i kore mahi. Moepapa kē ana te moemoeā o ngā Māori i nuku ki ngā tāone, ā, ka tino whakapātaritaritia te ariā o te iwi Pākehā o Niu Tīreni nei, he iwi kotahi tātou. Ko te hunga i tino raru i te pānga mai o te tuakokatanga, ko ngā tamariki o ngā Māori i nuku ki ngā tāone, he whakatipuranga kāore i tino kaha te whāngaihia ki te mātauranga, ko te nuinga e kore mahi ana, e hononga kore ana ki ō rātou iwi. Tokomaha rātou i huri ki ngā māpu, ngā kai whakapōauau me te whakarekereke hei whakamaru i ō rātou wairua kāore nei i whakamarua e ō rātou mātua, i roto rānei i ō rātou kura. Heoi, i tēneki whakatipuranga hoki, ka whānau mai he rangapū Māori ihumanea, tū rangatira hoki i whakahahaki nei i ngā whakaaro tōrangapū ki Te Tiriti o Waitangi me te takahitanga mai o ōna mātāpono e te Karauna. I whakapāhōtia e ngā ratonga pāpāho wēnei kūrakuraku a te iwi Māori kia rangona ai ō tātou reo puta noa, engari, nā te waiaro tītaha i roto i te whakapāhōtanga mai o ngā tukinga i waenganui i ngā amo tītoko i te tino rangatiratanga me ngā pirihimana, me te mea nei he hiahia nō tātou ki te huripoki i te mana o tēneki whenua, ka hua ake te kaikiritanga ki a tātou. I te wā i pīataata iho ai te hīnātore o te māramatanga ki ō tātou matamatahuānga noho tāone mō wā tātou taonga e noho mokemoke ana i roto i ngā whare pupuri taonga o te tāone – e tiakina ana, e whakaaturia ana i roto i te whakaaro kore, otirā, e noho wehe ana i ō rātou ūkaipō, pēneki i ngā Māori noho tāone nei – ka whakatairangatia e rātou ngā whare pupuri taonga hei tohu o te aupēhitanga mai a te Pākehā/Karauna ki te Māori.

I tēneki wā taukaikai nihoniho nei, i tae mai ai te reo whakahei i Te Whare Pupuri Taonga Toi Metropolitan me Te Whakaminenga Toi o Amerika, kia haria he kohinga toi Māori ki Amerika hei tirohanga mā te marea o reira. I te raru hoki ngā whare pupuri taonga o Amerika i te tini ātetenga e pā ana ki tā rātou tiaki taonga iwi taketake. Heoi anō, mōhio tonu ngā whare pupuri taonga o Aotearoa, e tutuki ai i a rātou te karanga kia haere ki Amerika, me mātua hui rātou ki te hunga i te karohia e rātou mō te kotahi rautau, arā, ki ngā uri makorea o ngā taonga e puritia ana e rātou.

Nāwai, nāwai, e iwa tau i muri iho, i tū kotahi ai te iwi Māori me ngā whare pupuri taonga, ā, nā tēneki kotahitanga i puta atu ai te whakaaturanga *Te Māori* ki te ao whānui hei whakamīharotanga, hei whakamihatanga mā te tī, mā te tā, mai i te tau 1984–87. Koineki te tīmatanga o tētahi whanaungatanga hōu i waenganui i te iwi Māori me ngā whare pupuri taonga i rerekē ai tā rātou whakamāori mai i a tātou; nā *Te Māori* i kite ā-kanohi ai, i rongo ā-wairua ai te hārakerake o te iwi Pākehā mō te wā tuatahi, i te kino o te tāmitanga me te whakawaimehatanga kua pā mai ki te iwi Māori, ā-torangapū, ā-pāpori, ā-ōhanga hoki, mai rā anō i te whānautanga mai o Niu Tīreni i te tau 1840. Nā *Te Māori* i tū ai i te Karauna tana whare ahurea rua, Te Whare Pupuri Taonga o Aotearoa – Te Papa Tongarewa (he mea whakapuare i te tau 1998), arā, kia kite tonu ai te iwi Pākehā, hāunga wērā atu mea i Te Papa, i ngā taonga kāmehameha a ō tātou wheinga, me kī, kia rongo tonu ai rātou i te hā o aua taonga, te hā o te Māoritanga e tā uhi tonu nei i te moko whāioio ki runga i te mata o tēneki whenua taurikura.[6]

6. Mō ngā kōrero hōhonu e pā ana ki te rangatiratanga, ngā whare pupuri taonga me ngā taonga, e ai ki ngā whakaaro o te Pākehā, tirohia tā Dibley 1996; e kitea ai ngā whakatau, e ai ki ngā whakaaro o te Māori, tirohia tā Tapsell 1998: wāhanga IV.

XIII
toi

Whitu tekau tau a Pūkaki e tirohia ana hei 'tauira toi', mea rawa ake, ka whakakaureratia ake ki te taumata 'mahinga toi' nā runga i te angitu nui o te whakaaturanga toi Māori, arā, o *Te Māori*, puta noa i te ao. Nō ngā tau mutunga o te ngahuru tau 1970, ka kōwhiria a Pūkaki mō taua whakaaturanga, ehara i te mea nā tana uara ā-pūtaiao ki ngā whare pupuri taonga, engari, nā tōna mana nui hei taonga tino rerehua.

Nā te Komiti Whakahaere i Te Māori, he komiti o ngā māngai Pākehā me ngā māngai Māori, a Pūkaki i kōwhiri, nā runga anō i ngā paearu 'toi' i whakaritea ai e Te Whakaminenga Toi o Amerika. I haere te komiti nei i te mata o te whenua ki te hui ki tēnā iwi, ki tēnā iwi, mei kore e whakaaetia te hiahia kia haria ngā taonga ki tāwāhi, ana, i tū tētahi o wēnei hui ki roto o Te Arawa. Pēneki i te nuinga o ngā iwi, i tino manawareka ō tātou kaumātua o Ngāti Whakaue ki te whakaaro nui kia whai wāhi rātou ki te kaupapa, otirā, ki te whakamanatanga o rātou mō te wā tuatahi, hei uri o ngā taonga i ngā whare pupuri taonga e puritia ana, engari, i mua i taua hui, kāore te nuinga o rātou i paku mōhio, i roto a Pūkaki i Te Whare Pupuri Taonga o Tāmaki. I ngā marama i muri iho, nā te kaha tautoko a ngā iwi i te kaupapa mō *Te Māori*, ka puta he pānui tūmatanui i te komiti e kī ana, ko te iwi Māori ngā kaipupuri i te mauri taketake me te wairua ihoiho o ngā taonga e puritia ana i roto i ngā whare pupuri taonga o te motu, ā, kei a rātou te mana motuhake ki aua taonga.[1]

Nā wēnei momo mahi houtupu a te komiti, i tipu ai he whakapono hōu i waenganui i te iwi Māori me ngā mātanga nō roto mai i ngā whare pupuri taonga, ā, nā ngā toihau i whakaū. Nā tēneki komiti hoki i whai wāhi ai ngā tikanga Māori ki ngā whakahaere a *Te Māori*, pēneki i ngā karakia huakirangi, he

---

1. Keith 1984 i Mead, *Magnificent Te Maori*, 1986: 15.

Pūkaki, 1983 – Athol McCredie. (Te Tarahiti Manaaki Taonga o *Te Māori*)

te orokohanga o *te māori*

Karakia huakirangi mō *Te Māori* i Te Whare Toi Metropolitan o New York, 10 Te Mahuru 1984. (He mea whakaae mai e Te Whare Toi Metropolitan)

Nā te pupuhi mai a hau panoni ki roto ki ngā kokoru me ngā kakari o ngā whare pupuri taonga i Amerika ki te Raki, me tāna kawe i tētahi waiaro toi hōu, i tū ai te whakaaturanga *Te Māori* i ngā tau 1984–87. I roto i te roanga o te ngahuru tau 1970, ka mārama haere wēnei whare pupuri taonga nei, e hōhonu ai ngā whakamārama mō tēnā taonga, mō tēnā taonga, me makenu ō rātou whakapapa ki te wāhi me te hapori i pūtake mai ai rātou. Nā te roa o te noho kōkēi a te taonga i tōna ūkaipō me tōna ahurea taketake i te rautau tekau mā iwa, i poto noa iho ai ngā kōrero whakamahuki mōna i roto i tana whakakitenga atu ki te marea, ko ngā tuhinga tūāporoporo i tuhia mai rā i te wā i kohia ai, koinā noa iho. Nā te ngoikore o ngā whare pupuri taonga nei ki te whakatakoto mai i ngā kōrero tika, kōrero rētō hoki mō ngā taonga tapu, taonga tuku iho e puritia ana e rātou, i tīmata ai te rere petapeta a kupu tātā i ngā iwi taketake me ō rātou ahorangi ihumanea. Mō te wā tuatahi, ka whakapātaritaritia tonutia atu ngā whakaaturanga o ngā toi a ngā iwi taketake o Amerika, e te whakatipuranga hōu o ngā uri noho tāone, uri matatau hoki. Ka kite ngā whare pupuri taonga, kua whati te tai, ana, ka tere tonu tā rātou pōwhiri i ngā iwi taketake o Amerika ki te whakapuaki i ō rātou māharahara e pā ana ki ngā tikanga tiaki i wā rātou taonga, i te wā o ngā whakaaturanga toi auraki.

Tere tonu te taka o te kapa ki ngā whare pupuri taonga, e noho mauhere kē ana rātou ki wā rātou ake tikanga tūwehe i takea mai rā i ō rātou ariā pūtaiao nui. Ko tā rātou whakautu ki te arokore o te marea ki a rātou, he huaranga i ngā taonga iwi taketake i ngā whakaaturanga kaimātai momo tangata e reia nei ki te puehu, e noho pūkei whawhao nei ki ngā wāhi 'toi' tino pararau te āhua. I huarangatia ngā taonga ātaahua ki te karu, i ngā wāhi pūtaiao ki tētahi wāhi whai mana ake, arā, ki te wāhi e kīia ai ehara i te taonga nō mua, engari, ehara hoki i te 'toi kairangi'. Hei tā rātou, i angitu wēnei huarangatanga, i te mea, i tīmata anō ngā Pākehā ki te aruaru i ō rātou hononga ki ō rātou pakiaka o neherā. Nā wēnei huarangatanga hoki i whai putanga ai ngā whare pupuri taonga me ngā whare toi i te haepapa kia tuhia he whakamārama hōhonu mō ngā taonga iwi taketake kāore nei i te mārama ki a rātou. Heoi, ehara i te mea i whai putanga rātou i te haepapa kia mātua kōrero ki ngā iwi nā rātou taketake ake ngā taonga.

I roto i tēneki wā tīrangirangi, ka whānau mai a *Te Māori*, arā, ka tukuna e te Kāwanatanga o Aotearoa tēneki whakaaturanga toi Māori ki ngā whare toi o Amerika. Nō ngā tau e iwa i muri iho, ka whakapuarehia te whakaaturanga tahi onge nei (te 11 o Te Mahuru 1984) ki Te Whare Pupuri Taonga Toi Metropolitan, ā, i reira ngā uri o ngā taonga, nā te mea, i mahi te Komiti Whakahaere i Te Māori i tētahi mahi kāore anō kia mahia i mua – i whakapā atu rātou ki ngā iwi katoa o Aotearoa whānui. Nā tēneki, i kiriuka mai ai te wairua o te kotahitanga, ā, ko tōna hua nui, ko tētahi o ngā whakaaturanga toi tino mīharo rawa atu kia wehe atu i tēneki whenua ki tāwāhi. Mohoa nei, kei te whakatairangatia tonutia a *Te Māori* hei tauira o te whakaaturanga taonga iwi taketake angitu, ā, he maha ngā whare pūtahi me ngā whare pupuri taonga o ngā whenua Pākehā o tāwāhi kua whai i te tauira nei.

Ngā kaumātua (Te Arawa me Mataatua) o Te Tira o Waiariki me o rātou whānau i Wāhiao, Whakarewarewa, i mua i te haere ki te whakatuwheratanga o *Te Māori* i St Louis, 1985. (Te Tarahiti Manaaki Taonga o *Te Māori*)

āhuatanga kāore anō kia kawea i roto i ngā whakapuaretanga whakaaturanga toi o mua, i Amerika, i hea atu rānei i te ao.[2]

Nāwai rā, ka mahia he pouaka motuhake hei amo tītoko i a Pūkaki mā runga waka rererangi ki te Āporo Nui. I tōna taha a Tiki, nō Ōhinemutu anō, me ngā taonga toi 172 nā ngā tūpuna Māori i mahi. Nō ngā marama i muri iho, ka rere ngā kaumātua i ngā tōpito katoa o Aotearoa ki te Āporo Nui ki te taki i ngā karakia hei whakapuare i te whakaaturanga i te 10 o Te Mahuru 1984 i Te Whare Pupuri Taonga Toi Metropolitan.

Tokomaha ngā koeke o Te Arawa, ko wētahi he uri tonu nō Pūkaki, i piri ki a Kuru o te Marama Waaka ki te taunaki i te whakaaturanga *Te Māori* tuarua i Te Whare Pupuri Taonga Toi o St Louis. Nā wētahi o ngā tohunga mana nui, tapu nui hoki o Aotearoa te whakapuaretanga ata hāpara i ārahi, arā, nā te tokotoru nei: Hāmuera Taipōrutu Mitchell, Pāteriki Te Rei me Irirangi Tiakiawa. I mahi tahi rātou kia pāorooro atu ai te reo o ngā karakia tāukiuki, nō rātou e ārahi

Ngā kaumātua o Te Waiariki e kuhu ōkawa ana ki Te Whare Toi o St Louis i te haeatatanga, 1985. (He mea homai nā te whānau o Kuru o te Marama Waaka)

2. Mead 1986.

kuru o te marama waaka, cnzm

Nō te 6:15 a.m. i tīmata ai te tānga o te kawa i te Āporo Nui. Kotahi rau īari tā mātou tawhiti i ngā arawhata ki Te Whare Pupuri Taonga Toi Metropolitan. Ko te karanga a ngā wāhine te tohu kia tīmata tā mātou neke whakamua mā te ara hīkoi, ana, ko ngā karakia a Hēnare Tūwhāngai e arataki ana i a mātou, tae atu rā ki te pūtake o ngā arawhata. I reira, ka tīmata a Sonny Waru ki te taki i wāna. Eke rawa ki te tihi o ngā arawhata, ka riro mā Jimmy Hēnure ngā karakia e pīkau, tae atu rā ki ngā arawhata e piki ake ana ki ngā kūaha nui e rua ki te taiwhanga whakaatu toi. I te tīmatanga o ngā karakia me tā mātou hīkoi whakamua, i te hihiko te iwi, engari, nō te taenga atu ki ngā kuaha, nāwai i hihiko kātahi ka hihiko kē atu. Mea rawa ake ka kite mātou i te waharoa nui taioreore [Tiki] e tū ana ki waenganui pū o te taiwhanga whakaatu toi, ko ngā mahinga toi nō tōna momo rerehua, nō tōna anō wā hoki e karapoti ana i a ia, te mīharo hoki! Ina koa rā, ko Pūkaki tērā i pūmanawa ai te ngūkuu i te poho kererūtanga. Ka tangi te mapu i te ūnga mai o te mōhiotanga ki te whatumanawa, ka angitu mārika a Te Māori. Ka huri haere mātou i te taiwhanga, ko Ruka Broughton e karakia ana. Piere nuku ana te whakakupu ake i te āhua o ngā kare ā-roto, te harikoa nui whakaharahara, te hīamoamo kiri hītaratara i te kitenga atu i ngā mahi toi a ōu tūpuna, ngā mahi kāore e taea e wētahi atu, e tū ana ki te wāhi kotahi, tētahi e taunaki ana i te ātaahua o tētahi, me pēhea kē hoki e ea ai i te kupu tērā momo wheako. Nāwai rā, ka mutu tā mātou hīkoi haere, ko te reo tamumu, ko te reo kōhimuhimu noa e rere ana i waenganui i a mātou. Wā poto noa i muri mai, ka māoriori te wairua, ka tau te mauri. Mōhio tonu mātou, e kore rawa e pērā anō te teitei o tō mātou tumeke, o tō mātou mīharo, i te mea, koirā ngā momo āhuatanga ka pupū ake i te kitenga tuatahi i tētahi mea, kia ahatia, i kōmanawa tonu ake wērā momo kare ā-roto i te kitenga atu o ngā mahinga toi waiwaiā rā i St Louis, Tāmaki me Te Whanganui-a-Tara, arā, ko taua harikoa anō, ko taua poho kererūtanga anō i runga anō i te mōhio kei a tātou tētahi ahurea, tētahi hītori kāore kē tōna rite, puta noa i te ao.

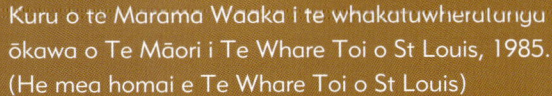

Kuru o te Marama Waaka i te whakatuwheratanga ōkawa o Te Māori i Te Whare Toi o St Louis, 1985. (He mea homai e Te Whare Toi o St Louis)

LILY TE AMOHAU

Nā te kaha koropupū ake o ngā kare ā-roto i taku urunga ki Te Māori, i tino uaua ai taku tuku i te karanga. I te mutunga o te tānga o te kawa i te ata pūao rā, ka huri haere mātou ki te tirotiro haere i ngā whakairo. Inā te tū rangatira mai. Ka mutu, nā te mea, he Te Arawa mātou, i kotahi atu mātou ki te mihi ki a Pūkaki. Pērā i te nuinga o mātou, koinei taku kitenga ā-kanohi tuatahi, taku tūtakihanga tuatahi ki a ia, engari, ahakoa tērā, i mōhio tonu au ki tōna āhua. E tā, te ātaahua rā hoki. Kātahi ka pā mai te pōuritanga ki taku ngākau, i te mea, i mate rā mātou ki te whakawhiti ki tērā taha rā anō o te ao ki te tūtaki atu ki tō mātou ake koroua mō te wā tuatahi . . . ana, ka tangi au. I pātai au ki a Kunikuni, he aha tātou e tangi nei. Hei tāna, mō Pūkaki ō tātou roimata. Kei te pōuri ia, a, e hiahia ana ia kia whakahokia ia e tātou ki te wā kāinga.

(HM)

ana i te rōpū i waenganui i ngā taonga o te whakaaturanga, kia puta mai ai ngā tūpuna nei ki te whai ao, ki te ao mārama.

Heoi, ehara i te mea i āio pīpī ngā whakahaere katoa. Nā te mātanga mātai momo tangata o mua o Te Whare Pupuri Taonga o Tāmaki i Aotearoa ngā whakamārama mō Pūkaki i *Te Māori* i tuhi. I te pānuitanga a Hamu i ngā whakamārama mō Pūkaki i mua tata tonu i te whakapuaretanga ata hāpara i St Louis, ka riri ia. Ko wai hoki tēneki 'Kaiwhakawā Gillies'?! Nōnahea hoki a Ngāti Whakaue i noho kāinga ai ki Te Ngae?! E ai ki ngā kōrero, nā tana kaha whakaririharihā ki wērā kōrero i pīrangi ai ia ki te hoki ki Ōhinemutu i taua wā tonu. Heoi, nanakia ana te whakatō a wai ake rānei i te kākano ā-nukarau ki te whatumanawa o koro kia pōhēhē ai ōna whakaaro, tērā pea he mea hoko atu a Pūkaki ki a Gillies. Nā te rangirua o ōna whakaaro, ka māī anō a Hamu, engari, ka rere tana oati, he wā tōna ka rangahau ia, nā te aha a Pūkaki i riro atu ai ki Te Whare Pupuri Taonga o Tāmaki.

Kunikuni Wharehuia e mihi ōkawa ana ki ngā taonga i te whakatuwheratanga ōkawa o *Te Māori* i Te Whare Toi o St Louis, 1985. Kei te taha maui rawa a Lily Te Amohau e noho ana. Kei te raparapa o te maihi taha katau a Pateriki Te Rei e noho ana, ā, kei te taha katau rawa a Hāmuera Mitchell e tū ana. (He mea homai nā te whānau o Kuru o te Marama Waaka)

ngā whakamārama mō pūkaki i te rārangi taonga ōkawa mō *te māori*

66 Pakoko Kūwaha
Rākau 196 cm (6ft 5 1/3in) te teitei
Te roto moana o Rotorua, Te Ngae
Iwi – Arawa (Ngāti Whakaue)
Te Huringa 1 tau (1800 – nāia)
Te Pūtahi me Te Whare Pupuri Taonga o Ākarana, koha nā Kaiwhakawā Gillies (161) . . .
Nō te tomokanga o te pā i tū mai rā ki Te Ngae i te taha o te roto o Rotorua i te tīmatanga o te rautau tekau mā iwa, tēneki pakoko.

I runga i te kūwaha ki te pā, tekau mā rima pūtu te teitei, tēneki pakoko e tū ana, engari, i pakaru mai te wāhanga o raro, ka ngaro. Koia tēneki ko tētahi o ngā rangatira o Ngāti Whakaue a Pūkaki, ko tāna wahine me wā rāua tamariki tokorua. Karangahia tonutia ana te hapū o tēneki iwi, ko 'Ngā uri o Pūkaki'. Tūturu nei te āhua o te kanohi kurumatarīrehu ki tā Te Arawa tā moko, ā, kei te kitea i ngā ringaringa me ngā waewae, ngā tāwhana makaurangi e tohu ana i tā Te Arawa tauira tā.[3]

3. Mead, *Te Maori*, 1984: 196.

Hāmuera Mitchell, Irirangi Tiakiawa me Temuera Morrison e haka ana i te whakatuwheratanga o *Te Māori* i Te Whare Toi o St Louis, 1985. (He mea homai nā te whānau o Kuru o te Marama Waaka)

I muri i a St Louis, i haere a *Te Māori* ki San Francisco. Nā tana tino muia e te tokomaha, ka tāpirihia atu he wāhi anō ki ngā whakaritenga mōna, ana, ka tae atu hoki ia ki Te Whare Pupuri Taonga Field i Chicago, i mua i tana hokinga mai ki te kāinga. I puta i a Carol O'Biso, te tumu whakahaere i te whakaaturanga i hāereere haere nei i te taha o *Te Māori* mai i te tīmatanga ki te mutunga, he pūrongo mō ōna wheako. I roto i tana pūrongo, ka kōrero ia mō te pānga o te wairua o Pūkaki ki a ia, i mua i te whakatuwheratanga ki Chicago:

I ngā rangi whakatā nei, ka tae moemoeā mai a Pūkaki. I tū tahi māua, i tangi tahi māua. 'Mārama ana au, mārama ana au,' taku kī atu ki a ia. 'Kei te ngenge hoki au. Kei te pīrangi au ki te auraki atu ki te kāinga. Engari, kei koneki tāua ināianei, nō reira, kia kotahi anō te matatūtanga, nē . . . me tū rangatira koe, me tū māia koe mō te hunga ka whakatinana ki mua i a koe. Kia kotahi anō te whakarongotanga atu ki wā rātou kōrero pōhauhau mōu, i te mea, e pōhēhē ana rātou kāore koe i te rongo.'[4]

Ia wāhi i tū ai a *Te Māori* ka piki haere tōna mana, ā, tae rawa ake ki tana hokinga mai anō ki te kāinga i te tau 1986 – arā, ki Te Whanganui-a-Tara, Ōtepoti, Ōtautahi me Tāmaki – kua rongonui kē wētahi o ana taonga, puta noa i te motu. Ko Pūkaki tētahi o wēnei taonga tohu i te motu, ā, i tino whakatairangatia tonutia ake tōna āhua, otirā, tō Tiki, tō Uenuku hoki hei kanohi mō te whakaaturanga e kīia nei ināianei, *Te Māori: Te Hokinga Mai – the Return Home*.

I tū te whakaaturanga whakamutunga ki Te Whare Toi o Tāmaki. Kāore a *Te Māori* i tū ki Te Whare Pupuri Taonga o Tāmaki, nā te mea, hei tā ngā kaiwhakahaere, he hōu ake, he wairua toi ake nō Te Whare Toi o Tāmaki.

4. O'Biso, *First Light*, 1994: 190.

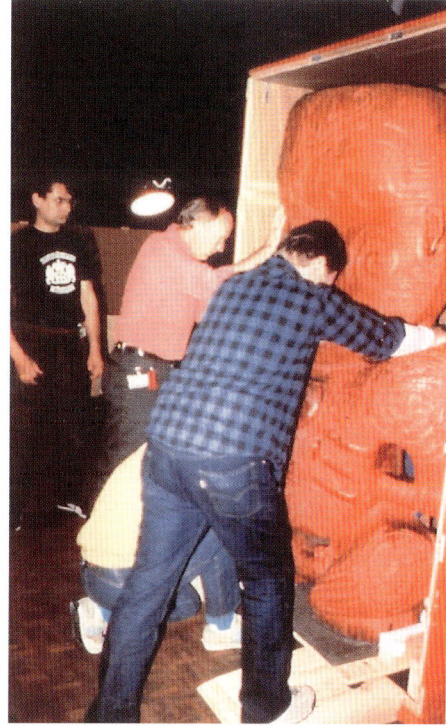

Pūkaki e tangohia ana i tana pouaka i *Te Māori* – San Francisco, 1985. (Nā Carol O'Biso i homa)

Ngā kaumātua o Te Arawa (mai i te mauī: Kunikuni Wharehuia, Tōmairangi Kāmeta me Te Kaniwhā Ahipene) e awhina ana i a Tainui ki te pōwhiri i Te Maori ki te taunga manu rererangi o Tāmaki, Māngere, 1997. (AAG)

rui te amohau hāronga

Nā ngā kōrerorero a ō tātou koeke i mōhio ai au mō Pūkaki, otirā, koia hoki te ingoa o te whare puni i muri i tō mātou kāinga i Ōhinemutu. I tipu ake au ki roto i te pā, e rua whare te tawhiti i te whare tupuna o Tamatekapua, māua ko taku tuakana a Bonnie. Ko te whenua i waenganui i ngā huarahi o Mātaiwhara me Korokai, koia te papa kāinga o ngā Amohau i ngā wā o mua. I te taha o tō mātou whare, te whare o Koro Kiwi, ā, i muri i tōna whare tētahi whare puni tino tawhito, ko Pūkaki te ingoa. Ina tae mai he manuhiri ki ō mātou whare, ka tonoa ngā tamariki o te whānau Amohau me te whānau Rangi-i-waho (Corbetts) ki a Pūkaki kia wātea ai te papa kāinga ki ngā manuhiri. Kāore he whakairo ngao matariki i roto. He mahau iti noa tōna, pērā i tērā i te whare puni nohinohi nei i te taha i a Tiki. He papa rākau i ngā pātū o Pūkaki, he āhuru mōwai, he whare tākaro ki a mātou, ki ngā tamariki. Tino tawhito nei taua whare i te wā i turakina ai i te ngahuru tau 1950. Nāwai, ka ako au, he whakairo hoki a Pūkaki kei roto i Te Whare Pupuri Taonga o Tāmaki, i mua i Te Māori. Nā te pānui i ngā pukapuka hītori i mōhio ai au

Mai i te mauī: Bonnie Te Amohau, Wīhapi Te Amohau me Rui Te Amohau Hāronga.

ki tēneki, engari, nō hea aua puka, e aua. Kei te maumahara au, i kite whakaahua au ōna, engari, nō te haerenga rawa ki Te Māori e hia tau i muri mai, kātahi au ka tūtaki ā-tinana atu ki a ia. He uaua te whakaariari atu i te āhua o ngā kare ā-roto i pupū ake i taku kitenga i a Pūkaki i Te Māori i Tāmaki. Koia te mea tuatahi ka kite nei koe i tō urunga atu ki te whare, tē taea hoki te kore kite atu, ā, ka pā mārika mai tōna wairua ki ngā hikuhiku me ngā tauwharewharenga o tō whatumanawa.

toi

Ko te whakatau rā hoki, kāore te taiao mātai momo tangata o Te Whare Pupuri Taonga o Tāmaki i tika mō te wairua toi 'hōu' i whanake ai i tāwāhi, i whakatinanatia ai e *Te Māori*, nōna i whenua kōkēi.⁵ I te whakaaturanga e tū ana ki koneki, i riro ai mā tēnā iwi, mā tēnā iwi te mauri o te kaupapa e tiaki, wiki atu, wiki mai, wiki atu, wiki mai. E ai ki a David Moyle, he tangata nō Amerika ki te Raki i mātoro rā i *Te Māori* i Amerika, i a ia i Aotearoa nei i kite mārika atu rā ia i te hononga māreikura o ngā uri whakaheke ki wā rātou taonga tawhito:

Āe, kaha kē atu taku rongo i te wairua o Te Māori *i roto o Aotearoa nei, tēnā i tāwāhi . . . ko te take pea, he torutoru ake ngā tāngata ki koneki, ā, ko te nuinga he Māori, kārekau ana he 'uuu', he 'aaa' rānei, me te aha, ngāwari noa ana tā rātou whakawhanaunga atu ki ngā taonga me he hoa taumuri, he rātā puia whero, engari, i roto tonu i te whakaaro nui me te ngākau whakaute ki aua taonga. I reira hoki au i te mutunga o te rā, ana, ka karakia, ka waiata hei whakamoe i te whakaaturanga mō te pō, he wheako ātaahua, he wheako whakaoho wairua. Ko te hononga tēneki o ngā taonga ki ō rātou uri mōrehu, ehara i te hononga 'ahurea'.*⁶

Nō Te Mahuru o te tau 1987, ka mutu te whakaaturanga *Te Māori*, ā, tokomaha ō tō tātou iwi i takahi i te 250 kiromita ki te raki, kia kite ai rātou i a Pūkaki. Rere petapeta ana ngā kare ā-roto, kotokoto ana ngā roimata o ōna uri i te tūtakihanga tuatahi ki a ia. Engari, hei āhea rawa ia hoki mai ai ki tōna ūkaipō?

5. Mead, *Te Maori Comes Home*, 1985.
6. David Moyle, kōrero hāngai mai, Hōngongoi 1995.

Pūkaki i te wā o Te Māori, Tāmaki, 1987.
(AAG)

XIV
tuahangata

I te wā o *Te Māori*, ka tipu te māramatanga i waenganui i ngā whare pupuri taonga ki te uara nui o wā rātou taonga toi Māori, mēnā rā ka tika te taiao e whakakitea atu ai aua taonga. I kite rātou i te pūaroha i roto i ngā manuhiri me ngā kaimahi e karekare ana, i tā ngā uri whakawhanaunga atu ki ngā taonga, me ngā hua pai katoa i puta i tērā āhuatanga. I te wā o te katinga o *Te Māori* i te tau 1987, kua whānui kē anō te karangahia o ngā toi i roto i ngā whare pupuri taonga, pērā i a Pūkaki, he 'taonga' hei tohu i te mana tūpuna kei roto i a rātou. Heoi, hāunga anō rā ngā taonga e noho here kore ana i roto i ngā momo horopaki o ō rātou iwi, i te noho tonu ngā taonga i roto i ngā whare pupuri taonga i raro i ngā momo here a te ao Pākehā e pā ana ki ngā ture rangatiratanga. Nō reira, e hoki mai anō ai a Pūkaki ki te ūkaipō, me mātua whakatairanga i ngā mātāpono o te waikanaetanga, i pūtake mai rā i tōna mana rangatira, i waenganui i a Ngāti Whakaue me te Karauna, engari, i te tau 1987, kotahi anake te taunakitanga e whakamana ana i te tūturutanga o taua waikanaetanga, arā, he kōrero ā-waha nā ō tātou koeke ki a Hāmuera Mitchell. Kāore hoki taua momo taunakitanga i tino whai mana i roto i ngā ture a te Pākehā me ā rātou whakatau, nā wai te taonga i kohaina ai e Kaiwhakawā Gillies, perehitini o mua o Te Pūtahi me Te Whare Pupuri Taonga o Ākarana. Nā te mana kore ōna ki te tohe i te kaupapa nei, ka ūkuia e Hamu tana whakaritenga mahi tahi ki Te Whare Pupuri Taonga o Tāmaki, whai muri iho i te take wenerau i hua ake rā i te wa i St Louis a *Te Māori*.

Kia ahatia, i te rikarika tonu Te Whare Pupuri Taonga o Tāmaki ki te kapo ake anō i te mauri me te wairua o *Te Māori*, nā reira, ka whakatūria he rautaki hōu kia mutu ai te noho tawhiti a ngā uri i wā rātou taonga e tū matara nei i ō rātou ūkaipō. Ko te ngako o te rautaki kia pai ake te whakakitenga atu o ngā taonga Māori, ko tēneki nā, arā, kia whakahōu ake i ngā taiwhanga Māori kia kore ai ngā taonga e kiri puehu tonu, e noho pūkei tonu, engari, kia kounga kē te wāhi whakakite i wēnei taonga mana nui taioreore.

Whārangi mauī: Pūkaki, 1986 – Brian Brake. (nā Te Rōpū Ōhākī o Brian Brake me ngā kōeke o Ngāti Whakaue)

Kāore e ārikarika te kāmehamehatanga o ngā taonga o *Te Māori*, ehara i te mea nā tō rātou rongonui anake, engari, nā te kaha whakahirahira hoki o ngā kōrero i puta i ō rātou uri mō aua taonga i te wā e huri haere ana *Te Māori* ki mea wāhi, ki mea wāhi. He kōrero kahurangi katoa wēnei i hopukina ai e ngā kaimahi whare pupuri taonga. Nō muri mai, ka tāpirihia atu wēnei kōrero ki ngā taonga, kia noho tahi ai te hītori a ngā uri me ngā whakamārama ahurea Pākehā–waiaro whare pupuri taonga. I Tāmaki, ka whakaritea he tūranga hōu mō wētahi kaimahi Māori, ā, ko ngā kaimahi mohoa ka whakangungua kia āta tiaki i ngā taonga Māori hei taonga, ehara i te toi. I tino whakarerekēhia ngā tikanga kōputu taonga kia tika ai te whakamarumaru i te taha wairua me te taha kikokiko o ngā taonga, e ai ki te ahurea Māori. Nā ngā rangahau tāpiri a ngā ihumanea, pēneki i te uiui me te whakawhiti kōrero ki ngā uri o ngā taonga me te haere ā-tinana ki ngā ūkaipō o ngā taonga, i piki ai te kounga o ngā mahi tiaki taonga i Tāmaki.

I te hokinga atu o Pūkaki ki Te Whare Pupuri Taonga o Tāmaki i muri i *Te Māori*, ka whakatūria ia ki te taiwhanga taonga Māori kātahi anō ka whakahōutia ake. Ahakoa i whakaaturia tonutia a Pūkaki me wērā atu taonga ki te marea i roto i tētahi tikanga kia taea ai te whakatairite atu ki wētahi atu taonga o tō rātou momo, i hōu katoa wā rātou tumutū, pouaka kōata, whakamārama hoki, kia kaha ake ai te kaingākautia e te hunga toro i a rātou. Nā ngā mānukanuka o Hāmu i whakapuakihia rā e ia i St Louis, i hōu ake ai, i pai ake ai ngā whakamahuki mō Pūkaki i wērā i rapaina atu rā ki a ia mō *Te Māori*. Mō te wā tuatahi, ka huaki te kūaha ki te marea kia mārama ai rātou ki ngā horopaki i pūtake mai ai a Pūkaki, te taonga.

Kotahi rautau kua hipa i tana taenga mai, kātahi anō a Pūkaki ka whakamānawatia e ana kaitiaki whare pupuri taonga hei taonga. I mua i te tau 1984, i tū a Pūkaki, te toi nō mua, ki te papa i te taha o Hotunui i te taiwhanga Māori. I tana hokinga mai i *Te Māori*, ka whakakaureratia ake ki runga atamira, kia rite ai ki tōna tūranga kūwaha i neherā, ā, ka tū tonu ki reira, tae rawa ake ki te tau 1997. Heoi, i te pokea tonutia te katoa e te ingoa muna nei, e 'Kaiwhakawā Gillies'.

Ehara i te mea kua pūmau noa ake te mana rangatira o Pūkaki ki te taiwhanga Māori o Te Whare Pupuri Taonga o Tāmaki anake. Mai rā anō i *Te Māori*, kua noho te āhua o Pūkaki hei tohu matua o te whanaketanga me te tūpereperetanga o te tuakiri ahurea rua o Aotearoa. I muri i tana hokinga mai i Amerika i te tau 1986, ka tāngia tōna āhua ki ngā maramataka, ki ngā pānui whakaahua, ki ngā pukapuka e hia manomano te maha, puta noa i ngā kokonga o te motu. Nōna anō hoki te āhua i whakamahia rā i roto i ngā whakatairanga maha a te whare pupuri taonga, me te aha, kāore e kore i tino āwhina ia i te māhorahora haeretanga o te ingoa o Te Whare Pupuri Taonga o Tāmaki ki ngā whenua o te ao, hei wāhi tāpoi mātuatua i roto o Aotearoa nei me mātua toro e ngā tūruhi. I te tau 1990, ka mana anō tāna noho hei tohu matua o tēneki whenua i te tānga o tōna āhua

tuahangata

ūpoko whakamārama mō pūkaki i muri i *te māori*

Pūkaki, he kūwaha whakairo nō Rotorua, Aotearoa

I tū tēneki kūwaha whakairo Māori, i whakaingoatia rā ki a Pūkaki, he tupuna nō Ngāti Whakaue, ki te pito whakatetonga o te pā o Pukeroa, he pā tūwatawata i te puke ki runga ake i a Ōhinemutu, i te taha o te roto moana o Rotorua.

I te ngahuru tau 1830, ka whakapakaringia e Ngāti Whakaue ngā tūwatawata o te pā mō te riri mai o te kaingārahu Te Waharoa me ana kairākau nō Ngāti Hauā. E toru noa iho ngā kūwaha i ngā tūwatawata e karapoti ana i te pā. I runga i aua kūwaha, he pakoko tūpuna e tū hēteri ana. I runga a Pūkaki i te kūwaha whakatetonga, a Tiki i te kūwaha whakateraki me Pānui-o-Marama i te kūwaha whakaterāwhiti.

Nā ngā ringa whakairo o te rohe a Pūkaki i whakairo ki te papa rākau tōtara kotahi. Kei tōna poho wāna tamariki e rua e puritia ana, kei raro iho ko tana wahine. Kua ngaro te wāhanga whakararo o te whakairo nei, tae atu ki ōna tahataha. I tōna tōnuitanga, e 5 ki te 6 mita tōna tāroaroa. Nama 161 ki Te Whare Pupuri Taonga o Tāmaki. He mea koha e Kaiwhakawā Gillies i te tau 1877. Tāroaroa: 196 hēnimita.

Pūkaki i Te Whare Pupuri Taonga o Tāmaki, i muri i *Te Māori* – 1995. (HM)

ki runga i te 20 hēneti whakamaumahara, whai muri iho i te whakamahinga o tōna āhua ki runga i te hia rau pānui whakaahua i whakaputaina mai e te tari kāwanatanga raka, arā, e Te Taura Whiri i te Reo Māori.

I te tīmatanga ake, nā te hunga nā rātou nei a Pūkaki te whakamahinga o tōna āhua i whakahaere, arā, nā Te Whare Pupuri Taonga o Tāmaki. Heoi, nō muri mai i *Te Māori*, ka whakaae te whare pupuri taonga, ina hiahiatia te āhua o Pūkaki mō tētahi kaupapa i raro i ngā tikanga mana whakairo hinengaro, me mātua whakaae ā-tuhi hoki ko ōna uri. Kia ahatia, e rua ngā tauira o te whakamahia o te āhua o Pūkaki, kāore nei he whakaaetanga nā te whare pupuri taonga, nā tātou rānei. Tuatahi, nō te tau 1910, arā, ka whakamahia e te mātanga hauora rā, e Tākuta John Sorley. I paku rawekehia te āhua o Pūkaki kia tū ia hei kanohi, hei tohu whai mana hoki mō te umanga hōu i kīia nei, ko Yelros Chemicals.

119

Te tohu manatā a Yelros Chemicals, 1910. Nō Wolfe, *Well Made New Zealand*, 1991: 41.

Rua tekau hēneti whakamaumahara o Niu Tīreni, 1990. (HM)

Tuarua, nō nā noa nei. Tumeke katoa ana ō tātou koeke o Ngāti Whakaue me Te Whare Pupuri Taonga o Tāmaki i te tūpono kitenga atu o te āhua o Pūkaki ki runga i te 20 hēneti whakamaumahara i te tau 1990. Kāore tātou, te whare pupuri taonga rānei, i whakaae atu.

Rere tōtika atu he reta i te Tumu Whakahaere i Te Whare Pupuri Taonga ki Te Pūtea Matua o Aotearoa ki te rapu whakamārama mō te pūtaketanga mai o te whakairo ki runga i te hēneti, e tino rite rawa atu nei ki te whakairo 'nā' Te Whare Pupuri Taonga o Tāmaki, ko Pūkaki te ingoa.

Nei rā te whakautu a te Tumu Whakahaere Kaupapa o Te Pūtea Matua o Aotearoa:

> *Te āhua nei, kei te kōrero tāua mō te whakairo kotahi, mō te whakairo ōrite . . . Nei au te whakapāha atu nei i te korenga ōku i āta pātai atu kia whakamahia tōna āhua. Whakapono mai rā, kāore mātou i mea kia takahia e mātou he tikanga; eaoia, kāore kē mātou i mōhio, e mea ana koutou o Te Pūtahi me Te Whare Pupuri Taonga o Ākarana, nā koutou. I tūpono kite atu mātou i te whakairo nei i te pānui whakaahua i puta ake nei i Te Taura Whiri i Te Reo Māori. I pātai mātou ki a rātou, me whakapā atu mātou ki a wai kia whakamahia te whakairo nei, ā, hei tā rātou, nā ngā uri o Te Arawa taua whakairo. I tuhi mātou ki Te Rūnanga o Te Arawa, ana, i whakaae mai rātou. Tirohia te tāpiritanga.*[1]

Koineki te tāpiritanga i te kōrerohia nei:
> *Tumu Whakahaere*
> *Tari Tahua/Moni*
> *E tā,*
> *E pā ana ki: Whakaaetanga Āhua*
> *Hei whaiwhai noa ake i te ia o tō reta mai ki a mātou i te 28 o Whiringa-ā-rangi 1989, e harikoa ana te Rūnanga ki te whakaae atu ki te whakairo e tāpiri nei (pānui whakaahua nā Te Taura Whiri i te Reo Māori) ki tō reta hei tā mā koutou ki tētahi o ngā hēneti o Aotearoa. E mihi ana te Rūnanga ki tō tari i te pai o te whakaaro kia whakamahia tēneki whakairo.*
> *Nā mātou*
> *Nā Te Rūnanga o Te Arawa*[2]

Kāore te whare pupuri taonga i aruaru tonu i te take nei. He pōhēhētanga noa iho nei, engari, mā te aha i te whakaaetanga atu o ngā kaitiaki ā-wairua nei i a Pūkaki – māna? Tokomaha o ō tātou koeke i whakarihariha atu ki te tānga mai

1. AWMM Konae Pārongo, 23 Hereturikōkā 1990.
2. Ibid.

o te āhua o Pūkaki ki runga i tētahi mea tino noa rawa atu nei, arā, ki runga moni hokohoko taputapu. Mōhio tonu rātou, nā wai te kupu whakaae, engari, kua kato kē te tai kino. Te whakamōhiotanga atu o rātou ki tēneki tānoanoatanga, ka whakaae Te Whare Pupuri Taonga o Tāmaki, ā muri ake nei, ahakoa nā rātou te tono, nā tētahi atu rōpū rānei te tono, mā ngā koeke anake o Ngāti Whakaue ngā tono katoa mō te whakamahi i te āhua o Pūkaki e wherawhera, kāore i kō atu, kāore i kō mai i a rātou. Mohoa noa nei, kei te kohi tonu te tokomaha o tō tatou iwi i ngā 20 hēneti whakamaumahara nō te tau 1990, kia mutu ai te pekepeke haere i ngā ringa o te motu (tirohi te whārangi 162).

Nō muri mai i *Te Māori*, ka manako te tokomaha o ō tātou koeke kia whakaae Te Whare Pupuri Taonga o Tāmaki ki te tono kia toro a Pūkaki i tōna ūkaipō. I rite tonu te whakamōhiotia atu o te Tumu Whakahaere ki tēneki manako o Ngāti Whakaue, i ngā whakaaturanga e whā o *Te Māori* i roto o Aotearoa nei. Nāwai rā, ka kōkirihia te manako nei e Te Whare Pupuri Taonga o Rotorua, ko Te Arawa hoki e tautoko ana, anā, ka petihanatia e rātou Te Whare Pupuri Taonga o Tāmaki kia tuku i a Pūkaki me wētahi atu taonga kia hoki mai ki te ūkaipō, ka mutu ana a *Te Māori*. Ahakoa i whakaae te Kaunihera o Te Pūtahi me Te Whare Pupuri Taonga o Ākarana ki tēneki tono i te tuatahi, arā, i te 4 o Te Tahi o Pipiri 1986, nō muri mai, ka kihirua ngā kaiwhakahaere o te whare pupuri taonga, nā te mea, hei tā rātou, ehara te taiao o Rotorua, otirā, te tūrangawaewae o Te Whare Pupuri Taonga o Rotorua i te wāhi tika, ā-taiao nei, hei manaaki i tētahi taonga pērā rawa i a Pūkaki.[3]

Nā te whakahētanga mai o tā tātou tono kia hoki mai a Pūkaki ki te ūkaipō i ngā tau whakamutunga o te ngahuru tau 1980, ka mimiti te puna o whakaaro nui i waenganui i tō tātou iwi ki Te Whare Pupuri Taonga o Tāmaki. Tae rawa ake ki te tau 1991, ka mārama haere tātou, kāore te whare pupuri taonga i tino whakakaurera ake i te mana o Pūkaki i te 'toi nō mua' ki te 'taonga' hei whakatairanga i te kaupapa mahi tahi i waenganui i a rātou me tātou ngā uri, engari kē ia, he whāinga pakihi kē tērā nā rātou kia nui ake ai te moni ki a rātou. Ehara i te mea me ihumanea rawa e kitea atu ai koirā kē tā rātou kaupapa. Nā te rite tonu o te kite atu i te āhua o Pūkaki e titiro mai ana ki a tātou i ngā pānui whakaahua, i ngā maramataka, i ngā uhi pukapuka, i runga hēneti rānei, i tino rongo ai tātou i te mana koretanga. Āe, he āhuatanga nui te hāpaitanga ake o Pūkaki ki te taumata tohu matua o te motu, he tino whakamānawa i tētahi o ngā koromatua huia tū rae o Ngāti Whakaue. Engari, āe rānei, i mōhio, i te whai whakaaro rānei te marea whānui o Aotearoa, he aha koia ngā kōrero taketake mōna, he aha ai? Ko te mea aroha kē hoki, ānō nei nā Te Whare Pupuri Taonga o Tāmaki anake i rewa ake ai a Pūkaki ki tōna taumata hōu hei tohu matua o te motu, me te mea nei, kāore tātou, a Ngāti Whakaue, i paku whai wāhi atu.

3. Kōnae Pārongo a Te Whare Pupuri Taonga o Rotorua, 1986–88; Tapsell 1995: 192.

amorangi manuhuia bennett onz, cmg

Mai rā anō i taku tamarikitanga, kua mōhio au mō Pūkaki, koromatua o Ngāti Whakaue. Heoi, nā Te Māori i mōhio ai au he whakairo hoki a Pūkaki. Nā ngā kaiwhakahaere i Te Māori tētahi hui motuhake i karanga ki Wāhiao (te whare rūnanga i Whakarewarewa) i mua i te haerenga o te whakaaturanga ki Amerika. Ko te take o te hui, kia pātai mai rātou, mēnā e whakaae ana mātou kia haria wā mātou taonga ki waho i te whenua nei. I koneki, ka rongo au mō tētahi whakairo, ko Pūkaki te ingoa. I tēneki hui nei, ka whakaae a Te Arawa kia haere wā mātou taonga: Tēneki te take, tēneki te kaupapa! Ko Sid Mead te kaiwhakahaere. Nō muri mai, ka whakahaerehia e ia wētahi hui anō ki tēnā karangatanga, ki tēnā karangatanga o Te Arawa. Na, i mua tata tonu mai i tō mātou wehenga atu ki St Louis mō te whakarewatanga o Te Māori, ka hui anō mātou ki Wāhiao. I tae mai ngā koroua nō Ngāti Awa, Tūhoe, Ngāi Te Rangi, Te Whānau-a-Apanui, Whakatōhea me Tūwharetoa ki tēneki hui. Nā mātou anō mātou i tapa ki te ingoa 'Te Tira o Waiariki' hei whakanui i ngā waka matua e rua i taua hui, Te Arawa me Mataatua, ngā kaitiaki e rua i te mana o ngā ngāwhā me ngā waiariki o Te Moana-nui-a-Toi. I koneki, ka mimiti haere aku whakaaro mō te iwitanga, mō te hapūtanga. Na, i te wā e takahi ngātahi ana mātou i te nuku o te whenua i Amerika, ko te 'Māoritanga' tērā i noho mātāmua mai ki roto i ōku whakaaro, ko te Te Arawatanga, ā kāti, kua noho mātāmuri kē mai. E mārama kē ana pea te take i pērā ai, inā koa rā hoki, i reira mātou hei kanohi mō te ao Māori katoa i roto i te whakapuaretanga o Te Māori, tae atu ki wā mātou mahi whakangahau ki tēnā hui, ki tēnā hui. Āe, i rongo mārika au i te mana aweawe o Pūkaki i te urunga atu ki Te Whare Pupuri Taonga o St Louis, engari, i rongo hoki au i tērā mana e ahu mai ana i wērā atu taonga, i te atawhaitia nei e mātou tahi.

Nō te hokinga mai o Te Māori ki Tāmaki (1987), i reira, ka rongo anō au i te iwitanga e kōmanawa ake ana, nui noa atu i tāku i rongo ai, nō mātou i tāwāhi. Heoi anō, i tau mai he wairua hōu anō hei korowai mō te whakaaturanga, me te mea nei, nā te katoa ngā taonga ināianei. Nā te whai wāhi mai o ngā tamariki me te whakatinanatanga mai o te tokomaha o ngā uri Māori i ngā wā katoa, i kaha ake ai te rongohia o taua wairua. Kia ahatia, i pūmau tonu te katoa ki te tapu o ngā taonga, ā, ka kaha tonu te kauanuanutia o ngā taonga mō te roanga o te whakaaturanga.

I te taenga mai o Te Māori ki Tāmaki, i haere te tini o Te Arawa ki reira, ki te hāpai i te mauri o te pae tapu (te taumata pūkōrero) i roto i te wiki i tohua ki a mātou. I a mātou i reira, ka wānangahia te whakahokinga mai o ngā taonga ki Rotorua. I te tino kōrerotia te take nei, arā, āe rānei, me hoki ngā taonga ki ō rātou iwi, me noho tonu rānei ki ngā whare pupuri taonga. I tino tōtara wāhi rua a Te Arawa ki tēneki take. Hei tā wētahi, e tika kē ana kia waiho ngā taonga ki raro i te maru o ngā whare pupuri taonga Pākehā, he pai nō ngā whakahaere, he nui hoki nō te pūtea. Ko te whakaaro rā hoki, kāore ō te Māori whare pērā i ō te Pākehā hei tiaki i ngā taonga. Ko taku whakapae i taua wā raka, i te tautoko te nuinga o ngā Te Arawa i tae atu ki Te Maori i Tāmaki, i te whakatau kia noho tonu ngā taonga ki roto i ngā whare pupuri taonga.

Ko Pūkaki tētahi o ngā taonga e tonoa ana kia whakahokia ki Rotorua. I rongo a Te Arawa, i te whai Te Whare Pupuri Taonga o Rotorua kia hoki mai a Pūkaki i Te Whare Pupuri Taonga o Tāmaki. I whakaae mātou ki tēneki kaupapa, engari, i te mutunga iho, auare ake, ana, ka matekiri mātou katoa. Ko tōku whakaaro hoki i taua wā raka, kotahi te waikanaetanga mō te katoa, ko te whakahokinga mai o Pūkaki ki Te Whare Pupuri Taonga o Rotorua. I pōhēhē hoki a Te Arawa, i te āwhinatia mai mātou e ngā kaiwhakahaere i Te Māori i roto i tēneki kaupapa e hoki ake anō ai ngā taonga, pērā i a Pūkaki ki te kāinga. Heoi, nō muri mai, ka tau mai te mōhiotanga ki a au, kāore rātou i whai wāhi ki te kaupapa nei, kāore hoki rātou i mōhio ki tēneki hiahia o Te Arawa.

Ehara i te mea he taonga a Pūkaki nā Ngāti Whakaue anake, engari, nā te motu whānui katoa. Ki te whakahokia mai e tātou a Pūkaki ki te ūkaipō, me mātua tauawhi hoki tātou i ngā whakaaro matihere o te motu ki tēneki whakairo tae atu ki tōna whakapapa hōu e rangitāmiro ana i a ia ki a rātou. Me mahi tahi, tāngata rua, whenua kotahi, ka mutu, kei a tātou te haepapa nui ki te whakakotahi i wā tātou tikanga, wō tātou whakaaro. Ka nui taku harikoa, mēnā ka rite te poho kererū o te motu ki a Pūkaki, ki tōku ake ki a ia. Nei au e taute ake nei, kua pēhea rā a Pūkaki, mēnā rā i noho tonu ia ki roto i te iwi. Āe rānei, kei konei tonu ia ināianei? Nō reira, e tika ana pea kia mihi ki te whare pupuri taonga, mō tā rātou tiaki i a ia.

E hia whakatipuranga a Pūkaki e tiakina ana e Te Whare Pupuri Taonga o Tāmaki ināianei, engari, kāore a Ngāti Whakaue i whai mana ki roto i ngā whiriwhiringa mōna, hāunga anō rā a Te Māori. E mārama ana au, he aha a Ngāti Whakaue e aruaru nei i taua mana ināianei, he mea tika hoki. I a tātou taua mana i roto i Te Māori, ka mutu, i puta he hua ki te katoa. Mēnā i whakaaetia kia tohatoha tonu i taua mana, e whakapono ana au kua kainamu atu tātou ki te whakatutukihanga o te ariā rā, tāngata rua, whenua kotahi. Me mārama, me hāpai hoki ngā whare pupuri taonga, pērā i a Tāmaki, i te haepapa o te mahi tahi e pā ana ki ngā taonga o te motu. Ehara i te mea me whakahoki atu ngā whare pupuri taonga i te katoa o ngā taonga ki ngā uri. E mārama ana te iwi Māori, nā ngā whare pupuri taonga e ora tonu nei ngā taonga, ā, e kore hoki e tono kia hoki mai ki te wā kāinga, mate ai. Manohi anō, me whakapātaritari tonu tātou i ngā whare pupuri taonga ki te pātai, mēnā rātou e mārama ana, nā te aha wēneki taonga i waihangatia ai i te tuatahi? Ka mutu mēnā rātou e mōhio ana, ā tēnā, he aha tātou e tohe nei kia pūmau anō tō tātou rangatiratanga ki aua taonga, inā koa rā hoki, ki ngā taonga pēneki i a Pūkaki rāua ko Tiki? E tutuki ai te wawata kia hoki mai wēneki taonga ki te ūkaipō, tēnā koa, he aha te mate o te whakatū tikanga e pai ana ki ngā taha e rua kia mahi tahi ai te whare pupuri taonga me ngā uri ki te waihanga taiao hei nohonga mō rāua?

E rikarika ana au kia tīmata ngā kōrero rangatira i waenganui i Te Whare Pupuri Taonga o Tāmaki me Ngāti Whakaue. Mā reira anake ka taringa whakarongo tātou ki a tātou, ā, taro kau ake, ka pai tā tātou hanga kaupapa mahi tahi pērā i tērā i oatihia mai rā i te wā o Te Māori, engari, kāore i whakatinanahia. Ko Pūkaki te taonga tika e whakaūngia ai e tātou tēneki kaupapa mahi tahi. Ki te whakaae Te Whare Pupuri Taonga o Tāmaki kia whai mana anō a Ngāti Whakaue ki wāna taonga, he whakaaetanga tērā e whai wāhi ai ōna uri, me te motu katoa, ki te whiriwhiri tahi i tōna anamata, ahakoa anamata ūkaipō, anamata ki rō whare pupuri taonga, anamata rānei ki tērā taha o te ao.

mahi tahitanga: he rautaki tiaki taonga hōu

Nā *Te Māori* i kotahi ai ngā uri me wā rātou taonga mō te wā tuatahi. Nā *Te Māori* hoki i tūtaki ai ngā uri ki ngā whare pupuri taonga 'nā rātou' nei ngā taonga, mō te wā tuatahi, kanohi ki te kanohi. I tonoa te iwi Māori kia āta whakamārama i ngā kōrero mō ō rātou tūpuna kia mana ai te noho a wēnei 'taputapu' o te whare pupuri taonga hei taonga. Nā ngā koeke wēnei whakamārama i tuku i roto i te ngākau māhaki me te ngākau whakapuke, ā, nā ngā kaiwhakahaere i ngā whakakitenga wēnei whakamārama i whakaū i roto i te whakaaro nui. Ahakoa te mutunga o *Te Māori*, i whakamahia tonutia wēnei momo maramara mātauranga whakahirahira hei whakamana anō i ngā whakakitenga o mua. Nā konā, i whai māramatanga hōu ngā manuhiri ki ngā whare pupuri taonga, pērā i a Tāmaki, e hāngai ana ki te pūtaketanga mai o ngā taonga, he māramatanga kāore i reira i mua i Te Māori. Ehara i te mea i whai hua ā-mātauranga noa nei ngā whare pupuri taonga i te whakamahinga mai o ngā whakamārama i oti mō *Te Māori*, engari, i whai hua ā-tahua pūtea hoki. Nā tō rātou whakamana anō i ngā whakakitenga Māori o mua ki ngā whakamārama nō *Te Māori*, kua piki nei te mana o Te Whare Pupuri Taonga o Tāmaki hei toro mā ngā tūruhi e kite ā-kanohi ai rātou i ngā taonga rongonui o te ao.

Heoi, ko te mea i mahue i ngā whare pupuri taonga ko tēneki nei nā, nā te whakaingoa anō i ngā taputapu me ngā toi a ngā tupuna i roto i tā rātou kohinga ki te ingoa taonga, ka tūpono rere atu te karere ki ngā iwi Māori whānui o te motu, e whakaae ana rātou kei te rite te ngākau nui o te Māori ki aua taonga, ki tō rātou. I koneki, ka pōhēhē te iwi Māori, i runga anō pea i te kūaretanga, ka whai wāhi rātou ki ngā whiriwhiringa mō wā rātou taonga ki roto i ngā whare pupuri taonga. E ai ki te Māori, ko tēneki whai wāhitanga e noho kiriuka ana ki raro i te tikanga hunga tiaki (kaitiakitanga – te mana o te iwi kāinga ki te tiaki me te whakahaere i wāna rawa katoa). Hei whakamārama kau noa ake, mēnā kei te rohe whenua o tētahi iwi tētahi taonga, ahakoa kei rō whare pupuri taonga Pākehā taua taonga e noho ana, kei raro tonu taua taonga raka i te mana kaitiaki o te tangata whenua. Nō reira, i tōna tikanga, mā te kōtuituitanga o te mana kaitiaki (arā, o te tangata whenua) me te tohungatanga o ngā ringa rehe tiaki taonga (arā, o ngā kaimahi o te whare pupuri taonga), ka ea he waikanaetanga e ohu ai te āhua o te tiaki taonga i roto i ngā whare pupuri taonga katoa o Aotearoa. Na, ina takatū ake he iwi nō waho i te rohe ki te toro i wā rātou taonga i roto i te whare pupuri taonga, he mea tika hei tā rātou, kia pōwhiritia rātou, kia manaakihia rātou e te tangata whenua me te whare pupuri taonga – arā, e te mana kaitiaki taonga me ngā ringa rehe tiaki taonga – i roto i te iho matua o te rangatiratanga o te taonga, o ngā taonga rānei e toroa ana e rātou. Heoi, i ngā tau mutunga o te ngahuru tau 1980, kāore anō te whai wāhitanga o ngā iwi tangata whenua ki ngā kaupapa whakahaere taonga kia whakaarohia ake. I taua wā raka, i te noho whakatuanui tonu mai ngā ture e tohu ana nā wai ngā taonga, ahakoa kua panonitia kētia te taitara o ngā taonga i te 'toi nō mua' ki te 'taonga', ahakoa hoki i waenganui i ngā whare pupuri taonga i taua wā ētahi kaimahi Māori hei ārahi me te tohutohu i a rātou. Nō te tau 1996 rā anō, kātahi Te Whare Pupuri Taonga o Tāmaki ka whakaae, he mea tika kia tauawhitia te Māori ki roto i ngā mahi whakahaere, ā, koia te whare pupuri taonga tuatahi o Aotearoa ki te whakaōkawa i te haepapa kia tānekaha he kaupapa mahi tahi i waenganui i a rātou ko te tangata whenua. I whakapūmautia tēneki kaupapa mahi tahi i roto i tētahi ture kāwanatanga, nāwai rā, ka whānau mai te Taumata ā-Iwi (te Komiti Māori o ngā māngai tangata whenua) me te aha, ka tohua e rātou he kotahi nō tō rātou rōpū kia noho ki waenganui i ngā māngai tekau o te Poari o Te Whare Pupuri Taonga o Tāmaki.[4]

4. Ture Whakamahara Pakanga o Akarana 1996.

XV
koromatua

I te taenga ake ki mua i a Pūkaki, ka horapa te mokemoke ki te katoa. E maumahara ana tātou ki a ia i te wā o ngā mihimihi, e whakaneinei mai ana i muri i ngā pokohiwi o Ngāti Whātua kia kite ia he aha te aha. I rite tonu te whakahuatanga o tōna ingoa e ngā koeke o Te Arawa i roto i wā rātou whaikōrero ata pūao, hei whakanui i a ia, ana, ka āwhiowhio tōna ingoa i ngā kokoru o te taiwhanga toi. I tino rongo tātou i te awenga o Pūkaki i te ata i tiki atu ai tātou i te pūtōrino a Tūtānekai hei whakahoki mā tātou ki te ūkaipō. I a Tamanui-i-te-rā e piki ake ana i tōna rua ki te rangi toroeke ki runga i a Tāmaki, ka rere ake ko ngā kupu o te karakia tawhito rā, 'Tākina te kawa', i ō tātou tohunga hei tāwharau, hei whakaewarangi i a ia mō ngā marama roa kei mua. Ko te rā ia tēneki, te 28 o Pāengawhāwhā 1993. Kotahi rau, tekau mā rima tau a Pūkaki e ngaro ana i te ūkaipō, i tōna iwi. Akutō ana te hīkoi ki mua i tō tātou koromatua, ko ngā taonga e whā e amo tītokohia ana e tātou ki te wā kāinga, hei mihi, hei pōwaiwai māna. Tū rangatira tonu, tū huia kaimanawa tonu a Pūkaki. Mōhio tonu tātou, koia te taonga whai ake, hei whakahoki mā tātou . . .[1]

N̄ō te 28 o Pāengawhāwhā 1993, ka pōwhiritia e Te Arawa ngā taonga mana nui e whā i Te Whare Pupuri Taonga o Tāmaki ki te ūkaipō: ko Te Kahumamae-o-Parerautūtū (te korowai kōharihari o Parerautūtū), Murirangaranga (te pūtōrino a Tūtānekai), Horo-ī-rangi (pakoko kōhatu tupuna wahine) me Te Kahutoi-o-Tohi (te kākahu pakanga o Tohi Te Ururangi). He mea whakahoki mai aua taonga i raro i tētahi whakaaetanga taurewa, e rima tau te roa, i waenganui i Te Whare Pupuri Taonga o Tāmaki me Te Whare Pupuri Taonga o Rotorua. He whakaaetanga taurewa ka taea te whakahōu. Koineki te wā tuatahi i *Te Māori*, i whakaae ai Te Whare Pupuri Taonga o Tāmaki kia puta he taonga i ōna kūaha ki

1. Tapsell, Pūkaki: Te Taonga o Ngāti Whakaue ki Rotorua, 1995: 92.

te takiwā, ā, ka kōmanawa ake anō te kōingo i waenganui i a tātou, tērā pea ka hoki mai a Pūkaki ki te kāinga. Whā tekau ngā koeke o Te Arawa – ko Tōmairangi Kāmeta, ko Te Aramoana Brady, ko Irirangi Tiakiawa ngā pou ārahi – i haere ki Tāmaki ki te āwhina i a Ngāti Whātua o Ōrakei ki te kawe mai i aua taonga e whā ki te ūkaipō, ā, nō muri mai ka whāki rātou ki te iwi, nā koromatua Pūkaki rātou i rāhiri ki roto i te whare i te wā o ngā karakia huakirangi. Anei raka ngā kura mahara o Rui Te Amohau Hāronga ki taua hui kāmehameha:

> *I taku kitenga i a Pūkaki i tā mātou haere ki te tiki i te pūtōrino a Tūtānekai i Te Whare Pupuri Taonga o Tāmaki i te tau 1993, he wheako e kore e wareware i a au, nā te mea, kāore anō au kia kite ā-kanohi i taua tupuna ōku, mai rā anō i Te Māori. Mō te katoa o te wā e pōwhiritia ana mātou e Ngāti Whātua, i te mātakitaki kē atu au i a Pūkaki e titiro mai ana, e whakarongo mai ana. I te otinga o te pōwhiri, ka whakaio te whakahipa haukaiwahine atu a mātou i a Pūkaki, i ō mātou ringaringa ngā taonga e whā e hoki mai ana i tō mātou taha ki te kāinga. I karakia a Irirangi ki a ia, i a mātou e hipa atu ana, ā, ka mea atu au ki taku tuakana, ki a Bonnie, 'Pēhea ō whakaaro?' Tere tonu tana whakapuaki mai i ngā kare ā-roto e pupū kē ake ana i te pito o tōku nā whatumanawa: 'Ki ōku whakaaro, e hiahia ana a Pūkaki ki te haere mai i tō tātou taha ki te kāinga.'*

Kāore a Hāmuera Mitchell i haere, i noho tonu ia ki Rotorua ki te whakarite i ngā tikanga ao kōhatu hei pōwhiri anō i ngā taonga e whā ki a Te Arawa. Mō te mōhio ki te hītori a Pūkaki, kāore he painga i a ia. I te wā o te pōwhiri, ka puta tana whakahau kia tapatahi ō tātou whakaaro ki te whakahoki mai i a Pūkaki ki te ūkaipō, ki te marae o Te Papa-i-ōuru. I taua wā raka, ko au te kaitiaki taonga ki Te Whare Pupuri Taonga o Rotorua, ā, kua matangareka kē tōku ngākau ki

'Te pōwhiri a Te Arawa i ana taonga ki te kāinga.' (Ngā Karere a Te Whare Pupuri Taonga o Tāmaki, No. 54, 1993)

a Pūkaki. Kāore hoki i taea e ngā kaimahi o Te Whare Pupuri Taonga o Tāmaki, e wai ake rānei, tētahi whakamārama pai te whakapuaki mai, nā te aha, he aha rānei te take i whai wāhi ai te ingoa o Kaiwhakawā Gillies ki te hoatutanga o Pūkaki i te tau 1877. Waihoki, i Te Mahuru o te tau 1993, i te wā i waitohua ai e Ngāti Whakaue me te Karauna te whakataunga mō ngā whenua o te tāone o Rotorua i te marae o Te Papa-i-ō-uru, kāore tonu i āta mōhiotia, he aha koia pū te wāhi ki a Pūkaki.

Irirangi Tiakiawa rāua ko tana irāmutu a Neke Paul e whakahoki mai ana i te korowai ngārahu o tō rāua tupuna, i Te Kahutoi-o-Tohi, ki te kāinga i te 28 o Paengawhāwhā 1993. (*Daily Post* o Rotorua)

> *I ōna uri e hipa haukaiwahine ana i a ia, ka titiro iho ia ki a rātou me ngā taonga e whā e kawea ana e rātou ki te ūkaipō. Mārama kehokeho ana ia ki ngā kupu o ngā karakia tawhito e tākina ana e ngā tohunga, ka tika hoki! Koia hoki i te taki i aua karakia rā i wētahi wā, nōna e noho tonu ana i Rotorua – Āhahā, kia tū anō ki Ōhinemutu, ko tōna whānau me wāna mokopuna e ponitaka ana i a ia. Kia rongo ake anō te kiri i te koromāhu e rewa ake ana i ngā ngāwhā, huri noa i Te Papa-i-ō-uru. Ānō nei he ao tawhiti taua ao . . . i te rongo ōna pongāihu i te kakara maiangi o te tātāhoata, te pungatara e puea ake ana i ōna uri. Tō rātou waimarie hoki! Pō noa, kei roto anō rātou i wā rātou puna waiariki e kaukau ana, engari anō a ia, ko ngā pātū raima, ko te tangi horopuehu, ko te hunga tauhōu hei hoa mōna. Kāore he mihi ōkawa, kāore e kite i te aranga me te hekenga o te rā. Kā ai ngā rama, weto ai ngā rama, kānapanapa mutunga kore mai ai ko ngā aho tā whakaahua. Me hoki ki te ūkaipō. Koia te matawara e ngau kikini ana i ngā hikuhiku o tōna ate, i te mokopuna whakamutunga wāna ka wehe i te whare pupuri taonga ki Rotorua. Te kakara, te tāwara, te matakite, te puna mahara . . . katoa katoa i whai kiko anō i te taenga o ōna uri, taukuri e! He roimata riwha anō ka heke i tōna pāpāringa ngao matariki, he kotahi o te hia mano kua kotokoto i te pōuri, i te mokemoke. Āhahā, me hoki ki te ūkaipō.*[2]

---

2. Tapsell, Pūkaki: Te Taonga o Ngāti Whakaue ki Rotorua, 1995: 148.

XVI
tuhinga roa

I taku hekenga iho i taku tūranga kaitiaki taonga, nā runga hoki i te whakatenatena mai a Hāmuera Mitchell, ka tīmata taku rangahau i te hītori mō Pūkaki hei whakatutuki i taku tohu paerua ki Te Whare Wānanga o Tāmaki i ngā tau 1994–95. Hei mihi māku, i akiaki au i te whare wānanga kia whakaaetia a Hamu hei kaiārahi ōkawa i taku tuhinga roa, me te aha, i tino pai hoki ki a ia taua tūranga. Heoi, ko te mea aroha kē hoki, i mate tauaka koro i mua i te otinga o taku tuhinga roa, engari, i mua i tōna matenga, i whai wāhi au ki te whāki atu ki a ia i ngā kōrero taunaki e rangitāmiro tānekaha ana i a Gillies ki a Fenton, he taunakitanga e whakamana ana i tā ōna koeke ki a ia mai rā anō: i hoatu a Pūkaki ki te Karauna. Kei te maumahara tonu au ki te nui o tōna harikoa. I ngā rā tata i muri mai, ka tītari mai ia i ōna mōhiotanga katoa mō Pūkaki ki a au. Nāwai rā, ka mate, ā, ka tino tuakoka te iwi i tōna wehenga. I ngā marama tata i muri iho, ka mate hoki tō tātou tohunga rongonui, puta noa i te motu, a Pāteriki Te Rei. Mīharo ana tana ārahi i te iwi i roto i ngā karakia me ngā waiata, nōna e ora ana. Ānō nei i tū te ao Māori katoa i te matenga o Koro Pat. Nāwai te iwi o Te Arawa ka tumeke, kātahi ka tumeke kē atu i te tino hekenga o te hauora o tētahi atu o ō tātou tohunga, o Irirangi Tiakiawa, i te wā poto noa. Uaua ana taua wā, ā, ka iho tapepe te iwi i te hurumututanga o ōna huia tū rae. Waimarie, i te ora tonu tō tātou tohunga whakamutunga, a Tākuta Hiko o te Rangi Hōhepa, hei mātanga ārahi i te whakatutukinga o taku tuhinga roa.

Nō te 4 o Poutūterangi 1995, i tētahi hui i te marae o Te Papa-i-ōuru, ka whai wāhi au ki te whāki atu ki te iwi i ngā taipitopito mō te rironga atu o Pūkaki ki Te Whare Pupuri Taonga o Tāmaki i te tau 1877. Ko aua taipitopito te tūāpapa o taku tuhinga roa i hoatu rā e au ki Te Whare Wānanga o Tāmaki kia tutuki ai taku tohu paerua toi, ko 'Pūkaki: Te Taonga o Ngāti Whakaue ki Rotorua' te ingoa. I roto i wāku rangahau, ka whakaemihia e au wētahi o ngā kōrero a ngā uri mō

Pāteriki Te Rei. (Nā te whānau o Pāteriki Te Rei)

Pūkaki, ā, kitea ana wērā kōrero i roto i tēneki pukapuka. I uiui hoki au i ngā kaumātua mōrehu o Ngāti Whakaue e pā ana ki ō rātou mōhiotanga me ō rātou māharatanga ki te whakahokinga mai o Pūkaki ki te wā kāinga. Anei raka he pūtoi kohinga o ō rātou whakaaro i whakapuakihia mai rā e rātou ki a au i ngā tau 1994–95, hei whakarehu ake i tēneki wāhanga o te pukapuka nei.

WĪHAPI TE AMOHAU WINIATA

Kāore e kōrapa taku arero ki te kī atu, me hoki mai a Pūkaki ki te kāinga. Ki a au nei hā, he mana kukume tāngata tō Pūkaki. Māna a Ngāti Whakaue e kukume mai anō ki tō rātou Whakauetanga, ki tō rātou tūrangawaewae. Hāunga anō wētahi atu take, ki te hoki mai ia ki te kainga, ka hoki mai te iwi ki te kāinga. Ki a au, koirā te take matua. I kite tātou, i rongo tātou i te mana o Pūkaki i Te Māori. I haere ia ki tērā taha o te ao, i hoki mai anō, engari, kāore anō ōna waewae kaikapua kia tau mai ki tōna ūkaipō ki Rotorua. I taku mahara, i kī taurangi mai te whare pupuri taonga e pai ana ki a rātou kia hoki mai a Pūkaki ki tō tātou whare pupuri taonga ki Rotorua nei [i te tau 1986], engari, auare ake. Kātahi au ka pānui i te kōrero a te Tumu Whakahaere i Te Whare Pupuri Taonga o Tāmaki i roto i te niupepa [Rotorua Daily Post, 28 Paengawhāwhā 1993]. Hei tāna, kāore e pai ana te taiao o Rotorua mō ngā whakairo papa rākau pērā i a Pūkaki, ā, kei te māharahara ki tāna noho haumaru. Uaua kia mārama atu au ki wāna kōrero. Kei koneki, kei Te Papa-i-ō-uru nei me te whare pupuri taonga, wētahi taonga e tawhito kē atu ana i a Pūkaki, me te uhu, tino ora rawa atu te āhua! Hei tāna hoki, kei te haere tonu ngā whiriwhiringa kōrero me Ngāti Whakaue mō te whakahoki taonga, e kī, e kī! Ākene pea, mēnā i pakari ake te kōkiri tahi a Ngāti Whakaue me Te Kaunihera ā-Rohe o Rotorua i te oro tīmatanga ake, kua tue kē mui a Pūkaki ki te ūkaipō nei. I reira te paonga o te tōrea i te wā e mahi ana koe mā Te Whare Pupuri Taonga o Rotorua, ka mahue te whakatū waikanaetanga mahi tahi i taua wā . . . waikanaetanga pakari nei . . . i waenganui i te Kaunihera me te iwi. Ko te ngako o taku kōrero e pēneki ana, mēnā i āta whai whakaro wētahi o tō tātou iwi, me te Kaunihera hoki, ki te tuku whenua kia tū ai i te whare pupuri taonga he whare kōputu, kāore e kore kua tata ake tātou ki te rā e kite ai tātou i te whakahokinga mai o Pūkaki ki te kāinga. Ka mutu, mēnā tātou ka hanga i tō tātou ake whare pupuri taonga ā tōna wā, hei āhuru mōwai mō Pūkaki, ko te painga atu tēnā. Nā taku tino mōhio ki te hītori mō Pūkaki, ka toko te whakaaro, mēnā kei te hoki mai ia ki te kāinga, mā Te Whare Pupuri Taonga o Tāmaki te kākano mō tana hokinga mai e whakatō. Mā tātou rātou e akiaki kia mārama ai rātou, he haepapa tō

(Andrew McGeorge)

rātou hei pīkau, he nama ki a Ngāti Whakaue. Ehara i te mea mō Pūkaki anake, engari, mō te tini taonga e puritia ana e rātou. Mēnā kāore wā rātou taonga nō Ngāti Whakaue me Te Arawa, ka pēhea kē Te Whare Pupuri Taonga o Tāmaki i tēneki rā?

Ko te raru mō tātou i tēneki wā, kāore e taea e tātou te paku aha, kia whakaae rā anō te whare pupuri taonga kia tukua mai a Pūkaki ki te kāinga. Kia oti tēnā, kātahi anō tātou ka wātea ki te whakatū mahere mō tana hokinga mai. Tērā pea, ka pau te rua, te toru tau rānei ki te whiriwhiri i waenganui i a tātou ko hea te wāhi tika mō Pūkaki, ki te kohi pūtea mō tana hokinga mai, otirā, ki te hanga i te wāhi tika mōna. Mā te iwi tonu wēnei kaupapa e whiriwhiri, e matapaki, engari, kāore e kore ka whakatau tātou kia tū ia ki Te Papa-i-ōuru, ki tētahi whare motuhake rānei ka whakatūria e tātou mō wā tātou taonga katoa. E kore e oti tēneki take nui i te rā kotahi. Ina tūpono waea mai te whare pupuri taonga ināia tonu nei ki te kī mai, 'Kua rite i a mātou a Pūkaki, haere mai āpōpō ki te tiki i a ia', e kore e tutuki i a tātou. Ka whakaae māhaki atu ki te tono, i roto i te wairua o te mahi tahi, ā, ka mihia te whakaaro o te whare pupuri taonga kia āwhina i a tātou, engari, e mārama tonu ana tātou, māna noa ake e kore ka whakairihia ake he rārangi tohutohu tino roa ki runga i te ūpoko o Pūkaki hei whakatutuki mā tātou kia pai ai tana hokinga mai ki te kāinga. Ki a au nei hā, mēnā tātou e kōrero ana mō wā tātou taonga, ko tātou anō ngā mea tika hei kaitiaki. Ka kaha tonu tā tātou tiaki i wā tātou taonga, ehara i te mea mā te whare pupuri taonga tātou e tohutohu. Mōhio tonu tātou, he aha te mahi hei mahi mā tātou; ko tōna uara ki a Ngāti Whakaue, tē taea te ine. Kāore anō pea te māramatanga kia tau iho ki te whare pupuri taonga, engari, e rite ana tō tātou ngākau nui, tātou ngā uri o Pūkaki, ki tō rātou ki te tiaki me te manaaki i te oranga tonutanga o tēneki whakairo whakahirahira.

Wīhapi Te Amohau Winiata (Andrew McGeorge)

Ko taku hiahia kia mārama te whare pupuri taonga, kāore i te mahue i a Ngāti Whakaue, he taonga nā te motu a Pūkaki. Me kaua hoki tana hokinga mai ki te kāinga e whakahōtaetae i te rere o tērā whakaaro. E! Mā tana hokinga mai ki te ūkaipō ka piki ake anō te mana o tāna noho hei taonga tohu i te motu, otirā, mā Te Whare Pupuri Taonga o Tāmaki e whakatairanga ki te marea, kia puta ai he hua ki a ia. Me whai wā takatū a Ngāti Whakaue me te whare pupuri taonga ki te whakarite mō te hokinga o Pūkaki ki tōna tūrangawaewae ake. Nō reira, ko te painga atu, mēnā ka puta te whakatau i te whare pupuri taonga ināia tonu nei, kia hāpai i ōna haepapatanga ki a Ngāti Whakaue, kia pai ai tā ngā taha e rua whakatū mahere mō te hokinga mai o Pūkaki ki te ūkaipō, hei te rua, te toru tau e tū mai nei.

HUHANA (BUBBLES) MIHINUI

Ina whakamau atu te titiro ki a Pūkaki . . . he piere nuku te kimi kupu, nā te mea, ānō nei . . . me pēhea rā te kōrero? Ina mātai atu te titiro ki ngā whakairo o tēneki wā, me uaua ka rongo i te wairua. Kāore au i te mōhio ki te hātepe i whakairotia ai a Pūkaki, ko wēhea whao rānei i whakamahia, engari, he mana whakaaweawe tōna, ā, kei te tino whakarangatiratia ake ia e ōna uri. Ina whakamau atu taku titiro ki a ia, ka whakaaro ake au ki tana tū rangatira, tū whai mana, ehara hoki . . . kāti, kia hāngai te kōrero. Ehara a Pūkaki i te whakairo noa nei. Nō te karangatanga ngao matariki rerehua ia, nō te mokopū rongo. Ehara i te meu nā te pai o ngā tāwhana, engari, nā te wairua ka pā mai ki a au, i runga hoki i te mōhio, ka nui te whakamānawatia, te whakamīharotia ōna e Ngāti Whakaue. Koirā kē te āhuatanga ka tākirikiri nei i te pūaroha i taku whatumanawa, ehara ko te waiwaiā o te whakamakaurangitanga mai o ngā tāwhana. Tērā pea, ko te kupu tika mō tēneki wairua e karapoti nei i a Pūkaki, ko te mana tūpuna, kāore au i te tino mōhio he aha koia te kupu. Koineki tētahi o wērā āhuatanga o te ahurea Māori tē taea e te ringa te whāwhā, e te karu te kite. Ka mutu, i a au e titiro ana i tētahi whakairo pērā i a Pūkaki, kāore au i te tino mōhio mehemea nōku ngā karu kite, nō tētahi atu rānei. Koineki ngā huatau, ngā kōhengihengi ka koropupū ake i a au. Hei tauira māku: i a au i Florence, ka kite au i te pakoko ātaahua rā i a David, e tā, me te mea nei, i kite atu au i ōna ia toto e pupuhi mai ana! I reira, ka taka te kapa, koia pū te momo āhuatanga ka rongo nei au, mēnā ka titiro au ki wā tātou whakairo tawhito, pērā i a Pūkaki.

Na, mō te noho tonu a Pūkaki ki Te Whare Pupuri Taonga o Tāmaki, e rangirua ana ōku whakaaro, nā te mea, ko tētahi taha ōku e hiahia ana kia hoki mai ia ki te kāinga, āe mārika! Engari, āe rānei, kei te kāinga

nei tētahi whare āhuru tōtika hei manaaki mā tātou i a Pūkaki? Kei a tātou rānei te wāhi tika hei nohoanga mōna, e kitea tonutia atu ai ia e te marea, engari, e kore rawa atu ai tōna oranga e heke? Koineki te pūtake o wēneki whakaaro rangirua ōku. Ki a au nei hā, ehara tō tātou whare pupuri taonga ki Rotorua nei i te wāhi tika hei tāwharau i wā tātou taonga tuku iho. Me whai whare nui noa ake i tērā, me whai wāhi e hāpai ana i te taiao tika mō wā tātou taonga. Kino ki a au te waiho taonga uara nui ki wērā momo whare. Ehara hoki i te mea ko te uara ā-tāra tāku e kōrero nei. He raru nui tēneki mō tātou, arā, i tēneki wā nei, kāore i a tātou te whare tika, ki a au nei, hei whakaruruhau i ngā taonga pērā i a Pūkaki, mō ngā tau roa kei mua i te aroaro. Ākene pea, mēnā i te ora tonu a Sambo [Hāmuera Mitchell] kua mana kē i a ia tāna kī taurangi mai ki a tātou i roto i tā tātou hui ki Tamatekapua, i kī ake rā, ka kohaina e ia he tūtanga whenua i Ngongotahā hei tūrangawaewae mō tētahi whare pupuri taonga hōu. I tōna taha tonu au e noho ana, i te wā i puta mai ai taua kōrero mō Ngongotahā i tōna waha, ā, ahakoa te pōhēhē o wētahi i te kārikarika noa iho ia, ki a au nei, i te kōrero pono kē. I huri au ki a ia, ka kī atu, 'Heoi anō, ki te kohaina mai e koe, ka mutu te māharahara ki wēnā reiti e rite tonu nei te amuamuhia e koe!' Pai ana kia kōrero pērā koe ki a Sambo. Engari, i taua wā raka, ki a au nei, i te houtupu kē tērā whakatau āna kia āwhina ia i te iwi ki te whakatū whare pupuri taonga, me taku whakaaro rā hoki, 'He aha kē hoki te mate o tērā? He uri ia nō Pūkaki. He aha te mate o te tuku whenua taurikura hei okiokinga mō tōna tupuna? Kāore e kore, nō Pūkaki kē hoki taua whenua i ngā wā o mua!' Whakatipuranga atu, whakatipuranga mai, ka huri tonu te ao, ā, kua mate a Sambo ināianei, kei tōna whānau te whakatinanatanga o ona wawata ā muri ake nei.

kuru o te marama waaka, cnzm

Ko wā tātou whakairo, te whakatinanatanga mai o te taha wairua o tō tātou whakapono, me te aha, e mōhio ana tātou katoa, kāore e taea te taha wairua te paihere ki te wāhi kotahi, ki tō kaupapa rānei e whakakaupapatia nei e koe. Ko ngā mea katoa e ponitaka ana i a tātou, ko ngā nekenekehanga tinana, ko ngā ihoihotanga i whano mai ai te tangata ki te ao tūroa nei, he tohu katoa o te taha wairua o tō tātou whakapono, ka mutu, he mana nui tō te whakairo i roto i taua whakapono! Ki te āta mātaitia te whakairo, kei roto rā ngā tuakiri e mōhio ai koe ko wai taua whakairo. Kia huri ki a Pūkaki, kaha ana aku tātai e rangitāmiro ana i a au ki a Ngāti Whakaue mā roto atu i a Ngāti Taeōtū me wērā atu hapū ōku. Na, kāore au i mōhio, tērā tētahi whakairo ōna. Nā taku hono atu ki te kaupapa Te Māori i mōhio ai au. Engari, kātahi rā hoki te taonga tipua tonu atu ko Pūkaki! Koia taku whakahahaki atu ki a ia. I tino angitu te whakakitenga Te Maori i roto i tana whai kia whakaaturia ngā toi me te ahurea o te iwi Māori ki te ao. Heoi anō, ko te nuinga o ngā taonga, nō Te Arawa. Ki a au nei hā, ko te take i pērā ai, nā te kaha o te mahi tāpoi i roto i a tātou. Nā te muia o tātou e te mahi a te tūruhi, otirā, e te tini o ngā Pākehā i tae mai ki te tirotiro i a Ō-tū-kapua-rangi rāua ko Te Tarata, ka kaha ake tā tātou manaaki i wā tātou mahi toi hei oranga mō tātou. Ā, nō muri mai i te hūnga o Tarawera, ka huri te aronga o ngā tūruhi ki te rohe ngāwhā o Whakarewarewa. Mohoa noa nei, kei te haere tonu mai ngā tūruhi i tāwāhi rā anō ki konei [Whakarewarewa], kia kite ā-kanohi ai rātou i tēneki hanga i te papa ngāwhā, i te waiariki. Mai rā anō i ngā tau i mua i te hūnga, kua kakama a Tūhōurangi ki te marotiritiri i ngā hua o te mahi tāpoi hei oranga tinana mō rātou. Ka nui hoki te pā mai o te mahi tāpoi, ehara i te mea ki a Tūhoūrangi me Te Arawa anake, engari, ki te ao Māori whānui katoa. Nā te mahi tāpoi me te uara ā-tāra nei o wā tātou rawa motuhake, i ora ai te ahurea Māori. Ehara i te mea nā te wairua, nā te ira tangata rānei i ora ai, kāo, nā te mana kē o te tāra. Nō reira, e rua ngā hua matua kua puta ki a tātou i wā tātou mahi toi: kua whai oranga tinana tātou i te utua o tātou ki te tāra, kua whai manapou tātou e ora tonu ai i a tātou te tuakiri Maori mā roto atu i wā tātou toi ahurea. Mēnā kāore wēnei āhuatanga e rua, kua korehāhā kē pea tātou.

(Michael Young)

Ko ngā whare pupuri taonga hoki tētahi atu manapou nui taioreore i ora ai, ā, e ora tonu nei te ahurea Māori. Mēnā kāore ngā whare pupuri taonga me te tohungatanga o ngā kaimahi Pākehā ki te waihanga hangarau hei tiaki rākau, papa rākau, te aha atu, te aha atu, kua korehāhā hoki te tini o wā tātou taonga neke atu i te 50 tau te tawhito, arā, kua ngaro me te moa. Mēnā rā i waiho mā te Māori anō wāna taonga e tiaki, tino kore rawa atu nei e ora i a tātou, ngā taonga e ora tonu nei i tēneki wa, puta noa i te ao. Āe rānei, kua ora tonu a Pūkaki, mēnā kāore i riro atu i Te Whare Pupuri Taonga o Tāmaki? Nō reira, me mihi tātou ki ngā whare pupuri taonga, ahakoa wā tātou whakahē e pā ana ki te āhua o tā rātou kāhaki atu i wā tātou taonga i a tātou. Ko te nuinga o ngā taonga e whakakitea ana, e kōputuhia ana rānei i tēneki wā, puta noa i te ao, nō Te Arawa. Mēnā e hiahia ana tātou kia hoki mai wēnei taonga a tātou i wērā whare pupuri taonga, me āta whiriwhiri tahi tātou me wērā whare pupuri taonga raka, kia mārama ai rātou ki ngā hua nui ka puta ki te katoa, mēnā ka ū rātou ki te tika, ka whakahoki mai ai i ngā taonga nui kāmehameha, pērā i a Pūkaki. E tā, kāore he paku aha ki a au mēnā ka whakahokia mai ia ki Te Whare Pupuri Taonga o Rotorua, me kī, ko te painga atu pea tēnā, nā te mea, ka tika tā rātou tiaki i a ia. Ko te mea nui kē, kia hoki mai ia ki te kāinga.

Na, mēnā ka kite ngā uri i wā rātou taonga e whakaaturia mai ana i tētahi whakakitenga, ka hoki ngā mahara, ka heke ngā roimata, ki a rātou ehara i te kitenga toi tawhito noa iho; whakaarohia ake te hanga ngoikore o te whakaaturanga mai a te whare pupuri taonga i tētahi korowai. Hei tauira māku, ko Parerautūtū, te korowai i tūturi iho ai a Hari Semmens ki te hongi i mua i tōna matenga. Inā te tauira, he kaha noa ake te pānga mai o te wairua o te taonga ki ngā uri ake o taua taonga rā, i te pānga atu o taua wairua ki te hunga rāwaho. He wairua i takea mai i ngā tūpuna o wērā uri, i ō rātou whenua tāngaengae, i wā rātou taonga whakahirahira tonu me ngā take hōhonu i hangaia ai aua taonga. Ki a wai ake rānei, he tohu hītori noa iho aua taonga, engari, ki ngā uri ake, he wāhanga matua kē aua taonga o te kōrero whakapapa mō rātou. He kōhengihengi tākirikiri whatumanawa, ā, ka rangona hoki e te Pākehā, engari, kaua mā te pānui i ngā whakamārama.

Ina tirotiro te Māori i wāna taonga i roto i ngā whare pupuri taonga, ka kapakapatū te manawa, te mauri me te wairua. Engari, ko te āhua o tā te Pākehā whakaatu mai i aua taonga rā, e kare mā, nō tētahi tirohanga kē. Mēnā ka titiro te Māori ki te whakairo, ko te huatau mātāmua ōna kia pātai i wēnei momo pātai nei nā, 'Ko wai tērā? He aha āna mahi nui? He aha ōna pānga mai ki a au, ki tōku hapū, ki tōku iwi? Koineki te āhua o tāku mātai taonga. Tō te Pākehā huatau mātāmua, he matapaki i te kounga o ngā pūkenga toi i roto i te whakairo rā. Nō muri kē mai i te rapu whakamārama mō te tupuna koia te pūtake o te whakairo, kātahi hā te Māori ka tahuri ki te matapaki i te kounga o ngā pūkenga toi. Ina āta tirohia e koe a Pūkaki, ka kite koe i te pai o tōna āhua mai, tae atu ki tana awhi i wāna tamariki tokorua . . . ko koe ko ia, ko ia ko koe, ko tō iwi. Heoi anō, ka tirohia a Pūkaki e te Pākehā, ka tirohia me he toi, ā, kāore e kore, ka whakamīharotia atu ngā pūkenga toi o ngā tohunga whakairo. Engari, ki te kore rātou e aro ki tā tātou tirohanga atu, tino kore rawa atu rātou e tino mārama ki a Pūkaki, pēneki nei i a tātou.

I tino angitu te whai a te whakakitenga Te Maori kia whakaaturia ngā toi Māori me te ahurea Māori ki te ao whānui. I tae ā-tinana atu au ki ngā whakakitenga e rua i Amerika, ko te tuatahi i New York i te 10 o Te Mahuru 1984, ko te tuarua i St Louis i te 21 o Huitanguru 1985. I New York taku kitenga tuatahi i a Pūkaki. E maumahara ana au, ko tōna nui te mea tuatahi i kapakapatū ai taku manawa, ā, ka pātai au: 'Ko wai hoki tērā?' Ka whakautu mai rātou, 'Pūkaki'. Aaaaa! Kātahi au ka makenu ake, 'Nā mea ko mea . . . nā mea ko mea . . . i kō, ka neke ki kō . . .' Āhahā, kua mau. Tere tonu tā te taonga whakaoho i ngā kura mahara ki te mātauranga taketake me ngā kōrero whakapapa mōna, tae atu ki tāna noho hei tupuna ōu, hei iho pūmanawa hoki o tō mana Māori tuku iho. Koineki ngā whakaaro tuatahi ōku ka kite ana au i a Pūkaki, ehara ko te toi, mō muri kē ngā pūkenga toi whakamīharotia ai.

Ki a au nei hā, ina mātai taonga au, ko te wairua te mea tuatahi ka pā mai, ā, e ahu mai ana taua wairua i te tupuna,

(Nā te whānau o Kuru o te Marama Waaka)

koia te pūtake o te mahinga toi. I ngā wā katoa, ka hiahia au ki te mōhio, ko wai. Kātahi ka kimihia te wāhi mō taua tupuna ki roto i aku kōrero whakapapa. Mēnā kei te whakaatu taonga tātou i roto i tētahi whare pupuri taonga, me mātua whai whakaaro tātou, ko hea te tūranga tika e tau ai te wairua o te tupuna koia te pūtake o te taonga, he aha hoki te wāhi ki taua tupuna i roto i ngā kōrero whakapapa o te motu. Me āta whakatau tātou, he aha te momo taiao ka hangaia e tātou i roto i te whare pupuri taonga kia tika ai te manaaki i te hītori o taua taonga. Hei tauira māku, ka hē pea tā tātou whakatū i a Pūkaki ki waenganui i ngā taonga a Tūhoe, a tētahi atu rānei: ahakoa e rite ana te pai o ngā pūkenga whakairo, ahakoa e rite ana te ātaahua, kāore aua taonga i te paku hāngai ki ngā kōrero whakapapa, ki te hītori e pā ana ki a Pūkaki. Ka mutu, kāore e tika ana kia whakatūria a Pūkaki ki waenganui i ngā taonga a ētahi atu iwi, nā te mea, e rite ana tōna rahi ki ō rātou! He ātaahua a Pūkaki, te mutunga kē mai o te ngao matariki, he ātaahua hoki tētahi taonga nō te rohe o Taranaki, he rite te ātaahua me te ngao matariki o tētahi taonga nō Te Tai Tokerau ki ō rāua, te mākohakoha hoki o ngā pūkenga whakairo, he rawe, engari, ko ngā taonga e toru e tū ngātahi ana ki te wāhi kotahi, kātahi te whakaaro heahea! Kāore tētahi i te paku hāngai ki tētahi! Me kaua rawa e pērā. Ko te ao me te horopaki i pūtake mai ai te taonga nui, koia pū hei huruhuru mō ngā waewae o te taonga nui rā, o te taonga matua rā. Whakaarohia ake, rangahaua ake te horopaki, te taiao, te hītori o te taonga, kātahi ka whakaaturia mai i roto i te māramatanga ki wērā āhuatanga ōna, hei aha te tohu i a ia ki tētahi taitara, ki tētahi momo mahinga toi rānei. Mō wāhi kē wērā momo taonga!

E angitu ai te hiahia o ngā whare pupuri taonga kia tae petapeta atu ngā uri Māori ki te tirotiro i wā rātou taonga tūpuna, me mātua whakatū hōtaka mātauranga e hiki ai te kohu i ngā uri e pā ana ki ngā tikanga whare pupuri taonga. Ko te whare pupuri taonga tonu te wāhi kotahi anake hei tiaki i wā tātou taonga mō ake tonu atu. Mā ngā hangarau a te whare pupuri taonga a Pūkaki e manaaki tonu. Ki a au nei hā, ehara kau pea te marae i te wāhi tika mō wā tātou taonga tawhito. Kua memeha te wairua [wairua tūpuna nei] o ō tātou marae, nā te kaha ngarungaru mai o te ao hōu ki ōna manemanerau. Ahakoa ko hea te marae e haere atu ai koe, he rama hiko kei reira, he haki, wērā tū āhuatanga hōu katoa. Kāore wērā mea i ngā marae o te ao tawhito, ko ngā tāngata anake i reira, ā, ka mau kākahu o nehe [korowai] i ngā wā katoa. Tino rerekē tērā ao i te ao o nāianei. Engari, ko tērā ao o mua rā, koira te ao e tika ana kia karapoti i a Pūkaki i te wā ka whakaaturia ia ki te marea. Ka taea e te whare pupuri taonga tērā ao tawhito raka te waihanga anō, ā-tinana nei, ā-wairua nei hoki, he pai ake rātou i ngā marae o tēneki wā nei ki te mahi i tērā momo mahi. Kei roto i ngā whare pupuri taonga te tapu o tua whakarere i ngā wā katoa, nā te mea, kei reira ngā taonga 'tāukiuki', otirā, ngā taonga 'mana nui' hoki, e noho ana. I tēneki wā, kāore i a tātou te pūtea, te mōhiotanga rānei kia tū i a tātou he whare taonga. Kia ahatia! Me kaua tērā e whakahōtaetae i te whakahokinga mai o Pūkaki ki te kāinga, ina tūpono whakatau Te Whare Pupuri Taonga o Tāmaki kia whakahokia mai. Mōhio tonu tāua, ka whakaheke tōtā Te Kaunihera ā-Rohe o Rotorua me tō rātou whare pupuri taonga kia haumaru, kia tino tiakina hoki a Pūkaki.

Koineki pea te tūranga rangaawatea e whiriwhiri tahi ai tātou ko Te Whare Pupuri Taonga o Tāmaki. Ki ōku nei whakaaro, he hiahia o te whare pupuri taonga hei whakatutuki mā Te Arawa, waihoki ō Te Arawa hiahia hei whakatutuki mā Te Whare Pupuri Taonga o Tāmaki. Kei te mārama haere ngā whare pupuri taonga o wēnei rā, kāore he mana, he wana, he wairua rānei o wā rātou whakakitenga Māori, mēnā rā kāore ngā uri o aua taonga i reira. Manohi anō, kei te hiahia a Te Arawa kia whakahokia mai wētahi o wāna taonga, pērā i a Pūkaki, engari, kia tika tonu te manaakihia kei hē kē atu. Me piri tahi a Te Arawa me Te Whare Pupuri o Tāmaki ki te matapaki i wēnei take, kia whena tonu ai te whanaungatanga i tuituia rā i te wā o **Te Māori**. Kāore hoki e ārikarika ngā hua ka puta ki te katoa.

XVII
RONGO ā-marae

Nō te tau 1996 ka hoatu e ngā koeke o Ngāti Whakaue taku tuhinga roa mō Pūkaki ki Te Whare Pupuri Taonga o Tāmaki kia mataara ai rātou ki ngā hītori o roto. Nō te 4 o Pāengawhāwhā 1997, i haere tētahi tira o te iwi, ko Kuru o te Marama Waaka te kaiārahi, ki Tāmaki ki te hui ki te whare pupuri taonga, kia rongo ai rātou i ngā kōrero a te Tumu Whakahaere me te Poari e pā ana ki te rironga o Pūkaki i te tau 1877. Tumeke te katoa i te kaha whakaae me te kaha āmine a te whare pupuri taonga ki ngā kōrero i roto i te tuhinga roa, ā, nā wai i tumeke, kātahi ka tumeke kē atu i te whakatau a te whare pupuri taonga, ko Ngāti Whakaue ngā 'kaitiaki' i a Pūkaki. Ka kapi te hui, i whakahaerehia nei i raro i te mana o Ngāti Whātua o Ōrākei, i te whakapuakitanga mai o te tino hiahia o ngā taha e rua kia hui anō kia oti ai he waikanaetanga mahi tahi toitū ka mana mō te wā roa. Ao ake te rā i muri iho, ka whakaūngia anō te haumitanga i waenganui i a tātou me Ngāti Whātua o Ōrākei, he haumitanga e hia whakatipuranga te tawhito, ki te whakapākūhātanga me te whakawhiwhinga taonga i te takapau wharanui o te marae o Ōrākei, te marae kei runga ake nei o te whanga o Ōkahu.[1]

Nō te 15 o Te Tahi o Pipiri, ka karangahia e ngā koeke o Ngāti Whakaue he hui ki te marae o Te Papa-i-ōuru kia whai wāhi ai te katoa o te iwi ki ngā kōrero o te wā mō Pūkaki. I roto i taua hui, ka puta te whakatau, ko te 2 o Whiringa-ā-nuku 1997 (te huritau 120 o te kohatanga o Pūkaki ki te Karauna) te rā tika hei pōwhiri i Te Whare Pupuri Taonga o Tāmaki ki Te Papa-i-ōuru ki te kōrero mō te anamata o Pūkaki. I taua wā raka, kātahi anō ka tū te Taumata ā-Iwi (Te Komiti Whakahaere Māori o Te Whare Pupuri Taonga o Tāmaki, ko wētahi o ngā māngai o runga, he tangata whenua). Ko te tono i rere atu i te Taumata ki te Poari o Te Whare Pupuri Taonga ko tēneki nā, arā, ko tēneki hui ki a Ngāti

---

1. Ko Ōkahu te whakarāpopototanga o te ingoa Ō-kahumatamomoe – 'Te Wāhi o Ō-Kahumata-momoe' (tama a Tametekapua — tirohia te whakapapa i whārangi 23).

Te tukutanga o *Ngā Taunaha-a-Īhenga* e Ngāti Whakaue–Te Arawa (Kuru o Te Marama Waaka, mauī) ki a Ngāti Whātua (Tā Hugh rāua ko Rēri Kāwharu), 5 Paengawhāwhā 1997. (HM)

Ngāti Whakaue–Te Arawa (Tākuta Hiko o te Rangi Hōhepa) rāua ko Ngāti Whātua (Tā Hugh Kāwharu) e hongi ana i muri mai i te whakawhitinga o ngā taonga i Ōrākei marae, 5 Paengawhāwhā 1997. (HM)

Wīhapi Te Amohau Winiata rāua ko te Kahika, a Grahame Hall, e whakarite ana i te hokinga mai o Pūkākī. (*Daily Post* o Rotorua)

Whakaue te wā tika hei whakahoki i a Pūkaki ki te kāinga. I whakaaetia te tono, ā, ka tukuna tonutia te karere ki Rotorua. Te taenga o te karere, ka ngākau tapatahi ngā koeke katoa ki tā rātou whakatau, koineki tūturu nei te whakatutukihanga o te kaupapa i tīmata mai rā i te 2 o Whiringa-ā-nuku 1877. Ko te ngako hoki o te whakaaro i kohaina atu ai a Pūkaki i te tau 1877, he koha nā te iwi ki te Karauna, engari, ka kāhakina atu ia ki Te Whare Pupuri Taonga o Tāmaki, ana, ka whati te kaupapa i kohaina ai. I te tau 1993, ka tānekaha anō te whanaungatanga i waenganui i a Ngāti Whakaue me te Karauna, engari, i te kūrehurehu tonu ngā mōhiotanga e pā ana ki te wāhi taketake ki a Pūkaki i roto i tēneki whanaungatanga. Nā konā hoki te whakaaro i puta ake rā i ngā koeke i taua wā raka, kia noho ko te whakahokinga mai o Pūkaki e Te Whare Pupuri Taonga o Tāmaki hei whakatutukihanga o te kaupapa tūturu i kohaina atu ai a Pūkaki ki te Karauna – 120 tau pū ki mua. Mā reira, ka noho a Pūkaki hei tohu motuhake o te whanaungatanga i tuia kia tū ai te tāone o Rotorua. Nō muri mai, ka hui ngā koeke, ko Wīhapi Te Amohau Winiata tō rātou pou ārahi, ki te Minita i ngā Take Tiriti, ki a Hōnore Douglas Graham, kia mātua mōhio ai rātou, mēnā e ōrite ana ngā whakaaro me te māramatanga o ngā taha e rua, ki te hītori mō Pūkaki. I pai te hui, ā, ko te hua nui i puta, ko te whakaaetanga i tuhia e Te Tari Ture o te Karauna i te 19 o Te Mahuru 1997, otirā, i whakamanatia e te Rūnanga Minita o te Kāwanatanga i te 29 o Te Mahuru 1997. I waitohua tēneki whakaaetanga i te 2 o Whiringa-ā-nuku 1997, me te aha, he whakaaetanga ōkawa tēneki i waenganui i a Ngāti Whakaue, te kaikoha i a Pūkaki; te Karauna, te kaitango i te koha; Te Whare Pupuri Taonga o Tāmaki, te kaitiaki o mua; me Te Kaunihera ā-Rohe o Rotorua, te kaitiaki hōu, 'e whakamana ana i te kaupapa i kohaina tuatahitia ai a Pūkaki, tae atu ki ngā tikanga tiaki i a ia, haere ake nei'. Kei roto i te whakaaetanga ngā whakamahuki e pā ana ki ngā take i kohaina atu ai a Pūkaki, ko wai ngā kaitiaki hōu, he aha wā rātou mahi, tae atu rā ki ngā tūtohinga e tū ai he rōpū, ko te Tarahiti o Pūkaki te ingoa.

Nō te pō i mua i te 2 o Whiringa-ā-nuku 1997, ka oti ngā whakaritenga katoa, me te mea nei, i te hīamoamo te wairua puta noa i ngā tōpito e whā o Rotorua. Neke atu i te kotahi ngā hui kua tū i waenganui i ngā koeke, te Kahika o Rotorua, ngā tumu whakahaere o te Kaunihera me ngā māngai o Te Whare Pupuri Taonga o Rotorua. Tuia ki tēnā, he maha wā rātou hui ki a tātou o Ngāti Whakaue, otirā, ki te katoa hoki o ngā iwi o Te Arawa whānui. Tērā te pōhēhē, ka ngenge ngā koroua me ngā kuia i te tini o ngā hui, engari kāo, i te hihiri katoa kē rātou i runga i te mōhio, kei te whakahokia mai a Pūkaki, 120 tau i muri mai i tōna ngaromanga atu. Ānō nei kua inu rātou i te wai o te puna kōrengarenga a Tāne-te-waiora, ana, kua pūngao anō te tinana, te wairua, te manawa, te hinengaro. Uaua ana ki te katoa kia au te moe.

waikanaetanga

Te whakahokinga o Pūkaki: 2 Whiringa-ā-nuku 1997

KO: Wīhapi Te Amohau Winiata, Heamana, Te Papa-i-ōuru Marae, mō te iwi o Ngāti Whakaue

ME: Hōnore Douglas Graham, Minita i ngā Take Tiriti, mō te Karauna

ME: Peter Menzies, Heamana, mō te Poari o Te Whare Pupuri Taonga o Tāmaki

ME: Grahame Hall, Kahika, mō te tāone o Rotorua

Hītori:
1. I hiahia a Ngāti Whakaue ki te koha i tō rātou tupuna i a Pūkaki ki te Karauna i te tau 1877 hei tohu i te whakaaetanga i waenganui i a Ngāti Whakaue me te Karauna kia whakatūria te tāone o Rotorua.
2. Mai i te tau 1877 kua noho a Pūkaki ki Te Whare Pupuri Taonga o Tāmaki.
3. E hiahia ana a Ngāti Whakaue ki te whakapūmau, otirā, ki te whakatutuki i tā rātou koha i a Pūkaki ki te Karauna.
4. Ko te iho o te whakaaro e koha atu nei anō a Ngāti Whakaue i a Pūkaki ki te Karauna, he hiahia tō te iwi ki te hāpai me te whakarīrā i te ia o te whakaaetanga i waenganui i a Ngāti Whakaue me te Karauna i āta whakarārangihia mai rā i roto i te whakataunga i waitohua e ngā taha e rua i te 23 o Te Mahuru 1993.

Nō reira:
5. E whakaae ana ngā rōpū e whai wāhi mai ana ki tēneki waikanaetanga, ka mana, ka pūmau hoki te kohatanga atu me te whakawhiwhinga atu o te mana pupuri o Pūkaki i a Ngāti Whakaue ki te Karauna, i roto i tētahi hui ōkawa ka tū ki Rotorua hei te 2 o Whiringa-ā-nuku 1997.
6. E whakaae ana te Poari o Te Whare Pupuri Taonga o Tāmaki, koia te kaipupuri mohoa i a Pūkaki, kia tiaki tonu, kia whakamarumaru tonu, kia whakahōu tonu i a Pūkaki, tae atu ki te whakatutukihanga o te hui ōkawa e koha atu anō ai a Ngāti Whakaue i a Pūkaki ki te Karauna hei te 2 o Whiringa-ā-nuku 1997.
7. Hei muri i te hui ōkawa ka tū hei te 2 o Whiringa-ā-nuku 1997 hei koha i a Pūkaki, ka riro mā Te Kaunihera ā-Rohe o Rotorua a Pūkaki e tiaki, e whakamarumaru, e whakahōu.
8. E whakaae ana ngā rōpū e whai wāhi mai ana ki tēneki waikanaetanga ki te whakatū tarahiti, ko te Tarahiti o Pūkaki te ingoa, i mua i te 2 o Whiringa-ā-rangi 1997.
9. Ko ngā māngai o runga i te Tarahiti o Pūkaki, ka pēneki nei nā:
    a. kotahi mō te Karauna (mā te Minita i ngā Take Tiriti tēnei māngai e tohu) koia hoki te Heamana;
    b. kotahi mō Ngāti Whakaue (mā ngā tarahitī o te marae o Te Papa-i-ōuru tēnei māngai e tohu);
    c. kotahi mō Te Whare Pupuri Taonga o Tāmaki (ko te Heamana o te Poari o Te Whare Pupuri Taonga o Tāmaki tēneki);
    d. kotahi mō Te Kaunihera ā-Rohe o Rotorua (ko te Kahika o Rotorua tēneki).
10. Ka noho te Tarahiti o Pūkaki hei kaitiaki matua i a Pūkaki, ā, ka pūmau rātou ki ngā whakaritenga o te kirimana tarahiti ka whakaaetia nei e ngā rōpū e whai wāhi mai ana ki tēneki waikanaetanga, ā taihoa ake nei.

XVIII
auahitūroa

Ko tā tēnei wāhanga o te pukapuka, he whakamātau ki te whakakupu ake i te wairua i rere i te whakahokinga ōkawa mai o Pūkaki i te 2 o Whiringa-ā-nuku 1997. I ngā hāora whakamutunga i mua i te rā nui, i reira te māharahara kei tūpono mai he raru, engari, kāore te aha i pahawa. I rewa ake te mana tipua o Pūkaki ki runga, ka ara ake anō ki te kōtihi o ngā pūmahara o ngā makorea o Ngāti Whakaue–Te Arawa. Pūwerawera ana, pākinakina ana tana tahu kōngange i te āhuarangi me he auahitūroa, ā, pūngao mutunga kore ana, pūkeke mutunga kore ana ngā koeke mōrehu whakamutunga o te whakatipuranga Ngāti Whakaue kua ngaro, kia tutuki i a rātou te kaupapa i tākina tuatahitia ake ai e o rātou pakeke, 120 tau ki mua: te kohatanga atu o Pūkaki ki te Karauna . . .

I te tō haere te rā i tō mātou ko Hiko o te Rangi Hōhepa, ko Rogan Te Kiri taenga atu ki te marae o Ōrākei i te pō i mua i te whakahokinga mai o Pūkaki. Toru hāora mātou e hautū waka ana, i Rotorua ki Tāmaki, ko te taraka kaumātua o Malcolm Short tō mātou waka, me te aha, tumeke ana mātou kāore i pakaru te hamuti. I te tomokanga o te marae 40 o ngā uri o Ngāti Whakaue–Te Arawa e noho taura here ana ki Tāmaki, e tatari mai ana, tae atu ki wētahi mātāpuputu nō Ngāti Whātua ki Kaipara. Ka mihi mātou ki a mātou, kātahi ka tatari kia karangahia mātou e te tangata whenua ki runga i te marae o Ōrākei. I pai te pōwhiri, kāore tētahi raru kotahi i hua ake, ā, ka korowaitia mātou katoa ki te mana o Ngāti Whātua o Ōrākei kia maiaorere ai te whakahokinga ōkawa o Pūkaki i te rangi ākengokengo. Kia tae rā anō a Pūkaki ki te tomokanga o te marae o Te Papa-i-ōuru i Rotorua, kei ngā koeke o Ōrākei tonu te mana – he mana nō te whenua – inā koa, i te whakahokia te taonga i te rohe o Tāmaki ki a Ngāti Whakaue, i raro i te mana tūpuna tuku iho. Ao ake te ata pūao (6 a.m.), ka haere mātou ki Te Whare Pupuri Taonga o Tāmaki. Neke atu i te 200 mātou, nā te mea, i piri mai wētahi atu uri nō Te Arawa me Ngāti Whātua ki te tautoko i tēneki kaupapa

140

whakahirahira. I arahina mātou mā ngā taiwhanga toi ki tētahi rūma o muri, ā, i reira a Pūkaki e tatari ana ki a mātou. I roto ia i tētahi pouaka i āta hangaia mōna, taupoki kore ana. Kī pohapoha katoa ana te rūma i ngā uri, i te hunga pāpāho me ngā kaimahi o te whare pupuri taonga, me te whare whawhao o Te Aokapurangi, me te aha, tokomaha i waho tonu i te korenga i whai wāhi mai ki roto. Nā te whakatutukihanga o te pōwhiri i te pō i mua, i kotahi atu ai a Ngāti Whātua o Ōrākei ki wā rātou karakia hei manaaki i a Pūkaki i roto i tana haerenga ki te kāinga. I te pai te haere o ngā mahi katoa, mea rawa ake, ka takatū ake tētahi ki te kōhikohiko i ngā kōrero. Kāore ia i paku aro atu ki ngā tohutohu a te tangata whenua, ana, ka huri ki te karawhiu i wāna mihi ki a Pūkaki, engari,

Pūkaki e tatari ana kia whakahokia ki te kāinga
– Te Whare Pupuri Taonga o Tāmaki, 6 a.m.,
2 Whiringa-a-nuku 1997. (HM)

hei tāna, ko 'Ngātoroirangi' kē. Hei tāna, he kaiwhakairo ia, ā, ahakoa i reira te tokomaha, koia anake e mārama ana ki ngā tohu mai a te kurumatarīrehu, te mataora o Pūkaki. Hei tā tāna whakamāori i ngā tāwhana o te kurumatarīrehu o te taonga, ehara i a Ngāti Whakaue, engari, nō Ngāti Huarere me Te Waiōhua kē. Kātahi ia ka ropi mai ki a Te Arawa, ka mea mai ki a mātou kia takihoki mātou ki te kāinga, nō te rohe o Ngāti Whātua kē te whakairo, nā tōna anō iwi, arā, nā te iwi taketake tūturu o te rohe, te tangata whenua tūturu, ehara i a mātou te taonga. Ohorere katoa ana te minenga, he uaua te whakapono koia tēneki te āhua wenerau kua pā. I ngana a Ngāti Whātua ki te haukoti, engari, nāwai te tangata nei ka whakatumatuma, kātahi ia ka whakatumatuma kē atu, me te hoki whakamuri ake ki te taonga e tīkoki nei i te tukinga o te tuarā o pōrewarewa ki a ia.

I whakaae a Ngāti Whātua o Ōrākei kia kōrero a Hiko Hōhepa ki te ika haehae kupenga nei. Tuatahi, ka kōrero reo Māori mārire atu a Hiko ki a ia, kātahi ka huri ki te reo Pākehā. I āta whakamārama atu a Hiko i te whakapapa e heke iho ana i a Ngātoroirangi ki a Pūkaki, kātahi ka āta whakamārama atu i ngā kōrero mō te takenga mai o Pūkaki i te rohe o Rotorua. Tōaitia atu, tōaitia atu e ia kia mau ai. Nāwai rā, ka mimiti te puna kupu a te kaurimarima nei, ana, ka taringa areare haere ia, engari, i mua tonu ia i a Pūkaki e tū ana. Mea rawa ake ka whakautu ia i ngā kōrero a Hiko ki tēneki hāparangi āna, 'Nō hea rawa hoki koutou e mōhio? Ehara koutou i te kaiwhakairo!'

Ko te urupare mārire a Hiko, 'Mai rā anō he iwi whakairo a Te Arawa, ā, mohoa nei, pēneki i tēneki marea e pae nei ki mua i a koe. Heoi anō, mehemea koia tēnā ko tāu nā whakatau, e pai ana, kei a koe tēnā.' Kāore au i te tino mōhio nā te aha i māuru wawe ai te ihi whāuraura o te āraiawa i a Pūkaki, tērā pea nā te wairua rangimārie o te reo o Hiko, tērā pea nā te rere o te kata tīhohe i waenganui i ngā ngākau mānukanuka o te marea i tā te tangata ātete i heitara raka, ehara a Te Arawa i te iwi whakairo, wai ka mōhio, heoi anō rā i te mutunga

Kei raro: Ko Ngāti Whātua e ngana ana ki te whakamārie i tētahi kaiātete. (HM)

Kei raro waenga, kei raro katau: Ko Ngāti Whātua o Ōrākei e uta ana i a Pūkaki ki runga i te taraka o Malcolm Short mō te hokinga ki Ōhinemutu. (HM)

iho, i tau, i tuohu. Ka māhunga tūpou ia, ka haere ki a Hiko, ka hongi, ā, ka wehe wahangū atu raua ko tana hoa i te whare pupuri taonga. Toru tekau mēneti āmaimai kua hipa, ā, nāwai te kaupapa i wana nui, kātahi ka wana nui kē atu. Ko te whakaaro rā ia e rere ana i waenganui i te marea, ko tēneki nā, arā, nā te tohe nei i piki anō ai te mana o Pūkaki. Ka mutu, nā te hingatanga o te tohe a te uri o Te Waiōhua i kiriuka ai te whakaaro i waenganui i te minenga, kua oti, kua toka hoki i a Pūkaki tonu te whakatau, tino kore rawa atu nei tana hokinga ki te ūkaipō, otirā, ki tōna iwi o Ngāti Whakaue–Te Arawa, e whakakotitihia atu, e whakahōtaetaetia atu e te aha, e wai ake rānei. Nō muri mai, ka taupokihia te pouaka, ā, tekau ngā kairākau o Ngāti Whātua o Ōrākei i amo tītoko ake i a ia ki waho i te whare pupuri taonga, ka utaina atu ki runga i tō mātou taraka kaumātua. I huri a Pūkaki i te ao whānui mā runga waka rererangi ātaahua, engari, kāore te whare pupuri taonga i whakaae ki te whakapau pūtea ki te waka rererangi mō tana hokinga atu ki te wā kāinga. Nō reira, i whakarite a Ngāti Whakaue kia kawea mai ia mā runga i te taraka kaumātua nei, ā, i homai e Ngāti Whātua o Ōrākei ngā moenga matariki e waru. Ka menemene tonu wōku pāpāringa i te pūmahara atu ki ngā kanohi āwangawanga o ngā rangatira o te whare pupuri taonga, otirā, i te takanga o te kapa ki a rātou, ka mahue pea tā rātou whakarite waka tōtika hei kawe i a Pūkaki ki tōna rohe tāngaengae. I tino kata mai te kaihautū i te taraka, a Rogan, ki a au i taku pātai atu ki a ia, mēnā rānei ka tutuki i te taraka te mahi nui nei. I kī mai ia, 'Kaua e pātai mai ki a au, pātai atu ki a Pūkaki!' Kātahi mātou ko Hiko ka kata ngātahi. Mēneti noa i muri mai, i runga mātou i te huarahi, ko Pūkaki i mua e ārahi ana, ko ngā pahi me ngā waka i muri e whaiwhai ana i a ia ki Rotorua. Rōnaki ana te rere o te taraka ki runga i ngā rua o te huarahi, ā, ahakoa te makeretanga mai o tētahi o ngā ūkui mataaho, i tae pai atu, i tae ora atu ki Rotorua.

Kei runga mauī, kei runga waenga: Ngāti Whakaue–Te Arawa e pōwhiri ana i a Pūkaki me ōna kaiārahi nō Ngāti Whātua. (HM)

Kei runga: Ko te wero ki a Ngāti Whātua i Te Papa-i-Ōuru. (HM)

pūkaki — te hokinga mai o te auahitūroa

Kei te kāinga a Pūkaki. (HM)

I tō mātou taenga atu ki tō tātou pā ki Ōhinemutu, ka kitea te mahi a ngā uri o Te Arawa e tū tira mai ana, e hia rārangi te hōhonu, e hia rau te maha, ki te rāhiri i tō rātou tupuna. I āta tangohia e Ngāti Whātua o Ōrākei a Pūkaki i te taraka, ā, nā rātou ia i amo tītoko ake ki te waharoa o te marae. I a mātou e whakatikatika ana kia pōwhiritia mātou ki runga i te marae, ka whakatata mai taku whanaunga a Tracey, mokopuna a taku iho pūmanawa kua mate nei, a Hamu. Ka whakakākahuria e ia wōku pokohiwi ki te kahukiwi weu tarapī o Hamu. He mea nui tēnā mahi wāna. Kua tunahitia au ki te mana tautīaki o Hamu, me te aha, mōhio tonu au i te ao wairua ia e mātakitaki mai ana, ko ōna pāpāringa e menemene ana i te harikoa. Mea rawa ake, ka ngū te marae. Ka rere mai i a Ngāti Whakaue ngā tōī kairākau e rua ki te mātātaki i a Ngāti Whātua o Ōrākei. Nā Tā Hugh Kāwharu te taki i hiki ake, kātahi a Pūkaki ka karangahia ki runga i tōna marae ki Te Papa-i-ōuru. Ka noho hāngai te manuhiri me ngā uri o Te Arawa nō Tāmaki ki te paetapu. I piri tonu au ki a Pūkaki, i a ia e whakawhitihia ana i ngā ringaringa o Ngāti Whātua o Ōrākei ki ngā ringaringa o ngā toa tuangahuru mā rua o Ngāti Whakaue i te tomokanga o te marae. Nā Joe Hakarāia a Pūkaki i paeārahi i runga i te marae, ko wāna karakia o tūāuriuri whāioio e rere tīwharawhara ana ki te rangi. I te taenga atu ki mua i tō tātou whare tupuna, i a Tamatekapua, ka hurihia a Pūkaki kia aro mai ia ki te marae, kātahi ka tangohia te taupoki o tana pouaka. Kihekihe te manawa, tangi iere te reo o ngā kuia hei tāwhiri i a ia ki tōna ūkaipō. I reira te ihi, te wehi me te wana e ponitaka ana i te katoa o te hunga kua pae ki te marae. I heke ngā roimata i te tokomaha i te pānga atu o te mana ariā o Pūkaki ki ō rātou wairua, he āhuatanga i kore mō te 120 tau. Nāwai tērā āhuatanga i kaha, kātahi ka kaha kē atu i ngā hāora i muri mai, i te whakapuakitanga mai o ngā kōrero rokiroki ki ōna uri mō tōna takenga mai, a, moroki noa nei, tae atu ki ōna whakapapa e tuitui ana i a ia ki a rātou. Āe mārika! Kua kotahi anō a Pūkaki me tōna iwi.

Nāwai, nāwai, ka tau haere anō te mauri o te marea, ā, ka tīmata ngā mihimihi i raro i te tikanga whaikōrero tāutuutu a Te Arawa. I runga i te paetapu, ko ngā rangatira o Ngāti Whakaue me ngā koeke o ngā iwi whānui o Te Arawa, arā, nō ngā karangatanga pērā i a Ngāti Pikiao, Tūhōurangi me Ngāti Wāhiao. I te taha hoki o Ngāti Whakaue, te Kahika o Rotorua a Grahame Hall e noho ana. I runga i ngā tūru tōmua o te taha manuhiri, ko ngā rangatira o Ngāti Whātua me ngā māngai o Te Whare Pupuri Taonga o Tāmaki. I mana i ngā whaikōrero ōkawa i runga i te marae te whakawhitinga o Pūkaki i Te Whare Pupuri Taonga o Tāmaki (ngā kaipupuri i raro i te ture) me Ngāti Whātua (ngā kaitiaki wairua) ki ōna uri o Ngāti Whakaue o te waka o Te Arawa, arā, ki ana kaipupuri taketake i raro i te ture me ngā kaitiaki taketake i tōna oranga wairua.

Kei runga: Pūkaki e mātakitaki ana i ngā whakahaere. (HM)

Pūkaki kei Te Papa-i-Ōuru. (HM)

Kei runga waenga: Ngā koeke o Ngāti Whakaue–Te Arawa e whakarongo ana ki te Heamana o te Poari o Te Whare Pupuri Taonga o Tāmaki, ki a Peter Menzies (kei runga katau). (HM)

I te wā o ngā whaikōrero, ka tonoa a Peter Menzies, Heamana o te Poari o Te Whare Pupuri Taonga o Tāmaki, kia tū ki te kōrero. Hei tāna, 'Ko tā matou mahi matua, he whakapūmau i te hītori tika kia tika ki tā te ahurea, kia tika ki tā te pūtaiao. Nā konā i māmā noa iho ai te whakatau nei [kia whakahokia a Pūkaki ki te ūkaipō].' I reo Māori anake te nuinga atu o ngā whaikōrero, ā, ko te iho matua, he whiriwhiri i te taukaea o te matemate ā-one i waenganui i a Te Arawa me Ngāti Whātua kia rena, kia whena, kia tānekaha. Tuia ki tēnā, i rere petapeta hoki ngā mihi me ngā oha nui a Ngāti Whakaue ki a Ngāti Whātua o Ōrākei, mō rātou i whakaruruhau i a Pūkaki ki tō rātou mana whenua, mō rātou hoki i kaha ki te whakarīroi i ngā whakaaro o Te Whare Pupuri Taonga o Tāmaki kia 'māmā te whakatau'.

Ka whakamatuatia ngā whakahaere mō te wā poto kia whai wāhi ai tētahi rōpū hōu e tatari ana i te waha o te marae ki waenganui i ngā manuhiri. Ko ngā pou ārahi i te rōpū pakupaku hōu nei, ko te Kāwana Tianara o Aotearoa, a Tā Michael Hardie Boys, rāua ko te Minita i ngā Take Tiriti, a Hōnore Douglas Graham. Ka rere anō ngā tōī kairākau ki te mātātaki, ka rere anō ngā whaikōrero ki te rāhiri i tēneki rōpū e whakakanohi ōkawa nei i te Karauna. Nō muri mai i ngā kōrero a tētahi māngai Māori rāua tahi ko Hōnore Douglas Graham mā te Karauna, ka kapi katoa te kaupapa mō te whakahokinga mai o Pūkaki ki te kāinga, i te ihorei o Ngāti Whakaue, i a Wīhapi Te Amohau Winiata, kātahi ka whakaratarata, ka hongi. I koneki, ka whakamatuatia anō ngā whakahaere mō te raro pōtehetehe, kia whai wāhi ai ngā uri ki te tūtaki ki tō rātou tupuna, kanohi ki te kanohi. Ko wētahi i kekeho atu ki a ia, ko wētahi atu i morimori i tōna mata whakairo, i kenu ihu rānei ki tōna hei whakamiha i tōna mana nui. Tōna rua tekau mēneti i muri iho, ka whakaarahia ake anō ngā whakahaere, ka tīmata te wāhanga ōkawa tuarua o te rā: ko te whakatutukihanga o te kohatanga

auahitūroa

Ngāti Whakaue–Te Arawa e pōwhiri ōkawa ana i te Karauna ki runga i te marae o Te Papa-i-Ōuru. (Mark Tapsell)

atu o Pūkaki ki te Karauna, he āhuatanga i tīmataria rā 120 tau ki mua i tēneki rā tonu nei. I koneki, ka tonoa au kia kōrero poto mō te hītori e pā ana ki a Pūkaki, i mua i te waitohutanga a tēnā rōpū whai pānga, a tēnā rōpū whai pānga i te waikanaetanga.

I te mutunga o te waitohutanga, ka raua atu te waikanaetanga ki tētahi kete ātaahua, nā Huhana (Bubbles) Mihinui i raranga mō tēneki kaupapa motuhake. Kātahi ka hoatu e te kaumātua mōrehu o Ngāti Whakaue, e Amorangi Manuhuia Bennett, te waikanaetanga ki te Kāwana Tianara, ki a Tā Michael Hardie Boys, hei tohu anō i te whakawhiwhinga ōkawa o Pūkaki ki te Karauna. Whāia, ka tū a Tā Michael ki te mihi ki te katoa, ā, ka tākarekarehia e ia te pūaroha o te tangata ki wāna kupu poroporoākī ki ngā whetū tārake o mua o te iwi, ki a Kuru o te Marama Waaka rāua ko Hāmuera Taipōrutu Mitchell. Ka rere hoki wāna mihi ki Te Whare Pupuri Taonga o Tāmaki me Ngāti Whātua o Ōrākei mō te mahi i mahia e rātou kia tutuki ai te kaupapa. Ka kokoraho ia i a Pūkaki hei taonga mā te motu, ka kī ake:

> He hui tino whakahirahira tēneki. Nei, ka oti te kohatanga o tētahi taonga i kohaina tuatahitia atu ai 120 tau ki mua. He wā roa tēneki e tutuki ai tētahi kaupapa ture. Kia ahatia, ko te mea nui kē kua tutuki, kua oti, ā, nā te whakatutukihanga o te kaupapa, kua whakapūmau anō te iwi me te Karauna i te noho tahi i raro te Tiriti o Waitangi.

Nō muri mai, ka tū te Kahika o Rotorua, a Grahame Hall, ki te mihi ki te minenga, ā, ka mihi ia ki te Karauna mō rātou nei i whakaae kia noho tonu a Pūkaki ki Rotorua, 'hei pou whakarae ki ōna tāngata, ki tōna tāone'. I takoto i a ia te whakaaro kia whakanui tātou i te 2 o Whiringa-ā-nuku ia te tau, ia te tau, hei tohu mā tātou i te rā i whānau mai ai te tāone o Rotorua.

Kei raro: Ko te whakaeke a Tā Michael rāua ko Rēri Hardie Boyes ki Te Papa-i-Ōuru. (HM)

Kei raro waenga, kei raro katau: Ko Wīhapi Te Amohau Winiata (rangatira matua o Ngāti Whakaue) rāua ko Hōnore Douglas Graham (Minita i ngā Take Tiriti) e waitohu ana i te waikanaetanga mō Pūkaki. (HM)

tā michael hardie boys, gnzm, gcmg

Whaikōrero nā Hōnore Tā Michael Hardie Boys, Kāwana Tianara o Aotearoa, i te whakahokinga o Pūkaki ki a Te Arawa, 2 Whiringa-ā-nuku 1997.

E ngā mana, e ngā reo, e ngā iwi o Te Arawa, tēnā koutou, tēnā koutou, tēnā koutou katoa. E ngā uri o Pūkaki, e ngā uri o Ngāti Whakaue, e ngā uri o Te Arawa, koutou e rāhiri nei i a mātou i te rā nei, ki tēneki hui whakahirahira, hui tākare pūaroha, tēneki te tūhono nei i wāku kupu poroporoākī ki wā koutou, ki ō tātou tūpuna nō rātou nei ngā takahanga waewae e aruaru nei tātou i tēneki wā. E tangi ana te ngākau ki a Kuru Waaka kātahi tonu nei ka hinga. Nō ngā rā tata tonu nei, nāku ia i pine ki te tohu huānga o Aotearoa; ka tangi apakura hoki ki wērā atu pou kaumātua o te iwi, pērā i a Tā Hepi. I riporipo nei tōna matenga ki te marea whānui o tēneki whenua, ko te katoa i pōuri, ko te katoa i mōteatea. Kāore e kore kua hoki wairua mai rātou katoa i te rā nei kia noho mai anō ai rātou ki waenganui i a tātou ki te tautoko i te whakahokinga mai o Pūkaki ki te kāinga, tae atu rā hoki ki a [Hāmuera] Mitchell, tētahi o ngā pou tōtara i tae ai tātou ki tēneki rā huia kaimanawa.

Me mihi hoki e au a Paul Tapsell, he uri rangatira nō te tupuna rangatira, nā tāna rangahau i whitikina ai ngā hē o mua e te rā, otirā, i rewa ake ai ia ki ngā taumata ikeike o te ao mātauranga; tatū atu rā hoki ki Te Whare Pupuri Taonga

(HM)

o Tāmaki, i ngāwari nei te whakaae atu, te āwhina atu i te whakatutukihanga o te mahi a Paul. Ka huri aku mihi ki a Ngāti Whātua o Ōrākei e tautoko nei i te kaupapa o te rā.

He hui tino whakahirahira tēneki. Nei, ka oti te kohatanga o tētahi taonga i kohaina tuatahitia atu ai 120 tau ki mua. He wā roa tēneki e tutuki ai tētahi kaupapa ture. Kia ahatia, ko te mea nui kē kua tutuki, kua oti, ā, nā te whakatutukihanga o te kaupapa, kua whakapūmau anō te iwi me te Karauna i te noho tahi i raro i te Tiriti o Waitangi. Hei aha atu mā tātou te titiro whakamuri ināianei me te whakaaro ake, ka mahue te pēneki, ka mahue te pēnā raka. Me titiro whakamua tātou, ki ngā moemoeā ka taea te whakatinana, otirā, me whakatinana, kia toitū ai, kia angitu ai te noho tahi o ā tātou mokopuna. Ka nui taku harikoa, ka nui taku poho kererū ki te tango i tēneki koha hei taonga mā te motu whānui. He rā whakakorikori kōhengihengi tēneki. Kua kori hoki a Pūkaki. Te roa hoki o tana korikori kia tae mai ki koneki! Kua kori ia ki kō atu o kō mai i roto i ngā tau, engari, kua tau mai tēneki tupuna, i pūkana mai ai ki a tātou i roto i ngā whakakitenga huhua kia mōhio ai tātou ko wai ia, ki tōna tūrangawaewae, ki te wāhi e kite iho anō ai ia i ōna whenua tāngaengae, ki te wāhi i whakauenukutia ai tōna mana ariki e ngā tohunga whakairo o tāukiuki. Ki koneki ia whakamatua ai i roto i te rangimārie, ā, ko tōna mana te waka e whakakukū atu ai ōna uri ki te tōnuitanga o hua nui.

Kei runga mauī, waenga, katau: Ko ngā tūpuna me ngā uri whakaheke e mātakitaki ana i te whakawhiwhinga ōkawa o Pūkaki (te waikanaetanga) e Ngāti Whakaue (Minita Amorangi Manuhuia Bennett) ki te motu, arā, ki te Māngai o te Kuīni ki Aotearoa nei, ki a Tā Michael Hardie Boys. (RM)

Nā tō tātou pou kaumātua, nā Manuhuia Bennett ngā whaikōrero i whakatepe, otirā, te mana o te marae i whakahoki mai ki te tangata whenua. Koia tētahi o ngā māngai i runga i Te Rōpū Whakamana i te Tiriti, nō reira, i kōrero ia mō te titikaha mai o te poho kererūtanga ōna hei uri nō Pūkaki, otirā, hei uri Aotearoa hoki, i te kitenga atu i te rauhītanga mai o te iwi me te Karauna ki te whakapūmau i te wairua o te kotahitanga i tāngia ki te Tiriti. I tōai ia i ngā kupu i puta i te Kāwana Tianara i mua atu i a ia, 'Me titiro whakamua tātou, ki ngā moemoeā ka taea te whakatinana, otirā, me whakatinana, kia toitū ai, kia angitu ai te noho tahi o ā tātou mokopuna.' Nā te mea rā hoki koia te Pīhopa o mua o Aotearoa, ka ārahi a Manuhuia i te minenga nui ki te karakia hei whakakapi i tēneki wāhanga o te rā. Nō muri mai, ka muia anō a Pūkaki e te nuipuku, he hiahia nō rātou ki te mātai kekeho atu anō ki a ia, i mua i tana wehenga atu i tōna marae, i Te Papa-i-ōuru.

Ka whakahokia te taupoki o te pouaka, ka tunahitia ki te haki a Ngāti Pūkaki, he haki ka rere i te wā o ngā hui pūwherowhero, o ngā tangihanga anake rānei ki roto o Ōhinemutu. Kātahi ia ka amo tītokohia ake e ngā mumu tētēkura o Ngāti Whakaue – ko Joe Hakarāia i mua e karakia ana – i te marae o Te Papa-i-ōuru mā te taha rāwhiti o Ōhinemutu ki te Huarahi o Fenton, tae atu ki te whare o Te Kaunihera ā-Rohe o Rotorua. I mua atu i a Pūkaki, ko ngā mātākaikutu o Ngāti Pikiao, he ope māia, he ope mau rākau tonu, e pare ana i te hunga o te hapori, e pare ana i ngā waka kia wātea ai te ara. Ko Wētini Mītai tō rātou kaingārahu. Ka tū ngā waka katoa o te tāone kia tohipa atu te tira kotahi mano tāngata nei, rātou katoa e aruaru ana i tēneki taonga ahurei, he karakia, he haka hei korowai i a ia. Te kainamutanga atu o te tira hīkoi ki te whare o te Kaunihera ā-Rohe, ka rere te reo karanga i ngā kuia o Ngāti Whakaue i tae atu i mua i te tira, ki te pōwhiri i a Pūkaki ki tōna taumata okiokinga hōu. Te taenga atu o te tira hīkoi ki ngā kūwaha, ka tangohia a Pūkaki i tana pouaka, ka amohia ake ki runga

Wētini Mītai-Ngātai me ana tauā nō Ngāti Pikiao e ārahi ana i a Pūkaki i ngā huarahi o Rotorua. (HM)

Ko ngā uri o ngā hapū matua o Te Arawa e whai wāhi ana ki te hīkawe i a Pūkaki. (HM)

Ko Joe Hakarāia o Ngāti Whakaue e taki karakia ana, i te whakatutanga o Pūkaki ki te whare o te Kaunihera o Rotorua. (HM)

pūkaki — te hokinga mai o te auahitūroa

Pūkaki e amo tītokohia ana e Ngāti
Whakaue ki tōna tūranga i te whare o te
Kaunihera o Rotorua. (nā NZH)

auahitūroa

i ngā pokohiwi o ngā toa tekau, he uri te katoa nōna. Ka tākina e te tohunga o Tūhōurangi–Ngāti Wāhiao, e Mauriora Kīngi, ngā karakia tūāuriuri whāioio hei whakawhirikoka i ngā toa ki te mōhiki ake i te whakairo, 350 kirokaramu te taumaha, i ngā arawhata o te whare ki te ara hīkoi o runga ake, otirā, ki te atamira e tatari ana ki a ia. Kī katoa ana te rangi me te whenua i ngā karanga me ngā karakia e tuitui mārika ana i te ao wairua me te ao kikokiko kia whāiti atu ai ngā whakaaro o te katoa ki ngā toa e whakaheke tōtā ana ki te hiki, ki te kawe. Te mutunga iho, kāore he raru kotahi i hua ake, ā, ka whakatūria a Pūkaki ki runga i tana atamira, rua mita te teitei, kia pai ai tana māhoi atu ki te tāone, tae atu ki tōna pā tāngaengae ki Te Pukeroa–Ōhinemutu. Nā Wīhapi Te Amohau Winiata, tō tātou ariki taungaroa, ngā karakia whakamutunga i taki, he karakia Karaitiana kia āuriuri anō ai te marea. Hei whakakapi, nā te Kahika me te Kaunihera te katoa i whāngai, he kumamatanga, he hākari, he tōwhiro, kia noa anō ai te katoa, whai muri iho i tā Pūkaki waihape mai ki te kāinga, me he auahitūroa.

Kei runga mauī: Mauriora Kīngi rāua ko Wētini Mītai-Ngātai e whakatinana ana i ngā tikanga ōkawa i te urunga mai o Pūkaki ki te whare o te Kaunihera. (Ann Somerville)

Kei runga: Pūkaki e mōhikitia ana ki tōna atamira hōu i te whare o te Kaunihera. (HM)

(HM)

XIX
anamata

Ko te whāinga o te hātepe whakatau tono Tiriti, he whakaea i ngā raupatu me ngā mamae o mua, kia newanewa ai te ahu whakamua a te Karauna me te hapori Māori ki tētahi ao hōu, whanaungatanga hōu. Ko te kohatanga o Pūkaki, he tohu tāpua o te whanaungatanga hōu i waenganui i a Ngāti Whakaue me te Karauna, i whānau mai rā i te whakataunga o te tau 1993. E whakapono pū ana au, mā te mana tiaki o Pūkaki, ka whanake, ka whena taua whanaungatanga.

Ko wēneki kupu o runga nei, he mea whakapuaki mai ki a au e Hōnore Douglas Graham i roto i wāna tuhinga mai mō te whakahokinga o Pūkaki. Mōku ake nei, kāore i ārikarika te poho kererūtanga, te māorioritanga me te oranga ngākau i taku whai wāhi atu ki te whakatinanatanga o te moemoeā o Hamu kia tū mai anō tō tātou koromatua ki koneki hei taonga tohu i te orokohanga mai o te tāone o Rotorua. Hāunga rā ia te pikinga o te mana o te taonga i roto i ngā whiriwhiringa mō te whakahokinga mai o Pūkaki ki te kāinga, ka piki rā hoki te mana o Ngāti Whakaue, tae atu rā ki te mana o Ngāti Whātua o Ōrākei nō rātou nei te whenua i taupua ai a Pūkaki mō tata ki te 120 tau. Ahakoa ngā kūrakuraku i te pā ki ngā whiriwhiringa whakataunga tono raupatu o te wā, pai katoa ngā piropiro o te Karauna i ngā whakaaro nui me te wairua māhaki o tō tātou iwi. Ko te whakatūnga mai me te whakaūnga mai o te Tarahiti o Pūkaki te whakatinanatanga mai me te whakarīrātanga mai o te ngākau pono hōhonu o te Karauna ki a Ngāti Whakaue i roto i ngā kaupapa whakawhanake i a Rotorua ki anamata, tae atu ki te noho mai a Pūkaki hei taonga nui kāmehameha nā Aotearoa, haere ake nei.

Kei te whare o Te Kaunihera ā-Rohe o Rotorua, arā, kei te arawhiti i te papa tuatahi a Pūkaki e tū haupapa ana. Kaitōrangapū mai, kaimahi tari kāwanatanga

(HM)

anamata

mai, tangata hapori mai, katoa katoa ka kitea e Pūkaki, i a rātou ka tomo, i a rātou ka wehe i te whare o te kaunihera: he whakamaharatanga mutunga kore ki a rātou kia whai whakaaro tonu mai ki a tātou, ki a Ngāti Whakaue, mō tātou i koha i a Rotorua ki te ao. I te wā o te whakahokinga mai o Pūkaki, ka puta te whakatau i te Kahika, 'tērā pea he wā tōna ka whakatū a Rotorua i tōna ake rā huritau, ka mutu, kāore he painga i te 2 o Whiringa-ā-nuku'. Kāti, e tatari ana a Pūkaki!

I tino rongo hoki Te Whare Pupuri Taonga o Tāmaki i te mana nui o te kaupapa, inā hoki te kōrero i tuhia ki tā rātou moheni hauwhā tau:

> Ko te whakatau kia whakahokia a Pūkaki, tēneki ka noho hei tauira ki te ao, ka mutu, he momo whakatau tēneki e pūrero ake ai Te Whare Pupuri Taonga o Tāmaki hei kaiārahi i wērā atu whare o te ao, i roto i ngā kaupapa whakawhanake auroa ki ngā iwi taketake.

Mai i te hara ki te hāpai, i horomi te whare pupuri taonga i tōna whakahīhī me tōna tuakiri whakatuanui, i whakapāpaku i a ia anō kia oti ai he ara hōu te takahi i tuituia ai he whanaungatanga uri taonga–kaipupuri taonga, me te aha, koia tēneki ko te ara i whāia ai e Pūkaki kia tae anō ia ki te wā kāinga. Tērā pea, he wā tōna ka pēneki anō te māia o wētahi atu whare pupuri taonga? Ina toko te whakaaro, nei rā te tauira mō Pūkaki hei whai e puta ai he angitutanga ki ngā taha e rua, otirā, e tau ai te kōingo e kaha nei te tipu i waenganui i ngā uri o ngā taonga kia whakahokia wā rātou taonga e hia mano te maha i ngā whare toi o te ao, arā, i ngā whare toi e pupuri hēhē ana i aua taonga raka, ki a rātou.

I mate Te Whare Pupuri Taonga o Tāmaki ki te whakatikatika i ōna hē o mua kia kitea he waikanaetanga e pai ana ki ngā taha e rua e whai mana ai tāna noho hei whare aronui ki te whakatairanga 'i te hītori tika'. Tae rawa mai ki te tau 1995, kāore ngā take hōhonu i noho kāinga ai a Pūkaki ki Tāmaki-makaurau i āta mōhiotia. Engari, nō te 2 o Whiringa-ā-nuku 1997, nā ngā māngai tarahiti tonu o Te Whare Pupuri Taonga o Tāmaki te hītori tika i tūhura ake, i tā rātou ko Ngāti Whātua o Ōrākei whakahoki i a Pūkaki ki ōna uri whakaheke. Nā tēneki mahi nui a rātou, ka tū he whanaungatanga hōu ki waenganui i a Ngāti Whakaue me Te Whare Pupuri Taonga o Tāmaki, engari, nui atu i tēnā, ka tutuki te kaupapa i kohaina tuatahitia atu ai a Pūkaki hei taonga – arā, hei tohu i te ngākau pono i waenganui i ngā hoa Tiriti, i a Ngāti Whakaue me te Karauna, kia tū ai te tāone o Rotorua – tēneki ka ea. Kei hea mai hoki he taumata okiokinga mō Pūkaki, i tua atu i te whare tonu o Te Kaunihera ā-Rohe o Rotorua. Koineki te whare e pupuri ana i te mana whakahaere i te rohe o Rotorua i raro i te ture, he mana e takea mai ana i te kāwanatanga, engari, pūmau whakaioio tonu ana tō tātou mana ki

te whenua. E kekeho atu nei anō a Pūkaki ki tōna pā tāngaengae ki Te Pukeroa, i 'tōna atamira whātaitai iho ki ōna whenua tūpuna', ā, ka noho koia hei pūtake o te ngākau whakapuke, o te ngākau houkawe o ōna uri o Ngāti Whakaue, ahakoa ki hea tātou i te ao e noho mai ana.

    Heoi anō rā, kua hoki mai anō a Pūkaki ki te kāinga, kua whakatūria he rōpū, arā, ko te Tarahiti o Pūkaki, hei manaaki i a ia ki anamata, ki hea ināianei? Ko tētahi o ngā mahi tuatahi a te tarahiti, he whakarite whakahōutanga i a Pūkaki, he whakahōutanga nui, he whakahōutanga whai kounga. Hei ngā rā kei mua i te aroaro, ka riro mā Ngāti Whakaue tōna wairua me tōna mana ariā e tauwhiro, mā te Karauna, ngā kaimahi me ngā rauemi tiaki i a ia, e whakatū, e utu; mā te Kaunihera ā-Rohe te haumarutanga o Pūkaki me ngā kaupapa poipoi i a ia, rā atu, rā mai e pīkau, ā, mā Te Whare Pupuri Taonga o Tāmaki ngā mātanga e whakarite, mēnā ka tūpono pīrangitia. Mā te tarahiti tōna anamata e whiriwhiri, heoi anō, ko tētahi mea e toka ana te mōhiotia, ka uaua te neke anō i a ia. Kei te ūkaipō anō a Pūkaki, ā, kei runga i ōna pokohiwi, ngā whakaaro nui o te marea, hāunga rā ia ngā whakaaro nui o te iwi me te tāone, engari, ko ō te katoa o te motu whānui. Me te aha, ki te toro koe i te whare o Te Kaunihera ā-Rohe o Rotorua i te wā e tangata kore ana te whare, tērā pea ka rongo koe i a Pūkaki rāua ko tana pōtiki, a Hāmuera Taipōrutu Mitchell, e kata ngātahi ana, i a rāua 'e tiro mākutu iho ana ki te rārangi tāngata utu reiti, me te haka mai rā i tā rāua haka . . . āhahā, kei noho ka wareware i a koutou, nā wai a Rotorua i koha ki a koutou i te mātātupuhanga ake!'

(HM)

XX
Pūkaki — te wāhanga hōu

Mai i te tau 1997, kua noho a Pūkaki ki te whare o Te Kaunihera ā-Rohe o Rotorua (RDC; engari kua whai ingoa hōu taua Kaunihera ināianei, arā, ko Te Kaunihera o Ngā Roto o Rotorua, te RLC rānei), ā, whakahirahira ana tāna noho ki reira. I ngā tau e whā tuatahi ōna ki reira, e hia rau uri i toro i a ia, ka takoto i a rātou he rau kawakawa hei mihi ōkawa mā rātou i a ia, ka noho noa iho rānei i roto i te mūmūtanga ki te whiriwhiri i ngā rau mahara. Nāwai, ka waia haere ngā kaimahi me ngā kaikaunihera ki tēneki tohu mana a Ngāti Whakaue, e horahia nei ki waenganui i a rātou hei titiro mā rātou nō rātou e takawhiti ana i ō rātou taiwhanga hui me ō rātou tari.

Heoi anō rā, ka takahurihia te āhuareka o te noho a Pūkaki i te putanga mai o te pūrongo taiao i te tau 2001, me tana whakarāngai ake, whakatairanga ake i te mōrearea o te noho tonu a Pūkaki ki roto i te whare o Te Kaunihera ā-Rohe o Rotorua. Hei tā te pūrongo, he kaha rawa nō te whitinga ōna e ngā hihi o te rā, he kaha rawa hoki nō te piki me te heke o te pā mahana o te hau takiwā i roto i te whare, arā, i ngā hāora mahi ka kā te aumanga hau puangi o te whare, i ngā hāora o te pō ka weto. Kāore tētahi kotahi i hiahia kia raru a Pūkaki, ko Ngāti Whakaue i te tino māharahara.

I puta mai taua pūrongo i te wā tonu o te hui tuatahi a te rōpū hōu e kīia nei, ko te Tarahiti o Pūkaki, ko tōna Toihau ko te māngai tonu mō te Pirimia o Aotearoa, arā, mō Hōnore Helen Clark, a Hōnore Judith Tizard. I runga hoki i te Tarahiti te kaiārahi i a Ngāti Whakaue, a Pā Wīhapi Winiata; Toihau o te Poari o Te Whare

Pupuri Taonga o Tāmaki, a Bruce Anderson; me te Kahika o Te Kaunihera ā-Rohe o Rotorua, me Grahame Hall. Ko te mahi mātāmua tuatahi hei whakatutuki mā te Tarahiti, he toha pūtea kia puta ai he pūrongo taiao anō, hōhonu ake i te mea tuatahi. I kōrerotia hoki te uara o Pūkaki. I te wā o *Te Māori* ka inihuatia a Pūkaki e te kāwanatanga mō te kotahi miriona tāra. Ko tana uara, e ai ki te Tarahiti i roto i tā rātou hui, e waru miriona tāra kē, kātahi ka riri a Wīhapi: kāore e taea tō mātou tupuna te whakauara, ko ia ko mātou. Tē taea te hoko. I tautoko te māngai mō Te Whare Pupuri Taonga o Tāmaki ki te Tarahiti, i te tono a Ngāti Whakaue kia 'uara kore' a Pūkaki, kia noho ia hei taonga nā te motu whānui mō ake tonu atu. Kia ahatia, i ngana tonu wētahi ki te rapa uara ki a Pūkaki mō te tekau tau i whai mai, tae rawa mai ki te tau 2013, kātahi te Tarahiti ka whakaae ki te rangahau i te utu mō te whakairo anō i a Pūkaki, ina tūpono pā he aituā ki a ia.

I te whare o te Kaunihera-a-rohe o Rotorua a Pūkaki e noho ana i te tau 1997 ki te tau 2010. (Krzysztof Pfeiffer)

I te kōtihi tonu o ngā whakaaro o te Tarahiti, te tāwharautanga o Pūkaki. Nō te tau 2003, ka oti tētahi rangahau hōhonu e pā ana ki te taiao e noho mai rā a Pūkaki me tōna hauora ā-tinana, ā, e ai ki te pūrongo i hua ake i taua rangahau raka, i te tere haere te mate hirinaki o Pūkaki, nā te kaha o te maneitanga o ngā aho ā-rangi, nā te kaha o te piki me te heke o te pā mahana tae atu ki te taunga mai o te pīpīwai, o te haukū. I te hui a te Tarahiti i te marama o Honohonoī i te tau 2003, ka puta te whakahau i te Kaunihera kia haria a Pūkaki ki tētahi taiwhanga ki Te Whare Pupuri Taonga o Rotorua, kia pai ai te whakarite i te taiao tika mōna, ā, hei whakakapi i tōna tūranga ki te whare o te Kaunihera, 'ka whakairihia he momo whakaahua, aha rānei o te taonga nei ki tētahi wāhi whai mana i roto i te wāhanga whakahaere matua o te whare o te Kaunihera'. I te rangirua ngā whakaaro o Wīhapi. Hei tāna, kātahi anō a Pūkaki ka tangohia mai i te whare pupuri taonga, ā, he take nui tonu i whakahokia mai ai ki te kāinga: kia maumahara te Karauna/Kaunihera ā-Rohe o Rotorua ki tāna noho hei hoa tiriti, tae atu rā ki ngā kī taurangi hei whakatutuki mā rātou i roto i te Whakaaetanga Fenton o te tau 1880 (tirohia te tāpiritanga II): 'Ko te wawata o Hamu kia haere a Pūkaki ki te whare o te Kaunihera kia tino maumahara te hunga o tēneki rohe, nā wai wēnei whenua i koha ki a rātou. Me noho tonu a Pūkaki ki tōna wāhi ki kō.' Nāwai rā, ka tae te tono a te Tarahiti ki a au, otirā, ki a mātou ko Te Whare Pupuri Taonga o Rotorua kia āta rangahau i ngā momo ara whiriwhiri katoa me te utu mō te takahi i aua ara e pūmau tonu ai te oranga o Pūkaki, tatū atu ki te hiahia o Ngāti Whakaue kia noho tonu ia ki te Kaunihera. I oati mai te Toihau o te Tarahiti, ka kōrero atu ia ki te Minita i ngā Take Tiriti ki te minamina pūtea hei tautoko i te ara ka whakatauria e te Tarahiti hei ara whai mā rātou.

I taua wā tonu raka, i hua ake ai he take anō i eke rawa anō ai a Pūkaki ki te kōtihi o whakaaro. Nō te Kirihimete o te tau 2002, ka kitea ake, he ruarua rawa ngā 20 hēneti e toe ana i roto i te tahua o tēneki whenua. Hei whakatika i taua raruraru, ka kohikohi Te Pūtea Matua o Aotearoa i te rua me te haurua miriona 20 hēneti i tana kōputu pūtea, ana, ka whakarewahia ki te motu. He mea whakairo wēnei 20 hēneti nei i te tau 1990, ko Pūkaki kei runga. Kāore ngā kaimahi o Te Pūtea Matua i paku mōhio, he mea aukati te whakarewatanga o wēnei hēneti e Koro Hamu i te tīmatanga o te tau 1990, koia i kōputuhia ai ngā hēneti Pūkaki nei (tirohia ngā whārangi 120–21). Ko te take kotahi i hīnātore mai ai te māramatanga ki te marea mō te whakaurunga o wēnei hēneti nei ki te ōhanga pūtea o te motu, ko te tae kōura i rite ai ō rātou āhua ki te hēneti rua tāra hōu kātahi anō ka whakarewahia i taua wā anō raka. I pōhēhē wētahi he rua tāra, inā hoki te kaha rite o te rahi, te kaha rite o te āhua ki te 20 hēneti, ko Pūkaki kei runga. Nā ngā uri o Whakaue tonu a Wīhapi i whakamōhio ki te whakaurunga o wēnei hēneti Pūkaki ki te ōhanga pūtea o te motu, nāwai rā ka tono te Tarahiti ki te Kāwana hōu o Te Pūtea Matua, ki a Tākuta Alan Bollard, kia haere mai ki Rotorua ki te hui ki te whiriwhiri i te kaupapa nei. Nō te marama o Te Mahuru 2003 ka hui te Tarahiti ki te kōrero mō te hauora o Pūkaki te whakairo me tōna oranga tonutanga ki anamata. I tēneki hui hoki, ka noho tahi a Ngāti Whakaue me Te Pūtea Matua ki te kōrerorero me te whiriwhiri i ngā āhuatanga hei whai kia ea ai ngā raruraru e pā ana ki ngā hēneti Pūkaki.

E hia hui taumata, kātahi ka oti i a mātou ko Wīhapi, ko Tākuta Alan Bollard he whakaaetanga, i tū ai he whakarewatanga ōkawa i te 20 hēneti ki mua tonu i te aroaro o Pūkaki i te 30 o Whiringa-ā-nuku 2004. I reira ngā māngai o te Tarahiti o Pūkaki, ngā māngai me ngā āpiha o te Kaunihera ā-Rohe, te Kāwana o Te Pūtea Matua me tōna kāhui rangatira, ngā kaitōrangapū me te neke atu i te rua rau Ngāti Whakaue. Nā te Kāwana Tianara, arā, nā Kahurangi

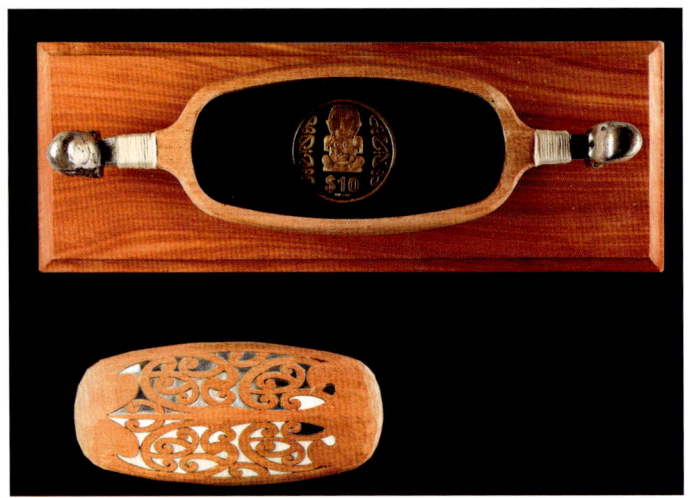

Tētahi o ngā hēneti $10 Pūkaki, 22-mara koura te kounga, kei roto i tōna ake waka huia nā Lyonel Grant i whakairo, he mea koha e te Kāwana Tianara ki a Ngāti Whakaue me Te Whare Tahua i te kawanga hēneti i te 30 Whiringa-ā-nuku 2004. (Whare Tahua o Aotearoa)

Sylvia Cartwright mō te Karauna, rāua tahi ko Wīhapi Winiata ngā hēneti whakanikoniko motuhake Pūkaki e rua, 10 tāra te uara, 22 kounga kōura te kāmehameha, i hura. I roto ngā hēneti e rua nei i wētahi waka huia. Nā Lyonel Grant nō Ngāti Pikiao wēnei waka huia e rua i whakairo. Mō te roanga o tēneki hui whakahirahira, ka tū rangatira a Pūkaki, ka mātakitaki iho i ngā mahi, ko tōna haki tangihanga e māhorahora ana ki te tēpu, i reira raka ngā hēneti e taupua ana. Nā Wīhapi ngā karakia tūāuriuri whāioio i taki, kia ū ai te tapu, te mauri me te wairua o Pūkaki ki ngā hēneti e rua. Nā wāna karakia rokihau i puta atu ai te 20 hēneti Pūkaki ki te whai ao, ki te ao mārama hei whakamahi mā te tangata, rā atu, rā mai, otirā, i wātea ai ngā here o tua whakarere i te noho i runga i tōna āhua, kia rere āmiomio atu ai ia ki te motu hei moni hokohoko mā te marea. I te mutunga o te hui, ka kapo ake a Ngāti Whakaue i tētahi o ngā hēneti motuhake e rua hei pupuri mā tātou, kō tērā atu i riro i te Karauna, hei whakapūmau anō i te waikanaetanga mahi tahi i tū i te wā i kohaina atu ai a Pūkaki ki te Karauna i te tau 1877. Ahakoa i te tino manauhea a Wīhapi i te whakarewatanga ōkawa o ngā hēneti nei, kāore ia i whaki:

> E harikoa ana tōku ngākau, kei koneki te Kāwana Tianara (Kahurangi Sylvia), te Toihau o te Tarahiti o Pūkaki (Hōnore Judith Tizard) me te Kāwana o Te Pūtea Matua (Tākuta Bollard) hei kanohi mō te taha Karauna o te hēneti. Kāti hā, nō Ngāti Whakaue te whakamānawa, kei te taha Māori o te hēneti, tō tātou tupuna, a Pūkaki.
>
> E tohu ana te hēneti Pūkaki i te anamata kei mua i a tātou, me ngā oati kei roto i Te Tiriti o Waitangi hei ārahi i a tātou ki āpōpō. Ko tātou te hēneti, arā, e rua ngā taha, kotahi te hēneti. Mā te whakaute i ō tātou rerekētanga, mā te mahi tahi a te Karauna me te Māori, ka whenua taurikura, ka whenua haumako a Aotearoa mō tātou katoa.

I tēneki whakarewatanga ōkawa hoki, ka whakamānutia tā Te Pūtea Matua tohu mātauranga ā-tau e kīia nei ko te Pūkaki Education Award, e haere ai ngā rangatahi pūkenga kaiārahi o Ngāti Whakaue ki Te Whanganui-a-Tara mō te rā kotahi ki te hui me te kōrero ki te Kāwana Tianara, te Kāwana o Te Pūtea Matua me ngā kaitōrangapū, tae atu rā ki te toro i wā tātou taonga, kei Te Papa e taupua mai ana. Tuia ki tēnā, i whakarewahia hoki wētahi hēneti kōura Pūkaki hei hoko mā te hunga kohi me ngā uri. Ko te pūtea i kohia i te hokotanga atu o wēnei hēneti kōura, i haere ki te Tahua Ngore a Hāmuera Taipōrutu Mitchell, he tahua ngore i whai huruhuru i te pūtea tōpū i kohia i te hokotanga o te pukapuka tuatahi – *Pukaki – a comet returns* (2000) me te pūtea i whakawhiwhia

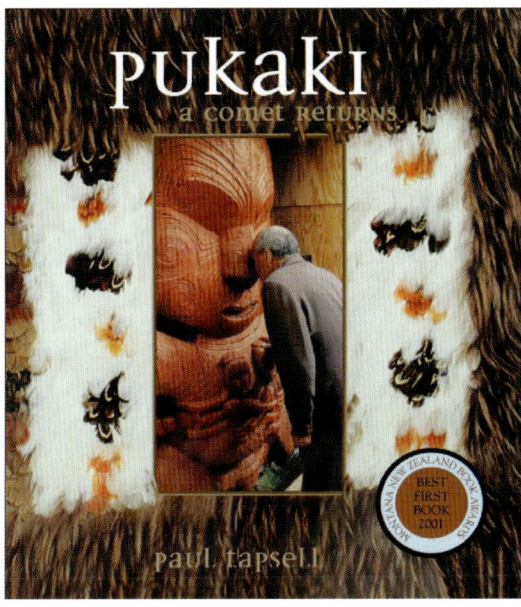

Te putanga whai tohu, tuatahi hoki o *Pūkaki – a comet returns*, 2000.

mai i te toanga o te pukapuka i roto i te whakataetae Montana New Zealand Book Awards i te tau 2001.[1]

Kāore te Tarahiti o Pūkaki i hui i te tau 2004, 2005 rānei. Ko te kaha pītawitawi o ngā ara whakawhiti kōrero i waenganui i ngā māngai tarahiti, ko te kōwhiringa pōti o te motu, ngā kōwhiringa ā-rohe me ngā tangihanga wētahi o ngā take i kore ai, me te aha, matangurunguru ana te mokepuihitia o te kaupapa mō te hekenga o te ora o Pūkaki. Ahakoa te manawakiore haeretanga ōna, ka ngana tonu a Wīhapi ki te akiaki i te Tarahiti kia hui kōhukihuki tonu ki te whakarite i te oranga tonutanga o Pūkaki i ngā tau roa kei mua i te aroaro. Heoi, i te tīmatanga o te tau 2005, nāwai te mate huka o Wīhapi ka kino, kātahi ka kino kē atu, ā, mate noa. Ka umuraha ngā whakaaro o Ngāti Whakaue i runga i te mōhio, ko te matenga o Wīhapi, koia ko te hingatanga o te tōtara. I runga i tōna tūpāpaku te haki o Pūkaki e kapakapa ana, nōna e tangihia ana i te marae tonu o Pūkaki, i te Te Papa-i-ōuru. I rere ngā kōrero mō te tini o ngā hua i puta ki te hārakerake i tana whano mai ki tēneki ao. I rite tonu te mihia ōna i roto i te roanga o tōna tangihanga, mōna i rangitāmiro i te iwi, i ngā tau i muri mai i te matenga o Koro Hamu i te tau 1994. I rite tonu hoki te mihia ōna, mōna i whakapau i ōna kaha katoa, i tōna anō oranga tae atu ki ōna hāora tuamatangi, kia toitū tonu ai, kia whai urungi tonu ai a Ngāti Whakaue. Hei tā wētahi, ko Wīhapi te whakatinanatanga o ngā tuakiri o Pūkaki: māia, kiriuka, mākoha – engari, ko te tuakiri matua ōna, ko te whakatutuki i ō te iwi wawata, i mua i te whakatutuki i ōna ake.

I tohu te matenga o Wīhapi i te ekenga akutō o Ngāti Whakaue ki ngā ia oma nei a te Pākehā me wāna hangarau katoa, wāna āinga pakihi katoa. E hia whakatipuranga o te ao o nehe i nunumi ki te pō i roto i ngā tangihanga maha i runga i ō tātou marae. Engari, nā te matenga o pāpā Hapi, ānō nei i mate hoki te noho a te marae hei tūrangawaewae mō ngā kaiārahi taiea o Ngāti Whakaue; me te mea nei ko te tau 2005 te tau i ara ake ai ngā uepū ā-iwi ki te whakarāngai ake i tō rātou mana pūtea. I wēnei rā nei, e hia miriona tāra te uara o ngā uepū ā-iwi o Ngāti Whakaue, ko te Tarahiti o Pukeroa Oruawhata tēnā, ko te Taumata Mātauranga o Ngāti Whakaue tēnā, ko te Rangapū Whenua o Ngāti Whakaue tēnā, tae atu ki te Tarahiti Whakawhanake Rawa o Te Kotahitanga. Pērā i te nuinga o ngā iwi o te motu, nā te matemate haeretanga o ngā kaumātua tū marae, kua urungi kore, engari, kua takatū ake ko ngā uepū me ngā rūnanga ā-iwi ki te tiriwā i te āputa, me te aha, kua pūrero ake ko ngā kaiārahi 'hōu' o te wā nei hei reo mō te ao Māori. E tū tonu ana ngā marae – te wharenui me te wharekai – hei wāhi motuhake mō ō tātou tangihanga, pākūhātanga, huritau 21 me wā tātou hui ā-tau, engari, kua tukuna kia reo kore, kia mana kore rānei i roto i wā tātou mahi

---

1. Ko te Tūāpapa Kāwharu te rōpū whakahaere i tēneki tahua ngore.

pūkaki — te wāhanga hōu

He pikitia o te pā o Te Pukeroa i te taha o Te Ruapeka i te roto o Rotorua — ko te ringa tā kāore e mōhiotia ana. Nā James Cowan tēnei mahere i tā, whai muri iho i tana kōrero ki a Kiharoa Akuhata; tirohia ngā whārangi 65–66. (Whare Pukapuka o Alexander Turnbull, MapColl-Cowan-family-19/Acc.5548 4)

whakakaupapa i te rangatiratanga, i roto rānei i wā tātou mahi e whai wāhi atu ai tātou ki ngā kaupapa Kaunihera ā-Rohe, kaupapa kāwanatanga rānei, hāunga anō rā hoki tō tātou wareware ki te marae hei manapou oranga mō te iwi. Ko Wīhapi te rangatira motuhenga whakamutunga o Ngāti Whakaue, ā, i tōna korenga kua riro mā te whakatipuranga hōu te iwi e ārahi, engari, kei roto rātou i ngā rūma hui e tohutohu mai ana, tawhiti ana i ngā marae o Pūkaki me ngā uri whai pānga.

Toru marama i muri iho i te wehenga atu o Wīhapi i a tātou o Ngāti Whakaue, ka hui te iwi ki te tohu māngai hōu ki te Tarahiti o Pūkaki. I tū tēneki hui i te Hakihuritua 2005, ā, ko te katoa i pōti kia noho au ki taua tūranga wenerau, otirā, i whakaae hoki rātou ki te hāpai i tā Wīhapi tono kia ūpoko pakaru te Tarahiti kia noho tonu a Pūkaki ki te whare o te Kaunihera. I te marama o Poutūterangi 2006 ka hui anō te Tarahiti o Pūkaki ki te whakamana i tāku noho ki te Tarahiti hei māngai mō Ngāti Whakaue me te mihi rāhiri atu ki te Kahika hōu, ki a Kevin Winters. Kātahi ka horahia wētahi pūrongo taiao e whakaatu mai ana i te hekenga o te āhua o Pūkaki, me kī, o tōna mana hei taonga ātaahua ki te karu – i te horehore haere te peita, i te matiti haere ngā kiri rākau.

I te Hakihuritua o te tau 2006 ka pōwhiritia te Tarahiti ki tētahi o ngā hui a Ngāti Whakaue, i reira, ka kohetengia te Tarahiti mō te ngoikoretanga ōna ki te tiaki i a Pūkaki i ngā tau e toru kua hipa. I kōrero te kaitiaki taonga rā a Jack Fry ki te iwi, ā, i puta i a ia ngā whakatūpato mō te oranga o Pūkaki. I whakaae ia ki te whakaaro kia noho tonu a Pūkaki ki te whare o te Kaunihera, mēnā ka whakatū te Kaunihera i tētahi pūnaha hōu e tauriterite tonu ai te pā mahana me te hau takiwā i roto i te whare, otirā, e whai ai hoki a Pūkaki i tētahi whakamaru kia kore ai e whitikina e te rā. Nō te Whiringa-ā-rangi o te tau 2006 ka hui anō te Tarahiti ki te whiriwhiri i ngā whakatau i hua ake i te hui ki a Ngāti Whakaue. E rua ngā whakatau i whakamanahia, engari, kāore te Tarahiti i hui anō mō te rua tau nā te kaha rangirua o ngā whakaaro, e ahu mai ana te pūtea whakahaere i te Tarahiti i hea, me te whakakorenga mai o te hui i te tau 2007 i te tīrehetanga o tērā koeke o Ngāti Whakaue, o Te Wano Walters. Te otinga ake, i te tārewa tonu te anamata o Pūkaki.

I te Poutūterangi 2008 ka hui anō a Ngāti Whakaue, he hui i kaha te pānuitia, he hui i kaha te muia, ā, i roto i tēneki hui, ka whakatau te iwi kia noho tonu a Pūkaki ki tōna tūranga. Heoi, pērā raka i te katoa o ngā iwi, i reira a ngāi whakahē e kōkiri tōtika ana i wā rātou kupu tautapa ki te toihau tonu o te Tarahiti. Tae rawa atu ki te hui a te Tarahiti i te Hereturikōkā 2008, wehewehe ana, tōtara wāhi rua ana ngā whakaaro o te Tarahiti, me aha a Pūkaki. Ka puta te kōrero i te Toihau, i a Judith Tizard, kāore te kāwanatanga e whakaae ana ki te tuku mai i te 100,000 tāra kia noho tonu ai a Pūkaki ki tōna tūranga ki te

Ko te kawanga ata hāpara i te 13 Hereturikōkā 2011 i nekehia ai a Pūkaki i te Whare Kōputu o te Whare Pupuri Taonga o Rotorua Museum ki tōna marae. Kei te katau o te whakaahua a Kingi Biddle o Ngāti Whakaue e tū ana i te taha o Pūkaki i te marae o Te Papa-i-ouru. (Paul Tapsell)

whare o te Kaunihera. I taua wā raka, koia hoki te Minita Tuarua e arataki ana i te rautaki whakawhanake i ngā whare pupuri taonga o Aotearoa, ā, 7.4 miriona tāra i whakaritea i roto i taua rautaki raka hei whakahōu ake i Te Whare Pupuri Taonga o Rotorua. Kātahi te hui hua kore, noho hē hoki ko tērā, me te aha, kāore tonu i kitea he ara mō te anamata o Pūkaki. Koia te hui whakamutunga a Hōnore Judith Tizard i runga i te Tarahiti o Pūkaki.

Nō te marama o Whiringa-ā-rangi 2008, ka hinga te Kāwanatanga o Reipa i roto i te Kōwhiringa Pōti o te Motu, ā, taro kau ake ka whakatūria e te Kāwanatanga hōu o Nāhinara, otirā, e te Minita i ngā Take Ahurea Rokiroki, he māngai nō tētahi o ōna hoa tautoko, arā, nō te Rōpū Torangapū Māori hei Toihau hōu o te Tarahiti o Pūkaki – Hōnore Te Ururoa Flavell, he uri nō Whakaue. Ngākau māoriori tātou katoa, ka tau te mauri. I tēneki wā hoki, i te āwhina tō tātou koeke a Mītai Rolleston i Te Whare Pupuri Taonga o Rotorua ki te whakahōu ake i te taiwhanga whakaruruhau i ngā toi a Te Arawa mō te tūpono noa, ka kawea a Pūkaki ki reira.

Taka rawa mai ki te Paengawhāwhā o te tau 2010, ko au tērā me ōku whakaaro kārangirangi ki te ōhākī a ōku koeke, a koro Hamu rāua ko pāpā Wīhapi mō Pūkaki me tōna hūnukutanga i te whare o te Kaunihera. Raumati arokore atu, raumati arokore atu anō, hohoro haere ai te hekenga o te āhua o te uretū, tatū rawa ki te wā o te tino kore rawa atu nei i pai kia waiho noa tonu. Ka karanga hui te Toihau hōu o te Tarahiti, ā, ka noho mātou ki te arohaehae anō i ngā whakatau me ngā ara kōwhiriwhiri katoa kua horahia ki mua i te

 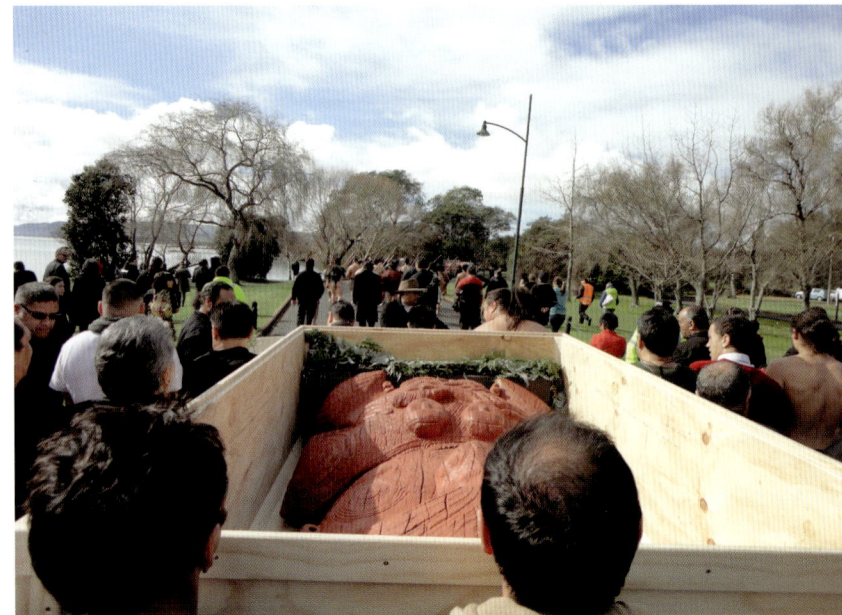

Ko Pūkaki e haria ana i Ōhinemutu ki te Whare Pupuri Taonga o Rotorua, 13 Hereturikōkā 2011. (Paul Tapsell)

Tarahiti, mai rā anō i te tau 2003, tae atu ki ngā wehenga whakaaro e rua o te iwi, āe rānei me noho tonu a Pūkaki, āe rānei me kawe ki te āhurutanga o Te Whare Pupuri Taonga o Rotorua. I whakatau māua ko te Toihau kia hui anō ki a Ngāti Whakaue ki te whiriwhiri anō i te anamata o Pūkaki i runga hoki i te tino mānukanuka ki te hekenga haeretanga o tōna āhua. Nō te 2 o Hakihuritua 2010 ka noho tahi a Ngāti Whakaue ki roto o Tamatekapua i te marae o Te Papa-i-ō-uru, ki te wānanga hōhonu, ki te tohe puruhi i te take nei. Harikoa katoa tōku manawa i te tokomaha i whakatinana mai ki te hui i runga i te whakaaro nui ki a Pūkaki – he tohu o tāna noho whakaaweawe hei tupuna uretū ki a rātou. I rite tonu te whakahahakitia o ngā whakaaro ki te ōhākī a Hamu rāua ko Wīhapi, engari, i reira hoki te muhumuhu taraongaonga – te nuinga – i te pākorehātanga o te Karauna ki te whakaoreore kaupapa hei tiaki i a Pūkaki kia kore ai e hē haere tonu tōna āhua. Nāwai rā, ka whakaae te nuinga o Ngāti Whakaue kia kawea a Pūkaki ki te taiao āhuru mōwai o te whare pupuri taonga. He taha ōku i harikoa i te kitenga o tētahi ara e ora tonu ai a Pūkaki hei whakamīharotanga mā ngā whakatipuranga, engari, ko tērā taha kē ōku i ngāhinapōuri. Nā ōku koeke o te pō ngā here i runga i a Pūkaki i wewete kia puta ai ia i tāna noho i rō whare pupuri taonga ki te ao mārama hei pou arataki anō i a tātou i runga i te whenua i kohaina atu ai e tātou. Heoi, tekau tau noa i muri iho, kei te whakahokia anō ki rō whare pupuri taonga. I kite taku tuahine i te pōuri o taku kanohi, ka whakatata mai ia, ka awhi i a au mō te wā roa, kātahi ka kī ake: 'Kaua e māharahara Pāora, kei te mōhio a Pūkaki, e aha ana ia.'

Nō te marama o Hakihuritua 2010 ka hui anō te Tarahiti, ā, i te mutunga o tērā hui, ka puta wēnei whakatau:

Me tuku i a Pūkaki kia okioki mō te 6–12 marama kia pai ai tā te mātanga tiaki taonga whakatikatika i ngā āhuatanga ōna kua hē;

Mā ngā uri o Ngāti Whakaue anake a Pūkaki e amo;
Me motuhake te wāhi tū o Pūkaki ki roto i Te Whare Pupuri Taonga o Rotorua, ā, kāore i te pai kia tū he papa hīkoi, ara hikoi rānei ki runga ake i a ia;

Me pūmau tonu te noho a Pūkaki – i kohaina ki te motu i te tau 1877, i whakahokia ki te iwi i te tau 1997 – ki roto i Te Whare Pupuri Taonga o Rotorua, tae atu ki te wā e whakahaua ai te Tarahiti o Pūkaki e Ngāti Whakaue kiu hūnukuhia ia ki tētahi wāhi hōu, taiao haumaru, kaupapa ahurea, pūtahi mātauranga ka tohua e te iwi; ā,
Ka taka iho a Pūkaki ki raro i ngā whakaritenga a Te Whare Pupuri Taonga o Rotorua e pā ana ki te utu kōkuhu me tāna rautaki whakahaere, arā, kāore he utu kōkuhu ki ngā tāngata o Rotorua, ki ngā uri o Kamupene B o te Rua Tekau mā Waru, me ngā uri o Ngāti Whakaue.

Te kaituhi (katau) me Pūkaki kei waho i te Whare Pupuri Taonga o Rotorua, Hereturikōkā 2011. (Aleisha Mitchell)

Nō muri mai, ka whakarāngaitia au hei Toihau o te Komiti Whāiti o te Tarahiti o Pūkaki, i tohua rā hei mana hautū i te huarangatanga mai o Pūkaki i te whare o te Kaunihera ki tōna wāhi okioki, ngā mahi whakatikatika i a ia, tatū atu ki te kawenga ōna ki Te Whare Pupuri Taonga o Rotorua. Tekau tau tōna anamata e matapakihia ana, e tohea ana, āta koia, kua rite nāia a Pūkaki ki te takahi ara hōu. Kua tino kite nei tātou i roto i ngā kōrero rokiroki mōna mai iho, he nui ngā kaupapa hei wānanga i mua i te hāereere haere noa a Pūkaki ki hea ake nei, ki hea ake nei, ā, ko tēneki wheako hōu i tōna ao, he whakatinanatanga mai anō o tērā āhuatanga. I te 17 o Whiringa-ā-nuku 2010, ka rere ngā karakia tūāuriuri whāioio hei korowai whakaewarangi a Pūkaki, i a ia e āta tangohia iho ana e tōna iwi i tōna tūranga i tūria ai e ia mō te 12 tau i te whare o te Kaunihera. Ka amohia ake anō ia ki runga i ngā pokohiwi kaha ō ōna uri, ka kawea iho ki raro. I te papa tuatahi, i waho i ngā kūwaha, he taraka anō nō Malcolm Short e tatari ana ki te hari i a ia ki te whare whakatika taonga o Te Whare Pupuri Taonga o Rotorua, he whare e tū tawhiti ana i te whare pupuri taonga.

pūkaki — te hokinga mai o te auahitūroa

Kei runga a Pūkaki e tū ana i tētahi whatarangi whakairo i te tomokanga ki te taiwhanga o Don Stafford i Te Whare Pupuri Taonga o Rotorua. (Chris Hoult)

Mō te 12 marama, ka whakapau kaha ngā mātanga tiaki taonga raka, a Jack Fry rāua ko Nick Tūpara – nō Ngāti Whakaue a Tūpara – ki te āta whakatikatika, whakanikoniko, otirā, whakarauora anō i te āhua o Pūkaki. I te haeatatanga mai o te rā i te 13 o Hereturikōkā 2011 ka whakahokia anō e Ngāti Whakaue a Pūkaki ki tōna ūkaipō, ki roto o Ōhinemutu. I te wā tonu o tā mātou kawe atu i a ia ki runga i te marae o Te Papa-i-ōuru, ka mahea, ka hiki te kohu mātotoru, ā, tārake ana tā mātou kite atu i te hia rau mokopuna a Pūkaki e whanga ana ki te rāhiri anō i a ia ki tōna tūrangawaewae. I te mutunga o te pōwhiri, o ngā mihimihi, o ngā kōrero āroharoha, o te tini o ngā whakaahua i te taha o ōna uri, ka takatū te wā ki a Pūkaki kia takahi anō ia i ōna takahanga waewae o tua whakarere, ki Te Whare Pupuri Taonga o Rotorua, ki Tāwhara-kurupeti. Nā tētahi ope tauā anō nō Ngāti Pikiao te tira i ārahi, pērā anō i tā rātou mahi i te tau 1997. I te taha tonu o Pūkaki te hia rau ino o Ngāti Whakaue e piritata ana ki a ia, ana, ka hīkoi mātou mā Kōura-māwhitiwhiti, tae atu ki ngā kūwaha o te whare pupuri taonga. I waenganui hoki i tō mātou tira, ngā mokopuna o Ngāti Rangitihi e kawe ana i te korowai tawhito rerehua rā, i Te Kahumamae-o-Parerautūtū. Kātahi anō hoki taua korowai raka ka tangohia ake i tōna wāhi kōputu kia kitea ai e te marea i te taha i a Pūkaki i roto i te wāhanga hōu o te whare pupuri taonga, arā, i roto i te Don Stafford Māori Wing. I ngā kūwaha o te whare pupuri taonga, ka mihia ngā taonga e rua e Te Arawa, ko te hau takiwā he mea whakairo ki te kupu kōrero waitī, he korowai aroha i tuituia e ngā pūkōrero mō Pūkaki rāua ko Parerautūtū, hei rāhiri i a rāua ki tō rāua kāinga hōu.

Tūturu, he wā hōu kua hua. Ahakoa kāore a Pūkaki i tōna tūranga i te whare o te Kaunihera ā-Rohe i māhoi atu rā tana titiro ki te pā o Pukeroa, mā te aha i tana noho anō ki waenganui i tōna whānau, me te tini o ngā taonga a Ngāti Whakaue–Te Arawa e taupua mai ana i roto i Te Whare Pupuri Taonga o Rotorua. I te hui a te Tarahiti o Pūkaki i te 17 o Whiringa-ā-rangi 2011, ka horahia he petihana, 174 waitohu i runga, e te tamāhine a Matua Hamu, e Kiri Mitchell. Koia tēneki ko te whakatau a te Tarahiti: me hāpai i te kaupapa o tēneki petihana, arā, 'Ka wānanga, ka whiriwhiri a Ngāti Whakaue me te Tarahiti o Pūkaki i te whakaaro, ki mua tonu i te aroaro o te iwi – kia tū a Pūkaki ki roto i tōna ake whare taonga i te poho o Te Whare Taonga o Ngāti Whakaue, hei te wā e oti ai taua whare te hanga.'

Mai rā anō i tana taenga atu ki roto i Te Whare Pupuri Taonga o Rotorua i te tau 2011, kua tirohia, kua mātaitia a Pūkaki e te hia manomano manuhiri. Kei runga atamira i āta whakairotia mōna, a ia e tū rangatira ana, e pōwhiri ana i te tini ngerongero ki te Don Stafford Māori Wing. I te tau 2013, ka tohua te Kahika hōu o Rotorua, a Steve Chadwick, hei māngai hōu ki te Tarahiti. Mai rā anō i taua wā, kua hui ā-tau te Tarahiti, arā, ki te whakaū tonu i te oranga toitū o Pūkaki, ki te whakaae atu, whakahē atu rānei ki ngā tono kia whakamahia tōna āhua, ki te arohaehae i te tahua pūtea.

I te wā e tuhia ana tēnei pukapuka, i te raru anō te ao o Pūkaki. I rongo ngā riporipotanga o te rū whenua i whakangāueue rā i a Kaikōura i te 14 o Whiringa-ā-rangi 2016, 7.8 te kaha, ki Rotorua rā anō. Kāore i matakitea te kino o te pā o taua rū ki te whare matua e whakaruruhau ana i ngā taonga o te Whare Pupuri Taonga o Rotorua. I te 18 o Whiringa-ā-rangi, ka katia te whare e te Tumu Whakahaere o te Whare Pupuri Taonga, e Stewart Brown, tae atu ki te Paengawhāwhā o te tau 2017, kia oti rā anō ngā arotakenga mō te pā o te rū ki te whare. E ai ki ngā arotake tuatahi i oti, ka kati tonu te whare mō te rua tau.

Te ahunga o Pūkaki ki hea hei ngā tau e tū mai nei, wai ka mōhio? Heoi, ko tētahi mea e tino mōhio nei au – kia tae ki te wā e nekehia anō ai ia, mā Pūkaki anō e tohu, me pēhea, me aha!

poroporoaki

E ngā ariki tuku o Ngāti Whakaue, e ngā whetū tārake o te whare makatea o Te Arawa tapu, e Hamu, e Hapi, e Hiko, koutou katoa … e mōwai tonu ana ngā kamo o te iwi i te tamōnga, i te korenga o koutou i te rā nei.

Ārohirohi noa ana te tū ki runga i te maunga tauā o Ngongotahā, te tūāhu o te atua, te rua koha o Te Raho o Te Rangipiere. Ka hei te titiro ki ngā waiariki koromāhu o Ōhinemutu, ki ō koutou takahanga waewae i roto i ngā tau, kua eneene, kua eneene. Koia koa ka tangi tonu te mapu ki a koutou, ka hotuhotu tonu te manawa ki a koutou, ka ngaro hā ki tua o Tamawhakaikai.

Ko ō koutou wairua kua rārangihia ki roto i ngā kupu o tēnei pukapuka hei ōhākī mā koutou ki ngā rito pupuke, ki ngā puāwai āhirahira e pihi ake nei i te poho o Ōhinemutu, i Te Papa-i-Ōuru, e whāngaihia nei, e whāinuinuhia nei ki te wai o te kākahi. Ko rātou ko Pūkāki, ko koutou, ko Pūkaki, ko tātou, ko Pūkaki!

Nō reira, e aku awe kōtuku, e aku heitiki kahurangi, okioki mai rā i taumata okiokinga, i te mōwaitanga o ngā tini huia kaimanawa o Ngāti Whakaue, tau!

tāpiritanga I

KO NGĀ WHAKAIRO NŌ TE PĀ O PUKEROA E ORA TONU ANA KI AOTEAROA NEI, 2000

Pou whakarae nō Te Pukeroa i roto i te wharepuni o Tiki i Ōhinemutu.

Te Whare Pupuri Taonga o Tāmaki (Auckland War Memorial Museum – Tāmaki Paenga Hira)
Kūwaha: Tiki, e whakakitea ana (whārangi 97)
Pou Whakarae: e whakakitea ana (koia te āhua e noho maui whakararo ana i te whakaahua, whārangi 73)
Pou Whakarae: e kōputuhia ana (koia te āhua e noho katau whakararo ana i te whakaahua, whārangi 73)
Pou Whakarae: e kōputuhia ana (Nama 65 i te rārangi taonga mō te whakakitenga *Te Māori*)

Rotorua – Pukeroa–Ōruawhata
Kūwaha: Pūkaki, e whakakitea ana i te whare o Te Kaunihera ā-Rohe o Rotorua

Rotorua – Ōhinemutu
Pou Whakarae: tāhūhū i te kāngatungatu o te whare puni whakairo, arā, o Tiki (tirohia te whakaahua ki te maui)

Te Whare Pupuri Taonga o Rotorua (Rotorua Museum – Te Whare Taonga o Te Arawa)
Pou Whakarae: he mino auroa nā te whānau o Taipōrutu Mitchell, e whakakitea ana (tupuna ki te maui, whārangi 77)
Pou Whakarae: he mino auroa nā te whānau o Taipōrutu Mitchell, e whakakitea ana (tupuna ki te katau, whārangi 77)
Pou Whakarae: he mino auroa nā Te Papa. Ko te hātepe kohikohi kāore e mōhiotia ana (tupuna ki waenganui, whārangi 77)

Rotorua – Te Ngae–Tikitere
Pou Whakarae – kei te tiakina e te whānau o Te Aho Walsh (tirohia te whakaahua, whārangi 94)

Te Papa – Te Whare Pupuri Taonga o Aotearoa, Te Whanganui-a-Tara
Pou Whakarae: Te Umanui, e kōputuhia ana (tirohia te whakaahua, whārangi 63)
Pou Whakarae: e kōputuhia ana
Pou Whakarae: e kōputuhia ana (e tūtata ana ki te whakairo i te whakaahua a Kinder, whārangi 72)

Te Whare Pupuri Taonga o Waitaha, Ōtautahi
Pou Whakarae: tōna toiora mohoa kāore e mōhiotia ana

Te Whare Pupuri Taonga o Ōtākou, Ōtepoti
Pou Whakarae: e kōputuhia ana (te whakairo tū tawhiti i te whakaahua a Kinder, whārangi 72; me te rārangi taonga hoki mō *Te Māori*, Nama 169)

tāpiritanga II

**Whakaaetanga Tāone o Rotorua, Ōhinemutu,
25 Whiringa-ā-rangi 1880**

Ko te whakaaetanga tēneki i Ōhinemutu nei i waenganui i a Francis Dart Fenton mō te Kāwanatanga o Niu Tīreni, me ngā rangatira o Ngāti Whakaue, Ngāti Rangiwewehi me Ngāti Uenukukōpako, me kī pēneki, me te hunga nō rātou te whenua e tū ai he tāone.

1. Me mātua whakatewhatewha, me mātua tohu hoki e Te Kooti Whenua Māori nō wai te whenua i te uru o Te Pukeroa tae atu ki te manga o Puarenga, otirā, i te roto moana o Rotorua hoki, tae atu ki ngā maunga, hāunga rā te papa kāinga Māori o Ōhinemutu. Kia oti tēnei mahi, me wawe te kōkirihia o te pūrongo mō ngā manemanerau ki te Kairēhita o Te Kooti Whenua Māori
2. Kia tae te pūrongo ki ngā ringaringa o te Kairēhita, ka riro mā Mr Smith, Kairūri Matua, te whenua o roto i ngā manemanerau e rūri, e ine. Kia oti tonu tēnei mahi, ka hui anō te Kooti ki Ōhinemutu.
3. Kia oti tonu te whenua te rūri, ka whakaterehia e Mr Smith ngā mahi whakatū i te tāone. Nō te ata nei i kōrerohia atu ai wētahi o ngā whakamārama ki Te Amohau me wērā atu rangatira. Nei ngā whakamārama mō te whakatū i te tāone:
    1. Ko te papa kāinga Māori kei waenganui i a Te Pukeroa me te roto moana, tēnā ka waiho atu hei 'kāinga Māori', engari, ko te huarahi o te wā nei me whakawhānui, mēnā rā e tika ana kia pērātia, ā, me ahu tonu atu ki te puku o te tāone.
    2. Ka noho a Te Pukeroa hei whenua tāpui mō ngā mahi rēhia a te katoa, ā, mā wētahi Pākehā me wētahi Māori ka tautapaina atu ki tētahi komiti, taua whenua tāpui e whakahaere.
    3. Ko te hunga he whenua o rātou ki Te Pukeroa, ka parematahia ki ētahi whenua ki te tāone. Mā te Komiti Nui o Rotorua wēnei whakawhitinga whenua e whakarite.
    4. Ka hoatu he whenua i te tāone ki te Hāhi Katorika o Rōma hei paremata mō wā rātou kokoraho ki Te Pukeroa.

Wa whakaahua i tētahi o ngā hui tuatahi o Te Kooti Whenua Māori i Tamatekapua. Kei te tēpu, kei te tūru waenganui a Kaiwhakawā Fenton e noho ana, ā, kei te tūru mauī, te kaiwhakawā tāpiri, a Kāpene Gilbert Mair e noho ana, c. 1890. (RM)

5   Me noho motuhake tētahi tākuta tautōhito ki te tāone.
6   Ko ngā wai rongoā katoa kei roto i te pūrongo mō te tāone, ka noho hei whenua tāpui, ā, ka taka wēnei whenua tāpui nei ki raro i te mana whakahaere o te tākuta. Kei a ia hoki te mana ki te whakatū ture hei tiaki i te whakamahinga mai o wēnei whenua e ngāi tūmatanui.
4   Ka hoatu te taitara ki ngā huarahi katoa o te tāone ki te Kuini.
5   Me tuku whenua kia tū ai he ngongo wai hei kawe utu kore i te wai o Te Utuhina ki te tāone.
6   Ka utu kore te haere a ngā tūroro Māori ki te hōhipera.
7   Kia eke te tāone ki tōna taumata tōnui tika, me mātua tohu e te Kāwanatanga he āpiha o te ture kia noho motuhake ki te tāone. Ko te āpiha o te ture, te tākuta me tētahi Māori nā te komiti i kōpou, hei Poari Whakaraihana Whare Tūmatanui, heoi, kia tohua rā anō wēnei tāngata tokotoru, mā ngā ratonga whai mana o te wā tēnei momo mahi e mahi.

Koinei ngā kōwae nui i mahue i te kaitārua: Kia hauwhā eka te rahi o ngā tūtanga whenua kei te taha o ngā huarahi matua o te tāone; kia rahi ake i tēnā mō ngā tūtanga whenua kei ngā pātanga o te tāone. Kia kotahi me te haurua mekameka te whānuitanga o ngā huarahi. Me tohu whenua tāpui kia tū ai he Whare Kooti, he Tari Waea, he kura, he hōhipera me wētahi atu whare tūmatanui.

8   Ka rīhitia ngā tūtanga whenua o te tāone i raro i te hama hokohoko i Tāmaki, e te Kaikōmihana mō ngā Whenua Karauna mō te iwa tekau mā iwa tau. Ia haurua tau, me utu te rīhi, ā, hei te waitohutanga o te kirimana rīhi, me utu wawe te haurua tau tuatahi, me kī, i taua wā tonu. Mā te Kaikōmihana mō ngā Whenua Karauna ngā kirimana rīhi e waitohu mō ngā Māori nō rātou ngā whenua. Ko te rīhi mō te haurua tau tuatahi ka utua nei i te waitohutanga o te kirimana rīhi, ka haere ki te Kaikōmihana mō ngā Whenua Karauna hei pupuri māna. Ko ngā rīhi haurua tau ā muri atu i tēnā, ka haere tonu ki a ia, ki wētahi āpiha rānei nāna anō i tohu ki te kohi i ngā rīhi nei. Me mātua hoatu e wēnei āpiha wēnei rīhi nei, whai muri iho i te tango wāhanga mō ngā pānui whakatairanga, ki te hunga ka tohua e te komiti hei kohi rīhi. Ki te hiahia ngā Māori, nō rātou wēnei whenua, ki te whakaroherohe anō i ngā tūtanga whenua nei, me mātua ū tonu te whakaroherohenga ki ngā inenga me ngā pātanga kua oti nei te whakatau mō tēnā tūtanga whenua, mō tēnā tūtanga whenua. Ki te whakaroherohea anō te tāone, he wāhanga rānei o te tāone, me hoatu e te Kaikōmihana, e tētahi rānei o ana āpiha, ngā utu rīhi ki tēnā kaipupuri whenua, ki tēnā kaipupuri whenua.
9   Me kaua rawa ngā Māori e whakapōrearea i ngā kaipakihi Pākehā ki ngā kōrero mō ngā rīhi, me haere kē rātou ki te Kaikōmihana, ki ana āpiha rānei.
10 Tino kore rawa atu nei ngā whenua kei roto i tēnei whakaaetanga e hokona atu e ngā Māori, ka mutu, kia noho iho anō Te Kooti Whenua Māori, ka tonoa te Kooti kia herea ngā whenua kia kore ai e hokona atu, e mōketehia rānei. Ki te hiahia ngā kaipupuri whenua ki te rīhi whenua anō, arā, i ngā whenua kāore e whai wāhi mai ana ki tēnei whakaaetanga hei ngā tau e tū mai nei, me wāwāhi ngā whenua kia kaua e rahi ake i te whā tekau eka. Ka whāia tikanga wāwāhi whenua kua takoto kē mō ngā tūtanga whenua o te tāone, kia tutuki ai tēnei momo kaupapa.
11 Whā tekau eka ka tohua hei urupā, mā te Kairūri Matua tēnei wāhi e kōwhiri. Ko te urupā o tēnei wā nei, ka katia.
12 Ko te utu mō ngā mahi rūri i tēnei urupā, ka ahu mai i ngā rīhi tuatahi.
13 Kāore he tūtanga whenua i tēnei poraka e whakauaratia kia rīhitia rā anō. Kia oti te rīhitanga, kātahi anō ka tāpirihia te uara o te whenua ki runga i te utu rīhi.
14 Tino kore rawa atu nei he tūtanga whenua i te papa kāinga Māori e rīhitia, e hokona atu rānei ki te Pākehā, haere ake nei. Ehara i te mea e whēnei ana te whakaritenga kia raruraru ngā tika, me kī, o ngā Pākehā kei Ōhinemutu kē e noho ana. Kāore hoki ngā whakaritenga o tēnei whakaaetanga e pā atu ki ngā Pākehā, kei reira kē e noho whenua ana.
15 Ko ngā utu raihana me ngā utu rīhi katoa ka whakapaua kia whanake ake, kia tipu ake te tāone, ki te mahi whakatō rākau hoki a te tokotoru kua kōrerohia rā i mua, ki ngā whenua tāpui.
16 Ka ū ki te ngako o te ture poka noa, nō reira, mēnā rā he mōkai wā te tangata, me whakatū taiepa e taua hunga mau mōkai kia kore ai e rere haere ki te takiwā, ehara i te mea mā ngā kaipupuri whenua he taiepa e whakatū kia kore ai ngā mōkai e kuhu poka noa ki ō rātou whenua. E pai ana kia mauheretia he mōkai, mēnā rā kua kuhu poka noa taua mōkai ki te whenua o tētahi, ahakoa taiepa, taiepa kore rānei taua whenua.

he mea waitohu nā:
R. Whititera Te Waiatua
W.M. Hikairo
Hemi Te Tupara
Paora Te Amohau
Ropata Korokai
Te Ma Pehi Rangitakahiwai
Piwiki Ahiwaru
Kima Tokoaitua
Merania Te Tiwara
Piripi Te Hapu
Retimana Poraumati
H. Kokiri Te Wharepurangi
Te Otimi o Te Mihirotorua
Wi Keepa Ngawhau
Rotorua Hororiri
Ihaia Te Ahu

M.W. Maihi Te Rangikaheke
Katerina Te Ahu
Mere Maihi
Okiri Ngatara
Tamaiti Hapimana
P. Taiapo Te Waiatua
Te Ririu Rotohiko
Taekata Te Tokoihi
Pererika Ngahuruhuru
Hariata Piwiki
Nga Mate Tokorua Hamuera
Maara Te Rangi Te Whata
Rangi Paeroa Piwiki
Petera Te Pukuatua
Henare Te Pukuatua
Retireti Tapihana
Potene Haukiwaho

Kiharoa Akuhata
Eru Te Uremutu
Nara Taitumu
Timoti Reone
Te Pere Huna
Rini Potene
Karupatene Hira
Mihaka Potahuri
Renata Akuhata
Matia Ngamarama
Piripi Tapihana
W. Matenga Te Waharoa
Makuini Kahawai
Atareti Matenga

he mea waitohu nā:
F.D. Fenton mō te Kāwanatanga

He whakaahua o ngā koeke o Ngāti Whakaue Te Arawa kei te mahau o Tamatekapua e noho ana i te wā whakamatua i waenga i ngā hui a Te Kooti Whenua Māori, c. 1890. Kei muri (mai i te maui ki te katau): Pirika Te Miroi, Te Wiremu Martin, unknown, Korokai, Mateni, Haupapa, Tutanekai Taua. Kei mua: Kiharoa, Morehu Te Kirikau, Tupara, Hona, Hemana Pokiha, Te Naera (Tunuiarangi?), Retireti Tapihana. (RM)

tāpiritanga III

KO NGĀ WHAKAIRO NŌ ROTORUA I WHAKAWHIWHIA KI TE PŪTAHI ME TE WHARE PUPURI TAONGA O ĀKARANA E KAIWHAKAWĀ T.B. GILLIES RĀUA KO KAIWHAKAWĀ F.D. FENTON I TE TAU 1877

Taipitopito mō te kōrupe (whārangi 91) nā Gillies i koha, 1877 – Cat. No. 184, AWMM. (HM)

Te Whare Pupuri Taonga o Tāmaki

RT Nama	Whakamārama	Kaiwhakawhiwhi
155	He kūwaha whakairo nō tētahi pātaka, papa rākau	Gillies
156	Rite ki a 155	Fenton
158	Tekoteko nō tētahi whare Māori	Gillies
159	Rite ki a 158	Gillies
161	Pūkaki	Gillies
166	He tauihu whakairo nō tētahi waka kōreti	Fenton
172	He tiki iti, he pou whakairo rānei	Fenton
175	He poupou, he whakairo nō te pātū o te whare puni	Fenton
176	He kūwaha nō tētahi pātaka, papa rākau	Fenton
177	He tekoteko, he whakairo nō te tuanui o te whare	Fenton
178	He koruru, he whakairo nō raro iho i te tekoteko, nō te kāhia	Fenton
183	He tekoteko whakairo iti	Gillies
184	He kūwaha whakairo	Gillies
196	He tauihu, he whakairo nō te ihu o te waka tauā	Gillies
201	He kōrupe pakupaku, nō runga i te kūwaha o te whare puni	Fenton
202	Rite ki a 201	Fenton
210	He koruru, whakairo nō raro iho i te tekoteko o te whare	Fenton

tāpiritanga IV

PŪRONGO HAUORA MŌ Pūkaki
ME TE RAUTAKI WHAKAHŌU, 1994

Nā Julia Gresson,
Kaitiaki Taonga Matua
Te Whare Pupuri Taonga o Tāmaki
26 Te Mahuru 1994

Taonga: Whakairo Māori – Pūkaki
Nā wai: [Te Whare Pupuri Taonga o Tāmaki]
Wāhanga: Mātai Momo Tangata
Nama Rēhitatanga: 161
Rahi: 1960 mm x 1350 mm x 350 mm
(h x w x d)
Rauemi Hanga: rākau (tōtara), kōkōwai
(peita)

WHAKAMĀRAMA
He mea whakairo (rua mita te tāroaroa) tēnei kūwaha tū tomokanga ki te tōtara (i tohua tēnei e Rod Wallace, Te Whare Wānanga o Tāmaki, 1994). Kei te ngaro te tāmoremoretanga, nō reira, ka mutu tēnei whakairo ki te hope o te tupuna whakararo. Tārake ana te kite atu, e rua ngā kiri peita whero, ā, nā te tae me te āhua ka taea pea te kī, nā Te Whare Pupuri Taonga o Tāmaki ēnei kiri peita e rua i pani ki te whakairo i te takiwā o te tau 1929 me te tau 1953. Ko te kiri peita tuatahi, he uriuri ake te tae whero, tēnā i te tae whero kōmā ake, mātotoru ake, pīataata ake hoki o te kiri peita tuarua.

HAUORA
Pirau maroke, pākākā rānei
He maha ngā wāhanga o tēneki whakairo e ngaua ana e te pirau maroke, ka mutu,

ko wētahi o wēnei wāhanga nei e raru nui ana i te mātoe haeretanga me te kongakonga haeretanga o te papa rākau. Kua whakaahuangia wēnei wāhanga nei. Kāore he kōrero i te pūrongo hauora tuatahi mō te pirau maroke – heoi anō, e ai ki ngā tohutohu mai a Te Pūtahi Rangahau Ngahere, nā te tino roa o te noho a tēneki whakairo ki roto i te whare pupuri taonga hei tirohanga mā te marea, tino kore rawa atu nei pea te pirau maroke nei e horapa haere tonu. Kia ahatia, e ngoikore ana te papa rākau ki wēnei wāhanga pirau nei, nō reira, me whakapakari ka tika.

Riwha mātoe
He maha ngā mātoe e heke iho ana i te pane o te whakairo ki raro, ko te whānuitanga o wēnei mātoe nei, kei waenganui i te 1–5 mm. Te āhua nei, he mātoe tawhito wēnei, ā, kua tuhia ki te pūrongo hauora tuatahi o te tau 1982. Kei te tāmoremoretanga o te whakairo nei te mahamaha mātoe anō e kitea mārikatia ana, ā, kāore e kore, nā te taumaha o te whakairo nei, e whēnei nei te kino o ngā mātoe ki tēneki wāhanga.

Tuia ki tēneki, kei te tino kitea te huhua o ngā wāhanga e riwha ana – te kino hoki o wēnei riwha nei i te tāmoremoretanga o te whakairo, ā, ko wētahi kua whakatikahia, ko tētahi e tangatanga tonu mai ana, ko tētahi anō kua pēhia kia hē te noho, ākene pea, i te wā o te whakatūnga ki tōna tūranga.

Memehatanga/hapanga

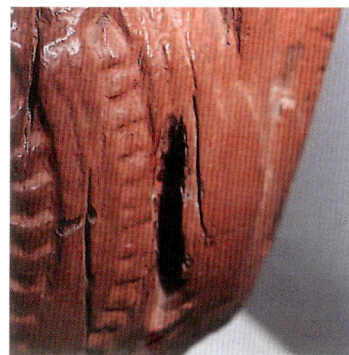

Kei te taha mauī o te hope o te whakairo, he poka nui, ā, i te āhua nei, nō mai rā anō tēneki hapa, ehara i te mea nā te mahi ninipa, te hauata rānei i hua ake ai. E rua ngā memehatanga nui, e rua ngā memehatanga iti kei te ūpoko. Kua tāpoko iho he papa rākau puoto i te tipuaki o te ūpoko ki roto rawa i te tinana

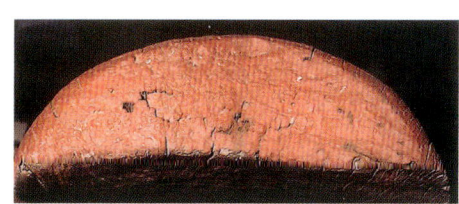

o te whakairo, te āhua nei, nā te horonga o ētahi wāhanga o roto i te tinana, i pōaha ai, nāwai rā, ka paheke iho taua papa rākau puoto ki reira.

Memehatanga peita
He maha ngā wāhanga o tēnei whakairo kua tino memeha nei, kua tino riwha nei te kiri peita hōu nā te whare pupuri taonga tonu i pani ki runga, kia kitea atu ai te kiri peita tuatahi o raro iho, he uriuri ake te tae, he angiangi ake te peitatanga.

Ngā mahi whakatikatika o mua
Kei te kitea te papauku mā i wētahi wāhanga, ahakoa kua peitahia ki te peita whero. Te āhua nei, i whakamahia te papauku mā hei tiriwā, hei puru poka, kōhao rānei – kei raro i te kēkē katau kua

purua he mātoe nui, ā, kua purua hoki he mātoe anō e heke ana i te mātoe kēkē rā ki te ringa, haere tonu iho ki raro. Kei te tipuaki o te ūpoko, he purunga papauku mā anō, te āhua nei, kia papatairite ai tērā wāhanga o te whakairo, ā, kei raro iho i te tāmoremoretanga ka kitea atu he papauku mā anō, te āhua nei, mō taua whāinga anō rā, arā, kia papatairite ai tērā wāhanga. Kei muri i te taringa mauī te papauku mā e kitea atu ana anō, ka mutu, ko te katoa o wēnei purunga papauku mā, kua kaha rawa te peitahia.

He maramara peita pango pīataata e kitea atu ana, huri noa i te tāmoremoretanga o te whakairo, te āhua nei, i ahu mai wēnei maramara peita pango i te atamira pango i tūria ai e te whakairo nei i ngā wā o mua.

He momo maramara peita anō kei te kitea i te rekereke mauī o te tupuna tōraro o te whakairo, me te whakapae ia, i ahu mai wēnei maramara i tētahi puru inarapa takawai pāpango.

RAUTAKI WHAKAHŌU
Me tino horoi te kiri o tēnei whakairo – me horoi maroke, arā, me whakamahi tātai me te horohororē: me horoi māku, arā, me whakamahi i te Lissapol me te wai tātari. (16 hāora)

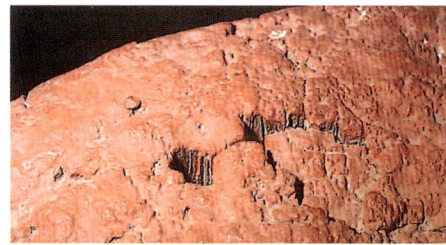

Me whakapakari i ngā wāhanga e ngaua ana e te pirau maroke, arā, me rite tonu te pani ki te Paraloid B72 i roto i te toluene (hei tauira, kia rima panitanga, 15% w/v Paraloid B72 i roto i te toluene). (30 hāora)

Me whakapiri anō, me whakatikatika rānei ngā wāhanga e riwha ana, arā, me whakamahi i te 40% w/v Paraloid B72 i roto i te acetone. (0.5 hāora)

Me whakahōu i ngā wāhanga kua purua ki te papauku mā, arā, me whakamahi papauku pīngorengore ake e tika ana mō te puru rākau, me āta peita kia rite rawa atu ai ki te tae o te peita o ngā wāhanga ponitaka tūtata – pokohiwi katau, ringa katau, tipuaki ūpoko, tāmoremoretanga. Ko te painga atu hoki mēnā rā ka āta purua ngā mātoe nui kei te kanohi, ka āta peitahia anō hoki hei kai noa mā te karu titiro atu:

mō te pokohiwi me ngā mātoe kanohi hapa (6 hāora)

mō te pāhoahoatanga me te tāmoremoretanga. (? hāora)

Tapahia he tūāpapa e rite tonu nei te rahi ki tō te tāmoremoretanga o te whakairo, ki te hautai Evazote. Kia kiwikiwi te tae. Ka noho tēneki tūāpapa hautai nei ki raro iho i te whakairo, hei tūnga ngohengohe mōna hei te wā ka whakatūria anō ia ki tōna wāhi tū i roto i te whakakitenga. (0.5 hāora)

TĀPEKATANGA: 53 hāora
(tāpirihia ngā hāora ka pau ki te tīkaro papauku/puru mātoe, kōhao/me te peita anō): 73 hāora

Tuhinga tāpiri
1. Ko tētahi atu rautaki whakahōu ka taea te whai, ko te tīhore i tētahi o ngā kiri peita whero e rua, nā te whare pupuri taonga i peita ki runga (tino kaha rawa atu nei hoki te pīataatatanga mai me te mātotorutanga mai o te kiri peita o runga). Ahakoa ko te ropi noa iho o te whakairo kua peitahia, he nui tonu ngā hāora ka pau e tutuki ai tēneki tikanga whakahōu – arā, nā te tini o ngā mātoe me ngā hapanga i runga i ngā papa rākau o tēneki whakairo.
2. Ko ngā hāora kua tohua nei mō tēneki mahi whakahōu, he whakapae noa iho. E tino mōhio ai e hia ngā hāora ka pau, me mātua tango iho te whakairo i tōna wāhi tū kia hōhonu ake ai te whakamātautau haere i a ia (ko te tuarā hoki o te whakairo nei me ngā purunga papauku mā ki te ūpoko me te tāmoremoretanga hei āta whakamātautau anō kia rētō ake ai ngā mōhiotanga), ka mutu, me whakamātautau hoki i ngā tikanga whakapakari riwha me ngā tikanga puru kōhao kia kite ai mēnā rānei kei te whai hua. I tēnei wā, kāore e taea wēnei momo whakamātautau te whakahaere.

rārangi kupu

ahi kā – he kupu huahuatau mō te 'mumuratanga mai o te ahi, arā, te noho mana whenua ki tētahi wāhi

aho – he tau, he here, he miro

Aotearoa – te ingoa e whakaaetia ana hei ingoa Māori mō Niu Tīreni

atua – ko ngā tūpuna kaitiaki, ko ngā tamariki ariki a Rangi rāua ko Papa

Atuamatua – ko te tupuna uretū o Te Arawa, kei Hawaiki e noho ana

haka – he momo kanikani whai kupu e rere ai te wehi, te niwha

hapū – he rōpū tāngata, tōna toru rau te rahi, e takea mai ana i te tupuna kotahi. Nā te Tiriti o Waitangi i te tau 1840 me te whakaroherohenga o te whenua e Te Kooti Whenua Māori kia taka ki raro taitara, i toka ai ngā pātanga ā-hapū me te pūmautanga o te noho hapū. Nā konā anō hoki i eke haere ai te tokomaha o te hapū ki te mano, nāwai, ka kīia, he 'iwi' kē.

harahara – hēanga

Hawaiki – ko te ūkaipō taketake o ngā uri o Te Arawa; Rangiātea i Tawhiti Areare

hei tiki – he hei e āhua rite nei te āhua ki tō te tangata, te nuinga o te wā ka hangaia ki te pounamu

here – he kaiārahi; he tūtohu whakapapa

hoe – he hīrau

hongi – he tikanga tūtaki mā te kenu ihu

hue – he ipu, he akaaka i mauria mai i Hawaiki

hui – ko te pōītanga o te hapū ki runga marae

hunga tiaki – ko te mita Te Arawa mō te kaitiaki, arā, he kairaupī, kaimanaaki, kaipupuri.

ihi – he hihiritanga, ko te rongo i te mana o ngā atua

iwi – puninga tāngata; he rōpū pāpori o ngā hapū maha e whai hononga ana ki te tupuna tāukiuki kotahi, ā, i ētahi wā ka whakakotahi rātou ki te kaupare raru, ki te whakatau take tōrangapū rānei, pērā i te pakanga. I ēnei rā nei, kei te whakamahia te kupu 'iwi' hei tohu rōpū Māori, ahakoa kāore pea taua rōpū e whai hononga ā-whakapapa ana, rātou ki a rātou.

kahumamae – korowai e tohu ana i te mamae ka rangona i te matenga o te tangata

kahurangi – he pounamu kounga nui, he onge nui

kahutoi – he kakahu mō te pakanga i tuituia nei ki te rākau 'toi', he rākau e tipu ana i ngā kōtihi maunga

kai – he ō

Kaituna – he awa e rere ana i ngā roto o Rotorua ki Maketū

kākahu – he korowai i tuituia ki te harakeke, i whakanikonikohia ki te huru manu me te wharawhara.

kamokamo – he hua whenua

Kapiti – he moutere kei te tahatai hauāuru o Te Ūpoko o te Ika

karakia – he takutaku, he kupu rongomaiwhiti

karanga – ko te reo pōwhiri o ngā wāhine tapairu o te iwi, o te hapū

kaumātua – ko ngā tāne taipakeke o te hapū e tū nei ki te whaikōrero i runga i te marae

kaupapa – he tūtohinga hei ārahi i tētahi take

kia ora – he mihi ōpaki, he whakawhetai

koha – he tohu aroha, he kai, he pūtea

kōkō – he manu taketake, ko te tūī tētahi anō ingoa ōna

kōkōwai – he one kura, he rauemi matahīapo i pania ki te tinana, ki ngā taonga

kōrero – he whai kī, he paki, he mātauranga tuku iho, te nuinga o te wā, he whakapapa te iho o taua mātauranga

koro – he koeke (he kōrero āroharoha)

koromatua – ko te uretū o te hapū

koroua – tupuna pāpara, tupuna pāpā

korowai – he kakahu i āta whatua ki te muka ngohengohe

kui – he ruruhi (he kōrero āroharoha)

kuia – ko ngā ruruhi e kawe ana i ngā tikanga marae

Kuirau – he wāhi ngāwhā mōrearea kei te uru o Te Pukeroa

kūmara – parareka taketake, he tino kai i mauria mai i Hawaiki

kuru tongarerewā – ko te taonga pounamu nui te uaratia, nui te matapoporetia o te katoa

kūwaha – tomokanga whakairo ki te pā

Maketū – te wāhi ū mai ai a Te Arawa i tana wharaunga mai i Hawaiki

mākutu – whaiwhaiā, ko te uta i te pōautinitinitanga ki tētahi atu

Mamaku – he karahiwi ngāherehere e whakawehe ana i a Rotorua me Waikato

mana – marutuna, maruwehi

mana o te whenua – ko te mana o te iwi ki ōna whenua, nō ōna whenua; he mana tuku iho

manuhiri – ngā tūwaewae ki te marae

Māori – ko te ingoa whānui mō te iwi taketake o Aotearoa

marae – te papa kei mua i te wharenui e whakahaerehia ai ā tātou tikanga
Mataatua – ko te kāhui iwi kei te rāwhiti o Te Waiariki i tapaina nei ki tō rātou waka
mātāmua – te takiaho whakapapa matua, ahakoa te ira
mātauranga – he toi kairangi
mauri – he ariā nō te wairua, he hihiritanga nō te ora
mere – he rākau rangatira ka mau ki te ringa, ka hangaia ki te pounamu
mihi – he tuku kauhau tūmatanui
mihimihi – he kauhau tūmatanui
moko – he whakairo ki te kanohi, he mea mahi i ngā wā o mua ki te uhi tā
Mokoia – te moutere kei waenganui i te moana o Rotorua, ko Te Motu-tapu-a-Tinirau tētahi anō ingoa ōna
mokopuna – ngā tamariki whakatipuranga tuarua, ngā irāmutu whakatipuranga tuarua
mōteatea – waiata tawhito
muru – he raupatu
Ngāi, Ngāti – ko ngā uri (iwi/hapū), he kūmua e kī ana, 'ko ngā uri o' (whāia ko te ingoa o te tupuna uretū o aua uri)
Ngāi Te Rangi – iwi nō te rohe o Tauranga e heke mai ana i a Te Rangihouhiri o te waka o Mataatua
Ngāpuhi – ko ngā karangatanga iwi o Te Tai Tokerau, otirā, o Te Pē o te Whairangi
Ngāti Awa – he iwi nui kei te rohe o Whakatāne
Ngāti Pikiao – he iwi nō Te Arawa kei ngā rohe o Rotoiti, Rotoehu me Rotomā e noho ana
Ngāti Raukawa – he iwi kei te pātanga hauāuru o te rohe o Te Arawa e noho ana, nō te waka o Tainui
Ngāti Whakaue – he karangatanga iwi nō Te Arawa kei te rohe o Rotorua e noho ana, otirā, kei Ōhinemutu

Ngāti Whātua o Ōrākei – ko tētahi o ngā iwi o Tāmaki-makaurau
ngāwhā – he wai wera e koropupū ana i te whenua
ngutu – ko te tomokanga kei te taha o te pā
noa – ko te noho āuriuri, ko te noho whakawhenua o ia rā; puaroa-kore
Ōhinemutu – ko te pā tūpuna o Ngāti Whakaue
ope – he manuhiri e tatari ana kia pōwhiritia ki runga i te marae
Ōruawhata – he waro tawhito i te tūtanga whenua o Tāwhara-kurupeti i Rotorua; ko te pōhutu Malfroy
pā – he papa kāinga whai tūwatawata, he kōtihi whai tūwatawata
paetapu – ko ngā tāne whaikōrero o te marae e noho nei ki tōna taumata kōrero
Pākehā – ko ngā uri o Aotearoa i whānau mai ki tēnei whenua, engari, ehara i te Māori.
Papa, Papatūānuku – ko te kōkara o te ira tangata, ira atua i whānau mai ai ngā mea katoa; ko te marae
papakāinga – ko te ūkaipō o te whānau whānui
Parawai – ko te papakāinga tūpuna o Ngāti Whakaue, ko Ngongotahā te ingoa nāia
paruhi – he mataora i tāngia ki te kanohi o ngā kaingārahu rākau kawa anake
pātaka – he whata kai i āta whakanikonikohia ki te whakairo, i āta whakatūria hei penapena i ngā kai a te rangatira
patu – he rākau whawhai ka mau ki te ringa, he koi te niao; ko tāna mahi, he kuru, he patu
patu pounamu – koinei te matahīapo o ngā rākau whawhai rangatira katoa i mau ki te ringa, he mea hanga ki te kahurangi
poroporoākī – he mihi whakamutunga

pōtiki – te mokopuna matapopore
pounamu – te ika-a-Ngahue, te tongarewa o Te Wai Pounamu e rakorakohia nei i ngā awa o taua moutere
poupou – ko ngā tūpuna kua whakairohia nei ki te rākau kia tū ki ngā pātū o te whare nui
pou whakarae – he pou whakairo e tū ana ki waenga i ngā tūwatawata o te pā, he whakakitenga tūpuna kei te pito whakarunga
pōwhiri – ko te kawa rāhiri i ngā manuhiri rangatira ki runga i te marae
puhi – he wahine ariki, he tapairu ka āta taumautia atu ki iwi kē
Pukeroa, Te – he puke ngāwhā e tū ana ki runga ake i a Ōhinemutu, te tāone o Rotorua me Kuirau
Pukeroa–Ōruawhata – ko te ingoa kua tautapahia nei ki ngā whenua i whakatūria ai te tāone o Rotorua ki runga
rangatira – he kaiārahi te iwi, te nuinga o te wā he koroua
rangatiratanga – te mana whenua, te mana tūpuna, te mana motuhake; he tāpaenga nui i roto i te wāhanga tuarua o te Tiriti o Waitangi
Rotorua – tētahi o ngā roto tekau mā iwa, rohe tuawhenua o Te Waiariki; tāone matua o te takiwā
taiaha – he rākau whawhai māro, roa hoki kua tautapahia ki tētahi tupuna
taina – he kauae raro i roto i te whānau
Tainui – ko ngā karangatanga iwi o Waikato e taka iho nei ki raro i te ingoa o tō rātou waka
take – he kaupapa e tohea ana, he kaupapa e wānangahia ana; he nawe; he pūtake
take-raupatu – he kokoraho whenua i raro i te mana o te rau o te patu
take-tūpuna – he kokoraho whenua i raro i te mana o te whakapapa

tama – he tamaiti tāne, he māitiiti (he kōrero aroha)
Tamatekapua – kaiurungi i te waka o Te Arawa, whare nui ki Te Papa-i-ōuru
tangata whenua – he rōpū nō te whakapapa kotahi e whai mana ana ki ō rātou whenua tuku iho
tangi – he hekenga roimata, he tūkeka, he mōteatea
tangihanga – he tikanga tangi tūpāpaku; i ētahi wā, e hia rā te roa.
taonga – he tongarewa ahakoa te kitea, tē kitea rānei e te karu, he tongarewa e tohu ana i te mana o te iwi, o te hapū rānei ki wā rātou rawa me ō rātou whenua, arā, he mana i heke mai i te whakapapa, tuku iho
tapu – whakamaru; whakaute; kua whakatahangia, kua rāhuitia
Taputapuātea – ko te marae o Te Arawa i Rangiātea–Hawaiki
Taranaki – he maunga kei te tai hauāuru o Te Ika-a-Māui, koia hoki te ingoa o ngā iwi e karapoti ana te noho ki ōna rekereke
taro – tētahi o ngā tino kai i tūperepere te tipu i te whenua mahana noa iho
tauutuutu – tikanga whaikōrero a Te Arawa, tū atu, tū mai (tangata whenua–manuhiri) i te wā o te pōwhiri ōkawa
tauā – he ope pakanga
tauira – he pia e ako ana i te mātauranga hōhonu o tua whakarere, mai i te tohunga
Taumata ā-Iwi – ko te rōpū tangata whenua o Te Whare Pupuri Taonga o Tāmaki
taumau – he whakapākūhātanga i āta whakaritea e ngā hapū e rua
tauparapara – he karakia ka tākina i te tīmatanga o te whaikōrero
Te Arawa – ko ngā uri o tēnei waka whakahirahira i wharau mai ai ki konei i Hawaiki
Te Māori – he whakaaturanga ā-ao o ngā taonga i te puritia e ngā whare pupuri taonga, Amerika me Aotearoa, 1984–87
Te Mātaipuku – te wāhi i tautapahia ai ki tōna ingoa whai muri iho i te kakari i tū ki reira i te tau 1836, i waenganui i a Te Arawa me Waikato
Te Papa-i-ō-uru – ko te marae tāukiuki o Ngāti Whakaue, o Te Arawa whānui
tekoteko – ko te tupuna e tū nei ki runga ake i te koruru o te whare, he kaitiaki
tika – he meka, he pono
tiki – ko te whakairotanga o te ira tangata
tipu – he tupuna, he whakareanga
tohunga – he amorangi, he kaitiaki i te tapu o te mātauranga, he kaitohutohu i te rangatira
tokotoko – he tiripou whakairo e rite tonu nei te karawhiua e ngā pūkōrero i runga i te marae
tōtara – he rākau taketake, tino kaha nei te whakamahia ai e ngā tohunga whakairo i roto i te rohe o Te Arawa
tūāhu – he wāhi karakia
tuakana – he kauae runga i roto i te whānau, he kaumātua mātāmua
Tūhoe – ko te iwi nui kei te rohe o Te Urewera e noho ana, i Te Waiariki
Tūhōurangi – He iwi nō Te Arawa kei Tarawera–Whakarewarewa e noho ana
tūī (kōkō) – he manu taketake, he pango, he mā ngā huruhuru
tupuna – he heinga
tūturu – tika, houtupu
Tūwharetoa – he iwi nō Te Arawa, kei Taupō e noho ana
urupā – he wāhi nehu i ngā mate
utu – he paremata, he kauhanganui, he whakautu; i ētahi wā he pai, i ētahi wā anō he kino
waharoa – ko te ara e ahu atu ana ki te tomokanga matua ki te pā
waiata – he iere
waiata-mōteatea – he waiata tangi
Waikato Ko ngā uri o te waka o Tainui, kei te uru o te rohe o Te Arawa e noho ana
wairua – ko te apa ariā o te tangata, ko tōna whakatinanatanga mai, ko te ihi, ko te wehi, ko te wana
waka – ko te ingoa whānui mō ngā momo waka moana katoa, te nuinga e ahu atu ana ki te 30 mita te roa
wana – ko te hauoraora me te hihiritanga o te tangata tē taea hoki te whakapātaritari; he momo mana
wehi – ko te mataku, ko te mōniania, ko te whakaaweawe
wero – he mātātaki, he whakapātaritari
whaikōrero – he mihi ōkawa ka whakahuatia ake e ngā koroua ki runga i te marae
whakamutunga – ko te whakatepenga, ko te whakaotinga, ka mutu
whakapapa – he taotahi, he kōhikohiko takiaho; he kupu e takea mai ana i tērā pūkenga raranga, arā, i te 'whakamātā'
whakataukī – he kupu tohutohu; he whakapuakitanga; he whakangaringaritanga
Whakatōhea – he iwi kei te rohe o Ōpōtiki e noho ana, nō te waka o Mataatua
whānau – te hūnuku; whakaputa uri
Whānau-a-Apanui, Te – he iwi kei te rāwhiti o Ōpōtiki e noho ana
whanaungatanga – ko te hononga o ngā uri i ngā wā o te uaua me te raruraru; hononga paihere tāngata
whare – wāhi noho; he pātū, he tuanui, he matapihi
whare puni – he whare moe i tautapahia ki tētahi o ngā uretū o te iwi, o te hapū
whare taonga – he whare pupuri taonga; he wāhi kōputu i ngā taonga o ngā iwi
whāriki – ka āta rarangahia he muka kiekie kia oti ai he whāriki, kātahi ka āta horahia atu ki runga i te marae
whenua – ko te onekura; ko te ewe tiaki kukune; ko te rehuwhāereere o Papatūānuku

pukapuka kāhui kōrero

Abbott, L. (ed.), *I Stand in the Centre of the Good: Interviews with Contemporary Native American Artists.* University of Nebraska Press, Lincoln, USA, 1994.

Agreement between the Minister of Justice on behalf of the Crown and Pukeroa-Oruawhata Trustees and the Proprietors of Ngati Whakaue Tribal Lands Incorporated, for and on behalf of the People of Ngati Whakaue in relation to Waitangi Claim WAI 94. Ngati Whakaue Lands Incorporated, Rotorua. Signed on 23 September 1993 in Wellington.

Ames, M.M., 'Biculturalism in Exhibits'. In *Taonga Maori Conference, New Zealand 18–27 November 1990*: 27–40. M. Lindsay (ed.). Dept of Internal Affairs, Wellington, 1991.

Anderson, J.C. and Petersen, G.C., *The Mair Family*. Reed, Wellington, 1956.

Angas, G.F., *The New Zealanders Illustrated*. Thomas McLean, London, 1846.

Appendices to the Journals of the House of Representatives. 1871, 1876–80.

Archey, G., 'Maori Wood Sculpture: The Human Head and Face'. *Record of the Auckland Institute and Museum*, 6(3): 229–50, Auckland, 1967.

Auckland Institute. Session of 1869: Proceedings. In *Transactions and Proceedings of the New Zealand Institute*, vol. 2, Auckland, 1870.

Auckland Institute. Session of 1889–90: Proceedings. In *Transactions and Proceedings of the New Zealand Institute*. Auckland, 1890.

Auckland War Memorial Museum Maintenance Act 1928. *Statutes of New Zealand. Number 19*, Wellington, 1928.

Auckland War Memorial Museum Act 1996, No. 4 — Local. Wellington, Govt Printer, 2 September 1996.

Auckland Weekly News, 7 December 1900. Wilson & Horton Ltd, Auckland.

Bay of Plenty Times, 3 June 1876, 7 October 1877. Tauranga.

Catalogue of the Auckland Museum vol. 1, Maori. [Ethnology Book I, 1–899]. Auckland War Memorial Museum Ethnology Department.

Clarke, C., Sketches and Diary of New Zealand 1849–50, M: M639 M690, Alexander Turnbull Library.

Clifford, J., *The Predicament of Culture: Twentieth-Century Ethnography, Literature, and Art*. Harvard University Press, Cambridge, USA, 1988.

Cooper, G.S., *Extracts from Auckland to Taranaki: A Journal of an Expedition Overland from Auckland to Taranaki by way of Rotorua, Taupo and the West Coast — Undertaken in the Summer of 1849–50 by His Excellency the Governor in Chief of New Zealand*. Williamson and Wilson, Auckland, 1851.

Craig, E., *Photographic Scrapbook 78*. Auckland War Memorial Museum Photographic Department.

Crew, R.S. and Sims, J.E., 'Locating Authenticity: Fragments of a Dialogue'. In *Exhibiting Cultures. The Poetics and Politics of Museum Display*: 159–75. I. Karp and S.D. Lavine (eds). Smithsonian Institution Press, Washington D.C., USA, 1991.

Cyclopedia of New Zealand, vol. 2, 'Auckland'. Cyclopedia Co. Ltd, Christchurch, 1902.

Dibley, B., Museum, Native, Nation: Museological Narrative and Post-colonial Nation Identity Formation. Unpublished M.A. thesis, Dept of Sociology, University of Auckland, Auckland, 1996.

Dieffenbach, E., *Travels in New Zealand*. John Murray, London, 1843.

Fenton, F.D., 4037 MA 3/10. Only the reference description available. National Archives. Wellington, 1877.

Grace, J.T.H., *Tuwharetoa: The History of the Maori People of the Taupo District*. Reed, Wellington, 1959.

Graham, G., 'Arawa Notes'. In *Journal of the Polynesian Society*, vol. 30: 256–58. The Polynesian Society, Wellington, 1921.

Grey, G., *Polynesian Mythology and Ancient Traditional History of the New Zealand Race*. John Murray, London, 1855.

Gudgeon, T.W., *The Defenders of New Zealand*. H. Brett, Auckland, 1887.

Hamilton, A., *Maori Art*. New Zealand Institute, Wellington, 1896.

Kelly, L.G., *Tainui, The Story of Hoturoa and his Descendants*. The Polynesian Society, Wellington, 1949.

Letters and Journals from Thomas Chapman (missionary at Rotorua) to Church Missionary Society, London, 1830–1869. Auckland War Memorial Museum Library.

Mair, G., Captain Gilbert Mair's Diaries. Diary 22. MS92, Alexander Turnbull Library, Wellington.

Mead, S.M. (ed.), *Te Maori: Maori Art from New Zealand Collections*. Abrams, New York, USA, 1984.

—— *Te Maori Comes Home*. The Walter Auburn Memorial Lecture, Friends of the Auckland City Art Gallery, Auckland, 1985.

—— *Magnificent Te Maori: Te Maori Whakahirahira*. Heinemann, Auckland, 1986.

New Zealand Herald, 10 October 1877, 15 August 1990. Wilson & Horton Ltd, Auckland.

Ngata, A., *Nga Moteatea, he marama rere no nga waka maha*. The Polynesian Society, Wellington, 1961.

Nicholson, B. (ed.), *Gauguin and Maori Art*. Godwit, Auckland, 1995.

O'Biso, C., *First Light*. Reed, Auckland, 1987; reprint, 1994.

Pukaki. File Number 161. Auckland War Memorial Museum Ethnology Department.

Renwick, W.L., 'Fenton, Francis Dart 1820-25?–1898'. In *Dictionary of New Zealand Biography*: 121–23. W.H. Oliver (ed.). Allen & Unwin and Dept of Internal Affairs, Wellington, 1990.

Report of the Auckland Institute, 1877–78 and 1913–29. William Atkin, General Printer, Auckland.

Savage, P., 'Mair, Gilbert 1843–1923'. In *Dictionary of New Zealand Biography*: 260–61 W.H. Oliver (ed.). Allen & Unwin and Dept of Internal Affairs, Wellington, 1990.

Scholefield, G.H., *Parliamentary Record 1840–1949*. Dept of Internal Affairs, Wellington.

Simmons, D.R., *The Great New Zealand Myth: A Study of Discovery and Origin Traditions of the Maori*. Reed, Wellington, 1976.

Stafford, D.M., *Te Arawa*. A.H. & A.W. Reed, Wellington, 1967.

—— *The Founding Years of Rotorua: A History of Events to 1900*. Ray Richards, Publisher, and Rotorua District Council, Rotorua, 1986.

—— Papers relating to The Rotorua Railway and Railway Lands. Prepared for Ngati Whakaue, Rotorua, July 1991.

—— *Landmarks of Te Arawa*, vol. 1: Rotorua. Reed, Wellington, 1994.

—— *Landmarks of Te Arawa*, vol. 2: Rotoiti, Rotoehu, Rotoma. Reed, Wellington, 1996.

Stoop, B.M., The Life and Times of Thomas Bannatyne Gillies. Unpublished M.A. thesis. Dept of History, University of Otago, Dunedin, 1949.

Tapsell, E.M., *Historic Maketu*. Rotorua Morning Post Printing House, Rotorua, 1940.

—— *The History of Rotorua*. Hutcheson, Bowman and Stewart Ltd, Wellington, 1972.

Tapsell, P., Pukaki: Te Taonga o Ngati Whakaue ki Rotorua. Unpublished M.A. thesis, Dept of Anthropology, University of Auckland, Auckland, 1995.

—— 'The Flight of Parerautulu'. In *Journal of the Polynesian Society*, vol. 106, no. 4: 223–374. The Polynesian Society, Wellington, 1997.

—— Taonga: A Tribal Response to Museums. Unpublished D.Phil. thesis. Pitt Rivers Museum. University of Oxford, Oxford, UK, 1998.

Tapsell, Phillip, Reminiscences of Captain Phillip Tapsell. Dictated to Mr Little, Native Land Court clerk, Maketu, 1873. Alexander Turnbull Library, Wellington.

Te Karere: The Maori Messenger, vol. XII, no. 13–17, July–August 1860. National Maori newspaper report on the Kohimarama Conference in Auckland.

The Daily Post, 28 April 1993, Rotorua.

Tiki. File Number 160. Auckland War Memorial Museum Ethnology Department.

Wade, W.R., *A Journey in the Northern Island of New Zealand*. Hobart Town, Australia, 1842.

Walker, R.J., *Ka Whawhai Tonu Matou: Struggle Without End*. Penguin, Auckland, 1990.

Weekly News, 13 October 1877. Auckland Institute and Museum Library. 10 March 1883: *New Zealand Herald* Supplement.

Wolfe, R., *Well Made New Zealand: A Century of Trademarks*. Reed Methuen, Auckland, 1991.

Photographic Sources

Ko ngā pūranga me ngā whakaahua kua whai wāhi ki tēnei pukapuka:

Alexander Turnbull Library, Wellington (ATL).
Auckland Art Gallery, Auckland (AAG).
Auckland Public Library, Auckland.
Auckland War Memorial Museum, Auckland (AWMM).
Brian Brake Estate, Auckland.
Māori Land Court, Waiariki District, Rotorua.
Metropolitan Museum of Art, New York, USA.
Museum of New Zealand — Te Papa, Wellington.
National Archives of New Zealand, Wellington.
New Zealand Herald, Auckland (*NZH*).
Rhodes House, Oxford University Bodleian Library, Oxford, UK.
Rotorua Museum of Art and History, Rotorua (RM).
Rotorua Public Library, Rotorua.
St Louis Art Museum, St Louis, USA.
The Daily Post, Rotorua.
University of Auckland, Auckland (Hamish Macdonald — HM).
University of Auckland Library, Auckland.
Whānau a Hamuera Taiporutu Mitchell, Rotorua.
Whānau a Kuru o te Marama Waaka, Rotorua.

Rārangi ā Ingoa

> Kāore a Ōhinemutu, Pūkaki me Te Arawa i tēnei rārangitanga, nā te rite tonu o te kitea i te tuhinga.

Ahipene, Te Kaniwha 113
Akuhata, Kiharoa 19, **65–66**
Apumoana 24
Arakau 46
Aratukutuku 81
Archey, Gilbert 101, 102
Ariariterangi 29, 31, 32, 35, 40, 60
Atuamatua 22

Bennett, Manuhuia **122–23**, 148, 150
Biddle, Kingi *167*
Bollard, Alan 162, 163
Brady, Te Aramoana 126
Broughton, Ruka 109

Cartwright, Sylvia 162–63
Chadwick, Steve 171
Chapman, Thomas 69, 70, 75
Cheeseman, Thomas 87, 88, 89, 91, 95, 98
Clark, Helen 160
Clarke, Cuthbert 72
Cowan, James 65

Ehau, Keepa 19

Fenton, Francis 79, 82, 83, 86, 87, 89, 91, 101, 128, 161
Fenwick, Pirihira **94**
Fry, Jack 166, 170
Flavell, Te Ururoa 167

Gauguin, Paul 92
Gillies, Thomas 82, 88, 91, 110, 112, 117, 118, 119, 126, 128
Graham, George 98, 100, 101
Grant, Lyonel 163
Grant, Thomas 72
Grey, George 60, 72, 99
Graham, Douglas 138, 139, 146, 148, 155

Haere Huka 55, 56
Hakarāia, Joe 145, 150
Hall, Grahame 6, 138, 139, 145, 148, 157, 161
Hamilton, Augustus 92, 94, 95
Hāmuera Pango 19, 75, 81
Hapeterarau I 29, 30-31
Hapeterarau II 33, 35-37
Hardie Boys, Michael 146, 148, **149**, 150
Hāronga, Rui Te Amohau **114**, 126
Haukiwaho 59, 60
Haupapa, Rotohiko 19, 81
Hēnare Tūwhāngai 109
Hikarua 31
Hine-i-Tūrama 54, 56
Hinemaru 26, 36

Hinemoa 24, 26, 28
Hinepito 42
Hinerā 33, 42, 44, 50
Hinetū 36
Hineui 27
Hineumu 33, 38, 42, 44
Hinewaka 38
Hōhepa, Hiko o te Rangi 49, **50–52**, 128, 137, 140, 142
Hongi Hika 49, 53, 101
Horoirangi *125*
Hotunui *100*, 101, *118*
Houmaitawhiti 5, 23
Hua 39, 40, 41, *59*, 60, *73*
Huarere 36, 142
Huka *59*, 60
Hurungaterangi 20, 26, 27, 31, 33, 39, 40, 60

Īhenga 36
Ika 23
Iriwhata 33

Kahumatamomoe 23, 36, 136
Kaitangata *31*
Kāmeta, Tōmairangi 113, 126
Kanawa *44*
Karuhi 54
Kauitāhoe 32
Kawa tapu a rangi 23, 24
Kawharu, Hugh *137*, 145

Kawiti 27
Kelly, William 87
Kinder, John 72
Kīngi, Mauriora 153
Kīngi, Pīhopa **48**
Kīngi, Rāniera 48
Kiritai 36
Kōkiri 19
Kōpako 29
Kōpuatawhiti 42
Korauia 81
Kōrokai I 33, 38
Korokai II 53, 54, 56, 66, 67, 72, 75
Kōtoremōmona 31, 32

McLean, Donald 79, 176
Mahi 24
Mahuika 34, 35
Maihi 40
Maihi, Eru 101
Mair, Gilbert 82, 89, 91
Makawe 53, 59
Makino 27
Makitāunu, Warāhi 96
Manawa 39, 40
Martin, Josiah 92
Marutūāhu 36
Mataatua 29, 56, 122
Mauwai 81
Mead, Hirini 122
Menzies, Peter 139, 145
Mihinui, Huhana (Bubbles) **131**, 148
Mītai, Wētini 150, 151
Mitchell, Kiri 171
Mitchell, Taipōrutu 19
Moekaha 29, 30, 31
Mokotiti 39, 40
Mōrehu, Mōnairoa 81
Morrison, Honohono **47**
Morrison, Temuera 112
Moyle, David 115
Murirangaranga *24, 80, 125*

Neich, Roger **61**

Ngā Uri o Uenukukopako 23
Ngāhihi 53
Ngāhina 33, 35, 40, 44, 65
Ngāi Te Rangi 29, 30, 31, 39, 41, 46, 49, 54, 56, 61, 78, 81, 122
Ngāi Tahu 72
Ngāmoko 52
Ngāpuhi 49, 54
Ngāpuia 33, 37, 38, 64, *73*
Ngāraranui 29
Ngātai 19
Ngāti Awa 122
Ngāti Hauā 56, 66, 119
Ngāti Hurunga 81
Ngāti Manawa 61
Ngāti Maniapoto 66
Ngāti Maru 101
Ngāti Pikiao 22, 23, 24, 27, 30, 31, 61, 81, 145, 150
Ngāti Pūkakī 81, 149
Ngāti Rangiiwaho 114
Ngāti Rangiteaorere 46, 81
Ngāti Rangiwewehi 42, 43, 44
Ngāti Raukawa 31, 33, 39, 41, 46, 47
Ngāti Rongomai 26
Ngāti Taeōtū 132
Ngāti Tama 36, 38, 39, 41, 42
Ngāti Taoi 36, 38, 39
Ngāti Tarāwhai 61
Ngāti Tua Rotorua 23, 29
Ngāti Tūnohopū 101
Ngāti Tūtānekai 81
Ngāti Tūteaiti 63
Ngāti Uenukukōpako 42–44, 49, 50
Ngāti Wāhiao 34–38, 39, 42, 64, 145, 153
Ngāti Whātua 125, 126, 136, 140, 141, 142, 143, 145, 146, 149, 155, 157
Ngātoroirangi 142

O'Biso, Carol 113

Pānui-o-Marama 34, 35, *56, 58*, 60, *60, 66, 72, 73, 75, 76, 82, 119*
Parata 22

Parehina 27, 28, 29, 30, 33, 42
Parerautūtū 125, 133, 170
Paul, Neke 127
Pikiao I 23, 24, 27
Pikiao II 23, 24, 27
Pipi 56
Pipito 40
Piri 19
Pohepohe 66, 67
Poihipi 19
Poniwahio 75
Pūwhakaoho, Matangi 61

Rakeiao 24
Rangihekewaho 29, 32
Rangiiwaho 33, 39, 40, 41
Rangiteaorere 23, 24
Rangitihi 23, 36, 39, *100*
Rangiwewehi 42
Rangiwhakaekeau 24
Rangiwhakapiri 42
Rangiwhakatākohe 48
Ratorua 24
Raukawa 40
Rautao 31, 32, 33, 36
Retireti (Retreat) 19, 56
Ririu 19
Rolleston, Mītai 167
Rongomai 24, 26
Rongomai (atua) 47, 49, 53
Rorowhero 41
Ruamai 47
Ruihi 94

Short, Malcolm 140, 169
Semmens, Hari 133
Stafford, Don 37, 170, 171

Taharangi 42
Tahuriorangi 61
Tainui (Waikato) 42, 66, 67
Taioperua 32
Taiwere 23, 26, 27, 28, 29, 30, 31, 32, 35, 40, 42, 60, 101

RĀRANGI KUPU

Taketakemutu 24
Takihiku 40
Tamatekapua *20, 21,* 22, 23, 36, 45, *49, 61, 75, 76, 78, 80, 82, 83, 114, 131,* 136, 145, *146,* 168
Tamaihutoroa 36
Tamakari 23, 24
Tamakurī 24, 26
Tamamutu 31, 32
Tamaterā 42
Tamatewhana 40
Tamawai 36
Tāmiuru 23, 27, 30
Taoitekura 36
Tapsell, Enid 18, 71
Tapsell, Kouma 18
Tapsell, Phillip *See* Te Tapihana
Tāroi, Wero 61
Taumata ā-Iwi 124, 136
Tauruao 24
Tawakeheimoa 42, 52
Tawakemoetahanga 23, 36
Te Amohau, Bonnie 114
Te Amohau, Kiwi 114
Te Amohau, Lily **110**, 111
Te Amohau, Te Mūera 80, 81, 82
Te Angaanga *69, 72, 73*
Te Anumātao 26, 33, 35, 37
Te Aorauru 42
Te Āpiti 26
Te Arawa Māori Trust Board 120
Te Atuahērangi 63
Te Awatapu, Tara 61
Te Haupapa 54, 56
Te Hinu 49, 50
Te Hunga 55
Te Ikaharaki 46
Te Kata (Ngāti Whakaue) 31, 32, 40
Te Kata (Raukawa–Tūwharetoa) 47
Te Kiri, Rogan 140, 143
Te Kirimoehau 42, 44
Te Kooti 82
Te Maramarama 38
Te Matapihi o Rehua 42, 46–51, 53

Te Okotahi 42
Te Paeoterangi 49
Te Raerae 67
Te Rangi Piere 29, 32, 52
Te Rangi Piere, Ngāmoni 176
Te Ranginohokahu 50
Te Rangitākūkū 33, 42, 44, 46, 47
Te Rangitokua 42
Te Rangitūwhatawhata 38
Te Rangiwhakaputuputu 46, 48
Te Rauparaha 53
Te Rei, Pateriki 108, 111, 128
Te Rorooterangi 30, 31, 32, 33, 38, 40, *59,* 60
Te Tākinga 23, 24, 27
Te Tapihana (Phillip Tapsell) 54, 56, 97
Te Taupua 19, 42, 44, 45, 60, 61, 75
Te Tiwha 40
Te Umanui 60, 63
Te Uremutu, Eruera 19, 65
Te Ururangi, Tohi 54, 67, *125, 127*
Te Utanga 39
Te Waharoa 56, 64, 65, 66, 67, 119
Te Waiatua 46
Te Wehi o te Rangi 67
Te Whanoa 42, 47, 49, 50, 60
Tiakiawa, Irirangi **81**, 108, 112, 126, 127, 128
Tiki 32, *56, 59,* 60, *60, 63, 65, 66, 67, 75, 96, 100, 108, 113, 114, 119*
Tizard, Judith 160, 163, 166, 167
Toakai (Tihi o te Rangi) 42, 44, 50
Tokoihi 19
Tongarā 44
Tūhoe 53, 122
Tūhoromatakaka 36
Tūhōurangi 23, 24, 36, 176
Tūhōurangi (tribe) 23, 27, 30, 33, 34–38, 41, 42, 64, 132, 145, 153
Tūkaionepū 41
Tukutahi 50
Tūmahaurangi 42
Tunaeke 40, 60
Tūnohopū 31, 32, 33, 35, 36, 38, 39, 40, 60
Tūohonoa 34, 35, 36, 38
Tūpaea 54, 56

Tupaharanui 29
Tūpara 19, 53
Tūpara, Nick 170
Tuputainui 36
Tūtānekai 23, 24, 26, 27, 28, 29, 31, 32, 40, 42, 125
Tūteaiti 27, 29, 32, 42
Tūwāhiao 36
Tūwhakahewa 40
Tūwharetoa (tribe) 31, 32, 33, 42, 46, 47, 48, 50, 51, 61, 122

Uenuku *113*
Uenukukōpako 23, 24, 31, 36, 42, 45, 176
Uenukumairarotonga 23, 36
Umuaroa 35
Umukaria 24, 26
Uruhina 26

Waaka, Kuru o te Marama 108, **109, 132–34**, 136, 137, 148, 149
Wahakakara 36
Wāhiao 24, 26, 27, 30, 34, 35, *122*
Waiatua 42
Waiohua 142, 143
Waitapu 36
Walters, Te Wano 166
Waoku 40
Waru, Sonny 109
Whakarongotai *44*
Whakaroto 19
Whakauekaipapa 23–24, 26, 27, 29, 31, 40, 42
Whakauetanga 42
Wharehuia, Kunikuni 110, 111, 113
Wharengaro 33, 42, 44, 45, 63
Wharetoroa 101
Whatumairangi 23, 24, 26, 27, 29, 31, 32, 35, 40, 42, 60
Whitihoi 63
Whitiopoutama 40, 41
Winiata, Mātea Tūriri 81
Winiata, Wīhapi Te Amohau **37, 129–30**, 138, 139, 146, 148, 153, 160–64, 166–68

kōrero whakamutunga

(HM)

Koinei ngā kupu hōhonu nā Ngāti Whakaue ki te Karauna i Kohimaramara (Tāmaki) i te tau 1860. Nā tō tātou pou rangatira, nā Ngāmoni Te Rangi Piere wēnei kupu i whakapuaki, i te wā i whakaae atu ai a Te Arawa kia tauawhi, kia tautoko i te Tiriti o Waitangi:

Kua hoatu taku taonga ki a koe, ngā taonga o tōku tupuna, te patu pounamu me te kuru tongarerewā.

Kia kania te pounamu ka kitea he kākano kino rānei, he kahurangi rānei: ki te kino taku taonga, he ahakoa kia tae ki te Kuīni; ki te kino, māna e whakahoki mai. Kāhore he mea e takoto ana i roto i ahau. E hara ināianei tōku taonga, no Tūhōurangi, tuku iho ki a Uenukukōpako ki a Whakaue. Wāhia ena mere kia kite koe i te painga, i te kinonga rānei.

Ko tēnei, e ōku hoa, e Te Makarini, e Te Mete, heoi anō taku taonga kua hoatu nā ki a kōrua. Nā rā ka pai rawa, ka kino, kia tae aku kōrero ki te Kuīni.

He taonga nui hoki aku kōrero.

Ngā Taunaha a Ihenga.
(HM)